U0904273

终极管理思想文库 The Ultimate Business Library

竞争的资本

「人类历史上最具影响力的75本商业管理著作」

[英] Stuart Crainer 著
项东 译

中国青年出版社

这里没有答案，

顶多给你几个值得一试的猜想。

——汤姆·彼得斯

CONTENTS 目录

PREFACE 推荐序言

由中国青年出版社近期出版的《竞争的资本》对当前提升我国整体竞争力，适应我国加入世界贸易组织的新形势，一定会起到重要的作用。

我们知道，一个国家的经济实力取决于它的政府、企业、非政府组织的管理水平。在市场经济中，管理问题多半涉及到市场和经济，所以这方面的学问成为大众需求最多的学习内容。

正因如此，学习经济管理知识如火如荼，各大专院校纷纷设立MBA以及相关的专业，出版的书也越来越多，用到的理论也越来越复杂。这不免使人感到迷惑，到底市场和经济的管理要用到哪些知识，现在这本《竞争的资本》也许能为我们提供一个答案。

经济管理涉及到的学问确实很广，对每一个人来讲，也不是样样都要去学的。但是面对浩如烟海的出版物应该挑选哪些来学，往往让人感到困惑。这本书介绍了中外古今一切关于管理，特别是经济管理方面的最重要的著作。它所介绍的75本书从2500年前的《孙子兵法》、1513年的《君主论》、1776年的《国富论》到该书出版的1997年的《知识资本》等，每本书都有关于作者的介绍，该书内容的介绍，以及一些评论家对该书的评论。所以读者不难从本书中找到自己所需要的书。《竞争的资本》虽然一下子介绍了75本书，但全书篇幅十分精练。书中对75本书的评述，抓住要害，要言不烦。花费不多时间，读过《竞争的资本》之后，我相信很多读者对管理学著作的了解，都会从盲人摸象的状态上升到宏观把握的层次，做到心中有数。

这本书是一本行动导向，或者说是适应实际活动需要的，它把商业管理方面的知识作了高度压缩。书本会改变世界，它改变人们的观念，改变人们的行为，改变人们对未来的期望，从而开辟未来的现实。这本书也不例外，它将帮助这一代人站在前人的肩膀上，去塑造未来。

然而我认为管理知识是一门高难度的学问，我们不可能看了某一本书或者几本书就成为管理专家。管理专家多少是需要一点天赋的。换句话讲并不是每个人都能成为管理专家的，各人有各人的天赋特点，都应该寻求自己的天赋特点，并加以发挥，这在经济学中称为发挥比较优势。这本书的献辞页一整页只印了一句 Tom Peters 说的话，这句话是：

这里没有答案，顶多给你几个值得一试的猜想。

这恐怕是管理科学的真谛，我们在开始学习管理科学的时候，认真地思考一下他的这句话，或许是有益的。

天则经济研究所　理事长

茅于轼

2002.9.5

PREFACE 译者序

一个非常偶然的机会，我接手了该书的翻译工作。在翻译过程中，我不仅重温了往日课堂上导师所教授的精髓理论，而且更加全面地了解了这些管理大师们的伟大思想的渊源。

该书吸引人的并不是什么教科书式的说教，也并不是大百科全书式的各家思想的堆砌，而是将近百年来，铸就我们今天商业社会的最伟大思想和相互间渊源的诠释。它并不是注重某项理论本身(大部分教科书已经做得足够好了)，而是关注这些思想的由来、作用、以及在历史上的影响。它告诉我们近百年来管理思想的发展，展现给我们的是一套完整的管理思想体系。当我们聆听这些大师们智慧言语的时候，我们将会从一个新的角度、综合理解这些过去零零散散获得的思想，打开了我们的自己思路，促使我们去思考。

正如科特勒所说"一天之内就可以学会营销学，但是要真正掌握它，需要付出一生的时间"，商业思想也是如此。更为重要的是任何思想对我们来说不是简单的拿来主义一蹴而就，需要我们在实践中不断地思考。但多年的教育，使我们更安于简单、被动地接受思想，而不是探究它的形成和在整个体系内与其他思想的关系。这使得我们中的某些人忘记了思考，也逐步失去了思考的能力。无论是商界、还是在社会的任何一个行业，具有自己思想的灵光，是我们的唯一希望。

无论是对于今天踌躇满志的 MBA 们，还是商海沉浮多年的奋斗者们来说，实践才是我们最伟大的老师．通过这几年的工作经历，使我更加坚信无论是 MBA 课程、还是大学教育，不是填鸭般地告诉你有哪些思想，而是教会你如何在实践中解决困难，具有真正思考的能力。在这方面，非常道传媒的罗红女士使我受益匪浅。《竞争的资本》也正是从一个方面潜移默化的促使你去思考。那些想把该书作为一本思想集的人，趁早不要阅读该书，因为这对他们来说毫无益处。

在本书翻译过程中，西北大学经济管理学院国民经济管理系的硕士研究生张蓓小姐翻译了该书30—39篇文章。在此表示感谢。由于译者水平有限，难免有所差错，欢迎指正。

项　东

2002.8.12夜

项东　毕业于北京经济学院（现更名为首都经济贸易大学），从事项目评估、预评估工作多年，后在英国杜伦大学(Durham University)（又译杜海姆大学）商学院学习，获MBA学位，后又从事过一段时间的管理咨询工作。

FOREWORD 2ND EDITION

第二版前言

我希望，第二版的《竞争的资本》是一本公正、客观的选集著作。这本书汇集了欧、美最有影响的管理思想。其中一些是蕴含着伟大思想的幼苗，另一些则是作者天才火花的显现；其中一些尽管存在着明显的缺陷，但仍有着很强的说服力；而另一些尽管在商业实践中尝到失败的苦果，但其包含的某些智慧灵光却仍显得十分重要，并且也有益于后人的商业实践。第一版曾收录了 50 部作品，第二版又新增了 25 部。这是对第一版中的某些疏漏进行了修订，并且对这些管理经典所做的贡献进行了全新的诠释。

为便于参考，我把《竞争的资本》中所选取的 75 本著作按照字母顺序进行了排列。当然，即使在这本扩大选取量的选集中，也有可能遗漏了某些应该入选的著作。

特别指出的是，从目录清单中我们可以发现入选的著作中很少是由在职的经理人或妇女写作的。其实，由管理实践者所著的书能够更有信服力地说明一个人的职业生涯为什么会选定商业，而不是媒体。但实际上，他们这些人往往沉迷于以自我为中心，而且文笔杂乱。在选集中只收录了少部分从业者的著作（切斯特·巴纳德（Chester Barnard)，阿尔弗莱德·斯隆（Alfred P. Sloan)，托马斯·沃特森（Thomas Watson)，亨利·福特（Henry Ford)，亨利·法约尔（Hennri Fayol)，罗伯特·堂森特（Robert Townsend）和理查德·塞姆勒（Ricardo Semler)）。该书收录的绝大部分著作都是出自于美国顶尖商业院内的著名学者之手。

人们会批评由学者所著的商业书刊会存在着一些问题。无论是学者，还是管理顾问总是被指责脱离了商务实际。在某些情况下，这种说法无疑是正确的。但是这些著作中所表达出来的高瞻远瞩的看法和深入细致的研究都是管理者不可不读的。那些特定组织中单个管理者的个别经验是不太可能激起不同背景下众多管理者的思想共鸣。

在管理著作方面缺乏女性作者反映出了一种传统偏见。至今,有关管理和商业的书刊几乎无一例外都是由并且也是为男人撰写的。作为我们这个时代少有的杰出女性管理思想家罗沙白·默丝·坎特(Rosabeth Moss Kanter)走过了一条充满艰辛的道路。除她之外,在本世纪初期,很少有女性能够对管理思想的构架做出值得一提的贡献。哈佛大学的玛丽·帕克·佛莱特(Mary Parker Follett)的职业生涯堪称辉煌,但一直不为人称道,她的这段经历直到现在才被大众所认可。

任何一本选集类图书都会存在着缺陷、偏见和瑕疵。但是《竞争的资本》中所精选的75本著作毫无疑问都是对全世界的管理者和组织存在着深远意义的影响。而且,人们已经认识到了影响商业世界的东西,其实也影响着我们这个社会的所有方面。

斯图亚特·克雷纳

Stuart Crainer

1999年12月

INTRODUCTION 介绍

《竞争的资本》收录了75本代表管理方面最伟大成就的著作。在每一著作之后都附有作者传记和对该书的评价。目的是刺激读者的阅读兴趣并鼓励读者去探究原著(尽管在大多数情况下这不太容易做到)。书中介绍的作者主要思想以及在专业领域的建树都会使你的知识获得更新。

20年前收集75本有关管理方面最伟大成就的书还是一件简单的工作,惟一的问题就是怎样凑齐这75本书。时代变更,最近二十年人们对商业和管理类图书爆发了浓厚的兴趣,而且会按例列出销售量排行榜,引起人们的广泛争论,并为部分作者赚取了大量的金钱。它们通常不是以戏剧式的急剧转变,而是通过渗透的方式来逐步改变经理们的管理方式。

在一个充满着即时反应、行动导向和巨大压力的商业世界里,书籍改变了许多事物。它们改变了人们的思想和行为;改变了人们的期望和抱负;为人们传达了信息。1929年欧文·杨(Owen D. Yang)①,这位美国无线电通信公司和后来通用电气公司的主席,说道"没有其他职业,包括政府部门和法律部门能比商业更需要广泛的信息、同情心和良好、直率的想象力了。"人们对商业书籍的需要从没有像今天这样强烈。

其他领域的图书都没有能够像商业管理类图书那样在实践经验和新理念的传播上扮演如此重要的角色。商业正在逐步全球化,管理技能也在全球化,这一事实,使得图书在全球范围内传播,并重新构造了未来的管理模式。

当然,书籍并不足以使事物都向好的方面发展。一位作者对未来的描述并不一定适合你或你的组织。尽管有这么多的商业书籍，但大多数行政人员依然没能策划出完美的公司战略，他们也没能在实质上利用最新技术。思想与我们对它的理解很少是一样的，并且许多思想最好是被忽略掉的。

在 20 世纪 90 年代初，企业再造的激情主宰了商业书刊市场。当时存在两种截然不同的观点：企业再造是使企业通向涅槃，还是一种对企业时间和资源的浪费。不管是哪一种观点，毫无疑问，企业再造的影响依然存在。在企业再造达到顶峰的时候，由 CSC Index 发起的对 624 个公司的研究，发现欧洲 75％的公司至少有一项再造项目在进行中。剩下的一半在近期没有此项计划。[②]

詹姆斯·钱辟（James Champy）和迈克尔·哈默尔（Michael Hammer）普及了这一思想。在 1993 年，估计有 50％的美国大公司宣称自己处于企业再造进程中。[③]许多公司发现再造是不切实际的，但这并不能否认企业再造的影响力和企业在理念和行为方面的转变。负面经验仍然是一种经验。詹姆斯·钱辟估计在第一次实施企业重造的情况下，预期超过 2/3 的项目将会失败。一项研究显示了在十个公司中只有一个在性能上获得了突破性进展。并且有报告显示，大多数申报已完成的项目“只完成了微小改进。”[④]

企业中这种涌动的激情来源于钱辟和哈默尔的《企业再造》（1993）这本畅销书的上市。这本书突出了管理的想象力。近年来，这类图书在市场上持续走强。毫无疑问，由麦肯锡咨询公司的两名顾问汤姆·彼得斯和罗伯特·沃特曼写作的《追求卓越》（In Search of Excellence）使商业书籍在市场上持续走红。这本书是 1982 年 10 月出版的，它的出版是商业书刊的一个分水岭，也有人说是管理类图书的分水岭。

《追求卓越》销量现已接近 6,000,000 册。每一个人都很惊异于这个成功，然而没有人会比它的两位作者更感到惊讶了。这本书出版前，彼得斯和沃特曼向抱有兴趣的人们分发了 15,000 份影印件。这使得发行商极度震惊，似乎看起来送出去的数量要大于正式的出版量了。但该书一上市，人们一反往日对管理类图书的冷淡，趋之若鹜。

该书引起了轰动，15,000份的赠送凑巧成为了一种非常有效的营销手段。市场的需求量是如此之大，人们蜂拥去购买这本书，一时洛阳纸贵，它的销量创造了前所未有的纪录。只是在新泽西附近的AT&T总部Basking Ridge书店，该书一周的销售量就达到了2,000册。

由于这本书的成功，使人们对汤姆·彼得斯的称呼也变成了昵称：一名百万富翁，足迹踏遍全球的大师和商务书籍的最终受益者，而且他还是这场运动的发起者（“我们都应当感谢汤姆”一位商务作者告诉我）。《追求卓越》这本书上了最佳销量书刊清单后，其他管理方面的书籍也蜂拥而上。不久有关商务管理方面的书覆盖了整个书市。机场书店都将哈罗德·洛宾斯（Harold Robbins）的图书移到偏远角落，而在书架上堆满了咨询家、理论家、新闻记者、退休的行政官员、吹牛者以及急于跻身于流行行列的三流作家的作品。

新知识需求的迫切性

《追求卓越》是否是一本好书还有待于进一步论证。但是，它的影响力是无可置疑的。进一步讲管理书籍的这种突然的、出乎预料的成长速度，可能还有很多其他方面的原因。自从1945年我们见证了管理方面不可抗拒的“专业化”（实际上，有人要说我们已经见证了几乎每一领域的专业化。）管理现在已成为一种体面的、能获得利益的工具而被人们广泛接受，而不再是过去一种略显卑鄙和无耻的行当。

管理者过去只是监督别人，或是短期的独裁者；现在，他们是以高层行政管理人员、环球旅行、具有天赋、高素质的身分来扮演自己的角色。

管理者具有专业素质，但他们仍觉得意犹未尽，并不满意这个专业的名声，感到还需要进一步的解释。而这种方式与律师或医生有所不同。他们是专家，但是他们的专业声望在哪里呢？毕竟，儿童并不会表示出想日后成为高级管理者的强烈愿望——这样做的孩子，更可能被带到了心理学专家面前，而不是去视察他们第一条生产线的运转。

管理者经常用商业名片和工作上的头衔来介绍自己。他们通过公司汽车和一套评估系统来解释自己，而且通过获取知识来追求事业的正统化。

管理者们渴望在如何成为管理者的道路上有一套明确的、对知识和技能的要求，来做为自己的行为准则。如果这是一项专业，他们希望获得专业资格。关于"特许管理者"一直存在着长期争论——似乎只要有一定素质，一个经理就能管理伊利诺宜斯州钢铁厂，西班牙的连锁鞋店或新西兰奥克兰的葡萄酒进口生意。

过去，对新工具、技术和新思想的探索是专业化进程的一部分。现在，这是生存之道。

如果知识意味着生存，那么管理者对于新技术的执著不应受到指责。但管理者常常沉溺于最新、最聪明的一些思想中。他们刻意采购那些最时髦的书刊，然后在数月或数周内又去追赶下一个时尚风潮。这对于出版商来说，当然是一个好消息。

宣扬各类思想的书刊、文章接踵而来，对于管理者来说，与最新的思想保持一致是一件累人、也是极不可能做到的事情。这是一场正在输掉的战争，但每个人都必须全力投入——"惟一比附庸管理理论更糟的事情就是完全忽略它们。"《经济学家》是如此评论的。⑤

《边缘管理》的作者，里查德·帕斯卡(Richard Pascale)对追求时尚的管理思潮和热衷于快速解决方案进行了言辞激烈的批判。在《边缘管理》这本书中，他为 1950 年后各类时尚的起伏画了一个图表。他计算出在这一阶段这种起伏有许多。其中一半发生在 1985～1990 年间。帕斯卡相信这一趋势还会延续下去。"我认为这就像是一个包装商品的产业，总是涌动着一种难以满足的渴望。""如果你同我一样，认为企业是当今社会基本构成的话，那么，你也必须认同这样一个事实，即，企业在现代社会中是极具影响力的。"⑥

英国亨利管理学院的罗德尼·特纳(Rodney Turner)认为，对于管理思想家们的反映有如下两种情况："一些人完全忽视这些大师们的意见，而且坚决不改变自己的管理方式。他们在一般生活中学习管理知识，没有时间去学习书本上的知识。另一个极端是跟在大师后面惟命是从，而且不辨是非、不恰当地引用这些想法，将事情弄得一团糟，"特纳提出"处于这两种状态之间的人会找出大师们所提出的思想精粹,并根据自己的环境,采纳并加以运用。当然他们并不轻信于大师们所说的所有话,因为他们明白没有包治百病的灵丹妙药,必须根据环境加以改造。"⑦

事实上,除了不断涌现的时尚管理思潮不提,管理的伟大思想已经存在了。实际上,有些人认为管理思想在远古时代就已经存在。那些看上去光怪陆离的新思想,往往是那些年代久远的古老思想的仿制品。(实际上,如果你想认识第一本管理学巨著,你应回溯到 19 世纪 30 年代,查尔斯·巴贝奇(Charles Babbage)的《机械和制造工业经济学》(On the Economy of Machinery and Manufactures),据说当时卖了 10,000 份。)

许多东西是很难令人理解的。经济学家约翰·凯(John Kay)在《哈佛商务评论》一篇文章的序言中写道:"如果一篇文章少于 3,000 字,将不会被人们看重,但每篇文章都要有一个理念。假设在以前,没有任何相关知识……绝对没有玩笑——我们的读者也没有幽默感——只是经常与高级管理人员交流,如与盛田昭夫(Akio Morita)等人的沟通。"⑧

商业和管理始终是被讽刺的目标。管理人员比任何人都更清楚地了解这一点。销售数量并不等同于质量。那些乏味的管理类图书,充斥着行话、时髦语句和经典案例回顾,但它们很容易被人们忘掉。并不是所有的法律书刊都具有权威——许多不可读的、糟糕的管理类图书,其术语的充斥程度简直可以与那些法律书刊媲美。

人们对管理书籍抱有极高的期望值。一位在佛蒙特州拉特兰郡的管理者阅读了一本由法国学院派撰写的著作,其间充斥着瑞士、瑞典的案例研究,而且作者也期望人们对他的问题作出解答。

那些对书籍实际作用提出怀疑的人们无疑是正确的。本尼斯(Warren Bennis)说道:"作为一位理论家,你可以很勇敢。好的理论就像好的艺术。从业者要学会折衷。"⑨即便如此,管理学作品中的许多思想,已经影响了许多经理人的生活和行为。在《管理》一书中彼得·杜拉克(Peter Drucker)说:"我们所知的所有伟大的商务营造商从佛罗伦萨文艺复兴的美蒂奇家族,17 世纪末英格兰银行奠基人到今天的IBM的托马斯·沃特森都曾有一个明确的商业理论来指导他们的商业行为和决定。”[10]去掉那些糟粕，我们可以发现许多作品如果仔细探究，还是非常具有价值的，正是它们使得管理者和他们的组织能够青史留名。

《哈佛商业评论》一书可能缺乏幽默和简洁性，但是它所包含的大量材料是可理解并切实可用的。许多商业书籍都经受了时间的检验。它们不是对亡者的悼词，而是对生者有震撼力的治疗。

不该遗忘的是书籍和它的调查研究确实改变了许多事情。看看爱德华·戴明(W. Edwards Deming)在日本经济复兴中所扮演的角色；想想迈克尔·波特的(Michael Porter)的价值链的影响，被分布于世界各地的公司广泛采纳；以及他在国家竞争力上的理论，改变了整个国家的经济状况。

他们的影响还在扩大。当纽特·金里奇(Newt Gingrich)当选众议院议长的时候，他送给自己的同事一份阅读书目清单。其中包括7位管理思想家所写的作品。1993年，克林顿总统建立了国家绩效评估委员会，并支持开设公共事务的MBA课程。最佳的管理实践的影响和先进思想的影响已经逐步深入到人们的心田。如果忽视这些，你就危险了。

注 释

① Time, January 6, 1930.

② The State of Reengineering, CSC Index, 1994.

③ Lorenz, Christopher, "Uphill struggle to become horizontal," Financial Time, November 5, 1993.

④ Re—engineering: The Critical Success Factors, Business Intelligence, London, 1995

⑤ The Economist, February 26, 1994.

⑥ Interview with author.

⑦ Correspondence with author.

⑧ Kay, John, "Handy guide to corporate life," Financial Times, August 17,1995.

⑨ Crainer, Stuart, “Doing the right thing," The Director, October 1988.

⑩ Drucker, Peter F., Management, Harper& Row, New York, 1973.

75 BOOKS THAT MADE MANAGEMENT

形成现代管理思想的 75 本著作

本世纪前

孙子兵法	**孙子**
The Art of war	*Sun Tzu (500 BC)*
君主论	**尼科罗·马基雅维利**
The Prince Nicolo	*Machiavelli (1500)*
国富论	**亚当·斯密**
The Wealth of Nations	*Adam Smith (1776)*
战争论	**冯·克劳塞维兹**
On War	*Karl Von Clausewitz 1831*
机械和制造工业经济学	**查尔斯·巴贝奇**
On the Economy of Machinery and Manufactures	*Charles Babbage 1832*

1900—1929

科学管理原理	**弗雷德里克·泰勒**
The Principles of Scientific Management	*Frederick W. Taylor 1911*
动作研究	**弗兰克·吉尔布雷思**
Motion Study	*Frank Gilbreth 1911*
工业管理和一般管理	**亨利·法约尔**
General and Industrial Management	*Henri Fayol 1916*

我的生活和工作	亨利·福特
My Life and Work	*Henry Ford 1923*
社会与经济组织理论	马克斯·韦伯
The Theory of Industrial Management	*Max Weber 1924*

二十世纪三十年代

前进中的工业	詹姆斯·穆尼 & 阿兰·雷里
Onward Industry	*James Mooney & Alan Reiley 1931*
工业文明中人的问题	埃尔顿·梅奥
The Human Problems of an Industrial Civilization	*Elton Mayo 1933*
怎样赢得朋友和影响别人	戴尔·卡耐基
How to Win Friend and Influence People	*Dale Carnegie 1937*
经理的职能	切斯特·巴纳德
The Functions of the Executive	*Chester Barnard 1938*

二十世纪四十年代

动态管理	玛丽·帕克·弗洛特
Dynamic Administration	*Mary Parker Follett 1941*
管理行为	赫伯特·西蒙
Administrative Behavior	*Herbert Simon 1947*

二十世纪五十年代

企业中的文化变革	艾略特·雅克
The Changing Culture of a Factory	*Elliot Jacques 1951*

动机与人格 亚伯拉罕·马斯洛
Motivation and Personality *Abraham Maslow 1954*

管理实践 彼得·杜拉克
The Practice of Management *Peter F. Drucker 1954*

组织的人 威廉·怀特
The Organization Man *William Whyte 1956*

帕金森定律 帕金森
Parkinson's Law *C.N. Parkinson 1958*

激励因素 弗雷克·赫兹伯格
The Motivation to Work *Frederick Herzberg 1959*

二十世纪六十年代

企业的人性面 道格拉斯·麦格雷戈
The Human Side of Enterprise *Douglas McGregor 1960*

管理新模式 伦西斯·利克特
New Patterns of Management *Rensis Likert 1961*

营销中的创新 泰德·李维特
Innovation in Marketing *Ted Levitt 1962*

战略和结构 阿尔弗雷德·钱德勒
Strategy and Structure *Alfred Chandler 1962*

公司行为理论 里查德·赛特 & 詹姆斯·马驰
A Behavioral Theory of the Firm *Richard Cyert & James March 1963*

一个企业和它的信条 托马斯·沃特森
A Business and its Beliefs *Thomas Watson JR 1963*

我在通用汽车的岁月 阿尔弗莱德·斯隆
My Years With General Motors *Alfred P. Sloan 1963*

管理方格理论	**罗伯特·布莱克 & 珍·穆顿**
The Managerial Grid	*Robert Blake & Jane Mouton 1964*
企业战略	**伊戈尔·安索夫**
Corporate Strategy	*Igor Ansoff 1965*
管理的意愿	**马文·鲍尔**
The Will to Manage	*Marvin Bower 1966*
营销管理	**菲利普·科特勒**
Marketing Management	*Philip Kotler 1967*
不连续的时代	**彼得·杜拉克**
The Age of Discontinuity	*Peter F. Drucker 1969*
彼得法则	**劳伦斯·彼得**
The Peter Principle	*Laurence Peter 1969*

二十世纪七十年代

提升组织	**罗伯特·汤塞德**
Up the Organization	*Robert Townsend 1970*
管理工作的本质	**亨利·明茨伯格**
The Nature of Managerial Work	*Henry Mintzberg 1973*
组织内学习	**克里斯·阿基瑞斯 & 唐纳德·施翁**
Organization Learning	*Chris Argyris & Donald Schon 1978*
领导能力	**詹姆斯·麦格莱格·伯恩**
Leadership	*James MacGregor Burns 1978*
丰田的生产系统	**大原太一**
Toyota Production System	*TAIICHI OHNO 1978*
行动学习	**黎文斯**
Action Learning	*Reg Revans 1979*

二十世纪八十年代

竞争战略	迈克尔·波特
Competitive Strategy	*Michael Porter 1980*
第三次浪潮	埃厄文·托弗勒
The Third Wave	*Alvin Toffler 1980*
日本的管理艺术	理查德·帕斯卡 & 安东尼·艾索思
The Art of Japanese Management	*Richard Pascale & Anthony Athos 1981*
追求卓越	汤姆·彼得斯 & 罗伯特·沃特曼
In Search of Excellence	*Tom Peters & Robert Waterman 1982*
大趋势	约翰·奈斯比
Megatrends	*John Naisbitt 1982*
战略家的思想	大前研一
The Mind of the Strategist	*Kenichi Ohmae 1982*
走出危机	爱德华兹·戴明
Out of the Crisis	*W. Edwards Deming 1982*
变革大师	罗沙白·默丝·坎特
The Change Masters	*Rosabeth Moss Kanter 1983*
管理队伍:他们成败的原因	梅雷迪思·贝尔宾
Management Teams: Why They Succeed or Fail	*Meredith Belbin 1984*
管理	哈诺德·格尼恩
Managing	*Harold Geneen 1984*
领导	华伦·贝尼斯 & 伯特·纳纽斯
Leaders	*Warren Bennis & Burt Nanus 1985*
组织文化与领导力	艾德佳·沙因
Organizational Culture and Leadership	*Edgar H .Schein 1985*
日本制造	盛田昭夫
Made in Japan	*Akio Morita 1986*

关键时刻	简·卡尔森
Moments of Truth	*Jan Carlzon 1987*
质量计划	约瑟夫 M·朱兰
Planning for Quality	*Joseph M. Juran 1988*
寻求繁荣	松下幸之助
Quest for Prosperity	*Konosuke Matsushita 1988*
超越界限的管理	克里斯多弗·巴列特 & 舒曼特拉·高沙尔
Managing Across Borders	*Christopher Bartlett & Sumantra Ghoshal 1989*
非理性时代	查尔斯·汉迪
The Age of Unreason	*Charles Handy 1989*

二十世纪九十年代

没有国界的世界	大前研一
The Borderless	*World Kenichi Ohmae 1990*
国家竞争优势	迈克尔·波特
The Competitive Advantage of Nations	*Michael Porter 1990*
边缘管理	理查德·帕斯卡
Managing on the Edge	*Richard Pascale 1990*
第五项修炼	彼得·圣吉
The Fifth Discipline	*Peter Senge 1990*
管理的解放	汤姆·彼得斯
Liberation Management	*Tom Peters 1992*
独树一帜	利卡杜·索姆勒
Maverick	*Ricardo Semler 1993*
再造企业	詹姆斯·钱辟 & 迈克尔·哈默
Reengineering the Corporation	*James Champy & Michael Hammer 1993*

跨越文化浪潮	冯斯·琼潘纳森
Riding the Waves of Culture	*Fons Trompenaars 1993*
战略计划的兴衰	亨利·明茨伯格
The Rise and Fall of Strategic Planning	*Henry Mintzberg 1994*
企业层战略	麦克·古德、马克斯·亚历山大 & 安德鲁·坎贝尔
Corporate—Level Strategy	*Michael Goold, Marcus Alexander* & Andrew Campbell 1994
为未来而竞争	格雷·哈默尔 & C·K·帕拉哈莱德
Competing for the Future	*Gary Hamel & C.K. Prahalad 1994*
企业精神,贯彻始终	詹姆斯·柯林斯 & 杰瑞·波拉斯
Built to Last	*James Collins & Jerry Porras 1994*
惠普之道	大卫·帕卡德
The H—P Way	*David Packard 1995*
长寿公司	阿里·德赫斯
The Living Company	*Arie De Geus 1997*
知识资本	托马斯·斯图尔特
Intellectual Capital	*Thomas Stewart 1997*
模糊:在相互联系的经济中的变化速度	斯坦·戴维斯 & 克里斯托弗·梅耶
Blur	*Stan Davis & Christopher Meyer 1997*

1

伊戈尔·安索夫（Igor Ansoff）

企业战略(Corporate Strategy)

1965

伊戈尔·安索夫的《企业战略》[1]可不是一本轻易就能读懂的书。实际上，对于那些已习惯于阅读各种警世恒言和人物传记的读者来说，该书显得过于晦涩、难懂，让人难以接受。但无论是过去、现在还是将来，该书所产生的深远影响却是不可忽略的。

有关自己的创作初衷，安索夫曾这样解释道："《企业战略》一书对'战略计划'这一概念进行了综合性诠释。这个概念起先是由像洛克希德等一批顶尖的美国公司分别创立的。此外，安索夫还在该书提出了一些全新的理论概念，如'局部忽略'（partial ignorance）、'商务战略'（business strategy）、'能力和竞争描述'（capability and competence profiles）以及'协同'（synergy）等。其中，'生产—任务矩阵'（product-mission matrix）这一概念现已变得非常流行，它首次对战略扩张与多元化之间的区别进行了简单明了的阐述。"[2]

安索夫是在一个假期中开始了他的创作。期间，他就战略问题苦思冥想，并蓄起了胡子，且喝光了半箱子的苏格兰威士忌。安索夫的目标就是要把自己在洛克希德公司多年的工作经验进行"整理和归纳"。他在该书序言中写道："本书的创作目的就是发展一系列可供管理者在管理实践中切实可用的概念和程序……即一种切实可行的、可供企业利用的战略抉择方法。"

《企业战略》的出版时机恰到好处。安索夫曾回忆道:"该书出版的时候,正是人们对'战略计划'的热情空前高涨、越来越多的企业投身于此的时候。"

在《企业战略》出版以前,"战略计划"还仅仅停留在一个概念的阶段。当时,几乎没有人能够明白"战略计划"的真正含义。这个概念虽然在实践中被采用,但在理论方面还存在着相当大的空白。安索夫将战略管理看做是一门极具威力的应用学说,他认为这能够在一定程度上反映实际状况、并揭示普遍性原理,而不仅仅将管理理论化。

在《企业战略》一书中,安索夫向我们提供了一种理性模型。战略和计划的决策都是通过这个模型来制订的。安索夫审视了有关战略、管理和实施等方面的决策问题(该模型强调的是企业扩张和多元化,而不是战略计划本身)。由此,产生了有关战略计划的安索夫模型,该模型由一系列复杂、按一定顺序排列的决策组成。安索夫将其命名为"决策瀑布"(cascade of decisions),即从开始阶段单一、高度集中的方案发展到后期多个、具体化的方案。

这种瀑布式决策模型的核心是一种名为间隙分析(gap analysis)的概念:即弄清你现在所处的位置,认识到你要达到的目标,分清实现目标应做的工作。安索夫解释道:"这种瀑布式决策方法,各阶段的步骤大致相同。1. 设定一系列目标;2. 研究公司现状与目标之间的差距;3. 提出一个或多个解决方案(战略);4. 对这些方案进行检验,看是否能有效消除差距。如果某项措施能够彻底消除这种差距,那它就是可行的,将被正式采纳;如果不能,那就继续尝试新的替代办法。"

《企业战略》一书还因其在管理学词典中第一次引入了"协同"(synergy)一词而备受世人瞩目。尽管这个词现在已经被滥用,但安索夫最初的解释("2+2=5")却是如此的经典和令人难忘。再有,安索夫还远在迈克尔·波特(Michael Porter)之前就探讨了"企业优势"

(corporate advantage)这一概念。直到 20 世纪 80 年代,波特才对此进行了剖析。

作者简介

伊戈尔·安索夫是圣地戈美国国际大学(US International University)的著名教授,专门致力于战略管理的研究。同时,他还是安索夫协会(Ansoff Associate)的主席和 Gemini 咨询公司的董事。

安索夫于 1918 年出生在海参崴(Vladivostock)。父亲是美国人,母亲是俄国人。安索夫的青少年时期是在莫斯科度过的。1936 年,他随父母移居到美国纽约。在校期间,安索夫主修工程和数学专业。从布朗大学(Brown University)毕业后,他起先在布兰德公司(Brand Corporation)工作,随后到了洛克希德公司(Lockheed Corporation),并最终成为洛克希德电力公司(Lockheed Electronics)计划与程序部的副总裁。1963 年,安索夫离开实业界,转而进入卡耐基—梅隆工商管理学院(Carnegie-Mellon's Graduate School of Business Administration),从事学术研究工作。随后,他在比利时的万德贝特管理研究生院(Vanderbilt University's Graducate School of Management)担任校长和教授,并同时在斯德哥尔摩经济学院(Stochholm School of Economics)任教。后来,安索夫成为比利时欧洲研究院(European Institute)的教授,专门研究有关管理的难题。1983 年,他加入了 US 国际学院。

《企业战略》是安索夫的第一部著作。随后,他又创作了一系列严肃的学术专著,其中包括,《战略管理》(Strategy Management)(1979),《战略管理的移植》(Implanting Strategic Management)(1990 年第二版)。经过重新修订,他把《企业战略》更名为《新企业战略》(New Corporation Strategy),并于 1988 年出版。

在当时,《企业战略》应该算是一本经典著作,但它也不可避免地存在着某些缺陷,并很快为人们所认识——安索夫本人对此也直言不讳。在《企业战略》中，强调和宣扬的方法过分依赖于分析。结果，它不可避免地存在着某种被安索夫称为“分析导致瘫痪”(paralysis by analysis)的症结——拥有越多的信息，反而觉得信息不够用，希望获得更多的信息。这种恶性循环也确实困扰了许多当年曾经满怀豪情，投身于战略计划的企业。

《企业战略》一书中有关战略计划的讨论，能提供给读者的答案要远远少于所提出的问题。安索夫本人也很快意识到这一点。尽管“根据个人直觉，我坚信战略计划是一项固有的、极其实用的管理工具”，但他还是把战略计划看做是一项“并不完善的发明”。在以后的 40 年里，安索夫一直在孜孜不倦地试图去证明：战略管理不仅仅是一种文字性的、不实用的东西，而是一种能够处理各种始料不及问题的动态工具。关于这一点，无论是在当今变化纷呈的市场、还是该书所描述的那个相对稳定的时期，都是毋庸置疑的。

盖瑞·哈默尔对《企业战略》点评

“他是企业战略的真正缔造者。尽管从今天看来，安索夫的方法显得过于结构化和武断。但安索夫是有史以来第一位使现代企业能够通过文字和程序来明确表达深层次的企业战略问题：怎样成长，哪些方面需要协作，运用企业哪一项强势等等。”

注　释

① Ansoff, H.Igor, Corporate Strategy, McGraw Hill, New York, 1965

伊戈尔·安索夫，《企业战略》

② Ansoff, H.Igor, “A profile of intellectual growth”, in Management Laureates, JAI Press, London, 1994

伊戈尔·安索夫，《管理桂冠》“智力增长简介”

克里斯·阿基瑞斯 & 唐纳德·施翁

(Chris Argyris &Donald Schon)

组织内学习 (Organization Learning)

1978

克里斯·阿基瑞斯外表清瘦,看上去颇像位苦行僧。对人性的深信不疑是驱动他工作的原动力,而这在某些人看来却是不可思议的。阿基瑞斯的早期作品曾获得广泛认同,但也只是限于学术界内的讨论;尽管他的作品思想深邃,学识广博,却没能够得到商业实践者们的认同。

阿基瑞斯的理论应当属于 20 世纪 50 年代末期人际关系学派的一个分支,他曾积极投身于国家培训实验室(National Training Laboratories)的工作。该实验室曾以无可比拟的魅力吸引了当时一大批重要的思想家。阿特·克莱纳 (Art Kleiner)曾在《异端学说的年代》(The Age of Heretics)一书中回忆道:"阿基瑞斯带着眼镜、面色深沉、身材削弱、脸颊消瘦,当争论变得激烈的时候,不管自己如何,他都会停下来咧嘴笑一笑,像是对能有机会检验自己的想法而感到欣欣然。阿基瑞斯的嗓音很有特色,细

长、温和并带有一点儿欧洲口音。他争论的方式也极具分析性——实际上，他对于生活的态度就是充满激情地去搜寻、探究原因并总结出规律。但是，他所深入研究的话题——探寻人类的本性——却令诸多有识之士敬而远之。比如，人们为什么不能够按照自己的意愿快乐地生活？组织内部的人群之间为什么会存在如此多的内耗行为，等等。”①

过去的十年，变革的浪潮为阿基瑞斯的学说扫除了障碍。突然间，他的理论风行开来。而其中，最明显的莫过于人们对‘学习性组织’(learning organization)这一概念的兴趣的空前高涨。阿基瑞斯与施翁合著的《组织内学习》② 一书虽正式出版于 1978 年，却直到 1990 年才成为年度最畅销书，甚至击败了麻省理工学院彼得·圣吉(Peter Senge) 的《第五项修炼》(The Fifth Discipline)一书。《组织内学习》也使学习性组织从一个纯粹的学术概念发展到被主流社会所广为接受。(当然，这个世界并不是旦夕之间就能改变的。经理们或许会赞同学习性组织这一概念，但他们却常常不愿意执行学习性组织所要求的所有细节。)

如果什么人想探寻一下学习性组织理论的根源，那他不可避免地应该阅读阿基瑞斯和施翁的《组织内学习》一书。

《组织内学习》一书触及了商业生活的核心问题，比如在法规约束的组织环境中，如何发挥个人的主动性和创造力；如何使团队工作与个人工作卓有成效地并存起来？对于这些长期困扰我们的问题，阿基瑞斯与施翁提供了一些令人倍感兴趣的答案。相对而言，施翁更具有哲学家的观点，而阿基瑞斯则更是一位心理学家。《组织内学习》是从阿基瑞斯和施翁 1974 年的著作《实践原理》(Theory in Practice)中发展而来的。阿基瑞斯与施翁曾写道“最初，我们曾计划在书中用一个章节的篇幅，来阐述如何运用有关行动原理解决组织的学习能力问题。但最终，我们也没有将这章写出来。因为这需要在个体行为与组织世界间建立起一种联系的纽带，而这种概念上的纽带当时还没有建立起来。我们当前的工作就是要提出，组织并不是单个人的集合体。根据研究团队行为的社会心理学，我们就能明白这个道理。”

《组织内学习》成为联系不同规则的理论纽带。英国剑桥大学Judge管理学院（University of Cambridge′s Judge Institute of Management）的查尔斯·汉普敦—特纳（Chasrles Hampden-Turner）指出“迫切存在着以另一种科学观念看待问题的需要，施翁和阿基瑞斯的研究向我们提供了一些非常棒的想法和答案。还没有人能够像他们那样在自然科学和人文科学这两个相互分离的城堡间架立起联系的纽带，并解决了现实中出现的许多重大问题。”

阿基瑞斯与施翁深入研究了两个基本组织模型。

模型一是根据以下假设建立的：人们总是根据个人的抱负和期望去塑造和控制这个世界。在该模型中，管理者们总是执著于实现个人目标。他们总是有所保留，并不明确表态是赞成还是反对。他们的责任就是如何建立一种使每一个人都不得不屈服的沉默氛围。在模型一这样的组织内，自我保护成为首要任务。进攻有时就是最好的防御，模型一中的经理们时刻准备着去改变他人，但拒绝一切改变自己的思想和工作的尝试。阿基瑞斯和施翁将模型一的组织特征定义为“单循环学习”（single-loop learning）。（发现并改正组织内错误，使得组织能够继续保持既定的政策并实现当前设定的目标）

与之相反，模型二的组织强调“双环学习”（double-loop learning）。阿基瑞斯与施翁曾将此描述为“诊断和改正组织内的错误，会影响到当前的规范、政策和目标。”在属于模型二的组织中，管理者按照信息采取行动。他们不仅进行争论，而且做出反应并时刻准备着改变。他们从别人那里学习东西。这是一个有关学习和理解的良性循环。阿基瑞斯和施翁认为：“在大多数企业，单环学习已做得相当不错，但在实施双环学习中却遇到极大的困难。”

作者简介

克里斯·阿基瑞斯(生于 1923 年)是哈佛管理和教育研究生院(Harvard Graduate School of Business and Education)的“詹姆斯.B.科南特讲座”(James B Conant) 的教授。即使按照哈佛大学至高无上的标准,阿基瑞斯也应算是出类拔萃的了。他于 1971 年进入哈佛大学,此前,他一直在耶鲁大学(Yale)任教。他的研究所涉及的领域包括心理学、经济学和组织行为学。他的著作包括《个人与组织》(Personality and Organization)(1957),《克服组织抵制》(Overcoming Organizational Defenses)(1990),《关于组织内学习》(On Organizational Learning)(1993),《行动中的理论》(Knowledge for Action)(1993)。

唐纳德·施翁(1930～1997)曾在耶鲁大学、索邦(Sorbonne)和哈佛大学深造。在 UCLA 和肯萨斯(Kansas)大学教授过一阵哲学以后,于 1957 年加入阿瑟里特尔咨询公司(Arthur D Little)。其后,他又任职于美国商业部(US Department of Commerce)。再后来,他成为社会和技术创新组织(Organization for Social and Technological Innovation)(一个非盈利性社会研究和发展机构)的总裁。1972 年,施翁成为麻省理工学院城市研究和教育学的“福特讲座”教授(Ford Professor)。施翁是“行动科学”(action science)概念的先驱,就是用调查和公开的方法去解决问题和错误(组织内学习的副标题是“一个运作观点原理”)。1970 年,施翁在英国广播公司主持“里斯讲座”(Reith Lectures),并最终将其整理为《超越稳定国家》(1978)(Beyond the Stable State)。

阿基瑞斯和施翁还合著了《行动中的理论,提高职业效率》(1974)一书(Theory in Practice: Increasing Professional Efficiency)。

另外,阿基瑞斯与施翁提出了一种更具挑战性的终极学习结构。

这是一种“双学习”（deuteron-learning），这种结构被他们描述成“质疑组织能够发现和更正错误的学习系统。”通过对学习系统的审视，我们就能够发现当代学习性组织概念产生的根基。阿基瑞斯认为学习就是一种极具威力的实践活动。“管理的艺术越来越成为对知识的管理。这意味着与其说是管理人，不如说是管理他们所具有的知识。领导才能意味着创造使人获得有用知识的环境，并且通过鼓励个人承担责任来实现。”他在最近评论到：“我所感兴趣的是实际操作，而不是那些为了理解和探索问题而所必须的知识。我所喜欢的是为了实践而去了解和探索知识。”③

《组织内学习》一书问世后，阿基瑞斯继续探索着学习过程中暴露出的缺陷，以及为什么组织和个人都倾向于单循环学习，而不是选择其他更迫切的方法。更好地从各个方面理解学习已显得更加急迫了。阿基瑞斯说：“在20世纪90年代这个更为严酷的商业环境中，任何企业想要获得成功，就必须首先解决基本的困惑：在市场上获得成功越来越依靠学习。而对于大多数人来说，却不知道如何学习。而且，那些在企业中被认为最擅长于学习的人，实际上并不精于此道。”④学习对于我们来说，仍然是一个充满着神秘感、且极具挑战性的问题。

哈默尔对《组织内学习》点评

“如果你的组织还没有掌握双循环学习，那么，你的命运就注定如同恐龙一样，最终只能消亡。没有人怀疑组织学习是企业最重要的竞争优势。而正是阿基瑞斯和施翁让我们明白了应该如何去学习。”

注 释

① Kleiner, Art, the Age of Heretics, Nicholas Brealey, London, 1996

阿特·克莱纳,《异端学说的年代》

② Argyris, Chris, & Schon, Donald, Orrganizational Learning, Addison Wesley, Reading, MA, 1978

克里斯·阿基瑞斯、唐纳德·施翁,《组织内学习》

③ Kurtzman, Joel, "An Interview with Chris Argyris," Strategy & Business First Quarter, 1998

卓尔·考茨曼,"阿基瑞斯采访记",《战略与商业》

④ Argyris, Chris, "Teaching smart people how to learn", Harvard Business Review, May—June 1991

克里斯·阿基瑞斯,"教聪明人如何学习"

3

查尔斯·巴贝奇(Charles Babbage)

机械和制造工业经济学

(On the Economy of Machinery and Manufactures)

1982

巴贝奇不仅是一位革新家,同时也是一位政治经济学家。他写作《机械和制造工业经济学》一书的目的就是要重新审视"那些机械原理,这些原理规范了艺术和制造业的机械应用程序。"

巴贝奇的基本研究方法具有高度的科学性。首先是收集证据,巴贝奇不辞辛劳地走访了设在欧洲大陆和英国的许多工厂,获取了相关资料。实际上,巴贝奇在书中向我们提供了他所运用的,发现最有用信息的提问清单。一般认为,"政治经济学家因较少采用事实、过多地使用理论而备受指责。"巴贝奇反驳到:"如果想要事实——那么请记住,那些高高在上的哲学家对于工厂的那些精妙运作知之甚少;没有人能够在如此短的时间内向政治经济学家们提供如此详实、充分,涵盖他们所有研究方向的数据。没有人怀疑根据这种记录下来的所谓'事实',会推导出错误的结论:由于缺乏事实而产生的错误远比那些基于荒谬、却冠之以事实的数据而导致的错误多得多、但危害要小得多。"

巴贝奇鼓励经理人以他为榜样,去搜集和整理自己的数据。他以颇有现代韵味的笔墨写道:“搜集数据的重要性在于,使生产者能够确定如果降低产品价格会争取到多少额外顾客。因而,他们不能太执迷于只关注统计调查。”

巴贝奇发挥了他精密的逻辑推理和作为未来主义信徒的发自本能的设想。约瑟夫·熊彼特(Joseph Schumpeter)曾经说道:《机械和制造工业经济学》是“一位不平凡的人创作的一部不平凡的著作”。[①]该书第一次从经济学和社会学角度出发,阐述了工厂的重要性。其意义就像日后论述互联网潜力的第一本著作一样。极具鲜明对照的是,当亚当·斯密(Adam Smith)的经济学观点仍局限于农业社会的时代时,巴贝奇却已在召唤工业时代了。而且他也确实起到了这种作用,为日后马克思(Marx)、恩格斯(Engels)和约翰·斯图尔特·米勒(John Stuart Mill)等人思想的提出,做了知识的铺垫,并打下了发展的基础。

巴贝奇提出:“那些规范工厂内部经济的措施对工厂的影响,比我们想象的要深远得多,而且能够在一些探究人类思维问题的过程中得以有效运用。”[②]巴贝奇认识到,工厂需要一个完整的运作系统,这是不同于以往常规意义上的生产组织方式。

巴贝奇对“规模经济”和“劳动力分工”这两个核心问题有着深刻的认识。他写道“或许,在参与工作的工人中进行劳动力分配是制造业经济性所依赖的最重要原则。”巴贝奇的研究方法与日后科学管理学说支持者弗莱德里克·泰勒(Frederic Taylor)的方法有异曲同工之妙。还是在走访工厂的时候,巴贝奇就实地观察过工人的工作活动。他写道:“当工人没有意识到别人正在观察自己的时候,他在限定时间内的作业活动通常是能够被计算出来的。而且,甚至观测者在厂房之外时,织布机所发出的每一个声响都能够帮助观测者计算出工人每一分钟的工作量。”

在巴贝奇所提出的其他论点中，还包括了他对固定资产平均寿命的预期。“任何用来大批量生产的机器很少是到彻底报废才被抛弃不用的；新事物的风起云涌(由于技术不断推陈出新)，使得我们能够更好或更快地完成同样的工作，从而也使得机器通常远在报损之前就已被更新换代了。实际上，要想从不断改进的机械中获得盈利，设备的折旧期应该控制在5年以内，而且在10年内必须被新设备替换。”《机械和制造工业经济学》曾是当时最畅销的书籍。巴贝奇不仅仅是计算机技术的先驱，同时也是一位真正意义上的、现代管理学的先行者。

作者简介

查尔斯·巴贝奇(Charles Babbage)(1791～1871)是第一次工业革命时期最伟大的思想家之一。他生于伦敦，于1810年在剑桥大学就读。他参与了在微积分中引入莱布尼兹(Leibnitz)方法，这对于后来的数学研究产生了深远的影响。巴贝奇的研究范围很广，比如，他主张在灯塔中安装信号发生器；此外，他还一直致力于用数学方法破解密码。

巴贝奇最显著的成就是他拟定的、有关制造一台机械式计算器的计划——差动机械和分析机械。尽管他最终也没能将其变为现实，但他所提出的原理却成为“现代计算机的鼻祖”——这一点，已得到越来越多人的承认。

注　释

① Schumpeter, Joseph, History of Economic Analysis, Oxfor University Press, New York, 1954, p.541

约瑟夫·熊彼特,《经济分析史》

②Charles Babbage, On the Economy of Machinery and Manufactures, fourth edition, 1835, Reprinted by Frank Cass & Co., London, 1963, p.191. References are to the 1963 edition

查尔斯·巴贝奇,《机械和制造工业经济学》,第四版,首次发行于 1835 年,现有位于伦敦的 Frank Cass & Co。公司重印,1963 年,第 191 页,本文所指 1963 年的重印版

4

切斯特·巴纳德（Chester Barnard）
经理的职能
(the Functions of the Executive)
1938

切斯特·巴纳德的《经理的职能》[1]一书是他本人有关管理专题的讲演汇编。该书语言陈腐、行文却很华丽，但重要的是，该书所包含的内容全面而丰富。与巴纳德同时代的林达尔·厄威克（Lyndall Urwick）曾评论道："自泰勒（Taylor）的《科学管理》（Scientific Management）之后，还没有什么书能像该书一样对那些严肃的企业领导者们在思考工作实质的时候，会产生如此深厚的影响。"

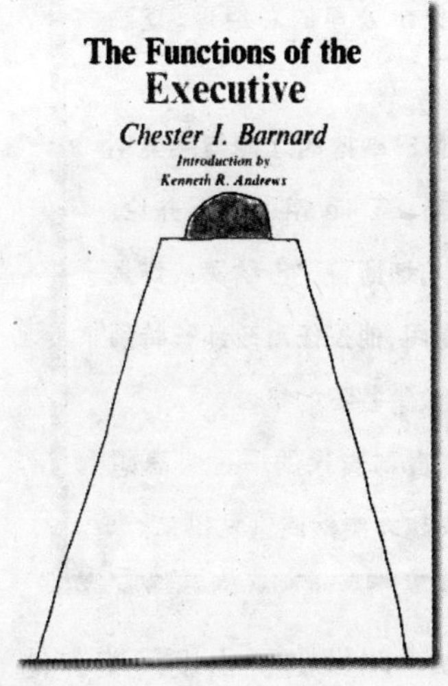

实际上，《经理的职能》一书中的许多内容都会在当代管理思想中得到回映，比如，巴纳德高度关注企业内沟通。他告诫到，企业内任何人都应该知道，沟通渠道是什么，这些渠道又在哪里，只有这样，个体的人才能以组织的目标为核心，紧密地联系在一起。此外，他还大力提倡沟通路线应该直接而且简短。他写道，"基本职能有三：第一，能够提供沟通渠道；第二，提高基本工作的稳定性；第三，规范和界定目标。"

巴纳德认识到，在一个凡事都追求简洁解决方案的世界里，组织更像是一个复杂的谜团。他写道："我把它看做是一个理所当然的、但或许是不同寻常的实践过程，是某种具有哲学倾向的、能够揭示生活中矛盾和混乱的思想。"他继续写道"大部分人在大多数情况下对此处理得相当不错，他们通常的做法是，要么漠视矛盾的存在，要么暂时将事情假设为好的方面。"②

巴纳德认为，总经理不应该是一位沉醉于某些短期目标的独裁者。他的职责应包括：制定公司的目标和培养公司的价值观。巴纳德提出，价值观和目标应该体现于行动，而不仅仅是毫无意义的、用以鼓舞士气的空洞语言——"坦率地说，一系列的行动比任何形式的文字都能更准确地描述出公司的目标。"

作者简介

切斯特·巴纳德(1886～1961)可算是难得的人才。他是一位管理的理论家，也是一位成功的实践家。在哈佛大学度过一段时光后，巴纳德作为统计员进入了美国电话电报公司。他的职业生涯始终都是在该公司度过的，并于 1927 年成为新泽西贝尔公司的总经理，直到 1952 年退休。

巴纳德兴趣广泛。哈佛大学的一位教授将巴纳德的才能与莱奥纳多·达·芬奇(Leonardo da Vinci)和圣·托马斯(ST Thomas)相提并论。《财富》杂志评论道："在美国所有的商业主管中，切斯特·巴纳德或许是最具有广博知识的一位。"在第二次世界大战期间，他担任财政部长特别助理，并与人合作起草了后来成为美国核工业政策基石的报告。

巴纳德的作品长期以来一直受到忽视。直到当代的一位大思想家发现了他的《经理的职能》后，人们对他的兴趣才突然间迸发出来。

彼得斯(Peters)和沃特曼(Waterman)对此做出了积极反响。他们在《追求卓越》(In Search of Excellence)一书中提到:"《经理的职能》被赞誉为是一套完整的管理理论,这是当之无愧。"[3]哈佛大学的肯尼斯·安德鲁斯(Kenneth Andrews)认为,巴纳德的研究具有广泛性。他在1968年为庆贺该书30周年而再版的导言中提出,"看起来,巴纳德的目标是那么远大。就像在序言中告诉我们的那样,他的首要目标就是向人们提供一套在正式组织内如何协作的完整理论。当一个人需要去完成某个目标、而单凭他个人的力量或其他单个人的力量无法实现时,就产生了协作。"[4]

在巴纳德的论述中,我们依稀可以看到泰勒科学管理的若干踪影。但巴纳德是从道德的范畴提出了对于工作的看法(而泰勒显然没有认识到这一点)。巴纳德写道"经理人最重要的品质就是,不仅他们自己要遵守一系列复杂的道德标准,同时还要为别人设定道德标准。"

哈默尔对《经理的职能》点评

"每一代人都曾错误地认为自己所遇到的问题是独一无二的。任何一位重读过巴纳德在60年前所著的、里程碑式的巨著的人,都会很快意识到管理内容上的变化远比'经理的职能'的变化快得多。当我们对新思想顶礼膜拜时,倾听一下昔日智者的思想是极其有益的。"

巴纳德早就运用了现在被称作综合法(holistic approach)的研究方法。他提出,"在一个社会中,所有个人和组织行为都存在着直接或间接的内在联系和相互的依赖性。"虽然巴纳德的思想极具现代气息,但他仍没有跳出那个年代的局限性——宣扬企业应完全支配个人,并且认为员工对企业的忠诚是最重要的。

注 释

① Barnard, Chester I., The Functions of the Executive, Harvard University Press, Cambridge, MA,1968
切斯特・巴纳德,《经理的职能》

② Letter from Barnard to John Romanition, June 8, 1937
摘自巴纳德给约翰・罗曼内生

③ Peters, Thomas J., & Waterman, Robert H., In search of Excellence, Harper & Row, New York, 1982
托马斯・彼得斯,罗伯特・沃特曼 ,《追求卓越》

④ Andrews, Kenneth R., " Introduction to the Anniversary Edition", The Functions of the Executive, Harvard University Press, Cambridge, MA, 1968
肯尼斯・安德罗斯,"30 周年版介绍",《经理的职能》

5

克里斯多弗·巴列特 & 舒曼特拉·高沙尔
(Christopher Bartlett & Sumantra Ghoshal)

超越界限的管理
(Managing Across Borders)

1989

《超越界限的管理》① 一书出版于 1989 年。当时,对全球化的理解还处在萌芽状态。国际化管理模式还仅仅是在其他国家中,套用自己的惯用方法。国际化管理的实质仍然是殖民化。企业通常相信国际化运作仅仅意味着获得经济规模。结果,在探索国际化标准的时候,忽视了当地的差异。国际化和本地化之间相互排斥。企业要么赋予当地运作更为充分的自治权利;要么,企业野蛮践踏了当地的法律,这在实践中是很常见的。

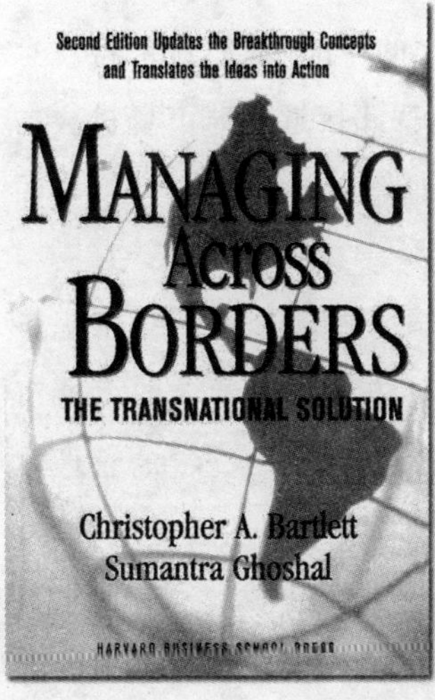

尽管这种专制的现象仍然存在,但近年来已发生了许多重大变化。由当地积极参与的全球化进程已成为当今时代的一个主流。众多企业正缓慢地接受真正意义上的全球化运作。现在困扰他们的问题主要是在分布全球的企业中如何解决在培育和实施创新过程中所遇到的种种挑战，以及如何在这类企业中进行技术和知识的分配。但如果这些管理者曾通篇阅读过《超越界限的管理》的话，那对于绝大多数企业来说，这个过程就会变得简单得多。

《超越界限的管理》是一本近年来出现的、少有的经典商业著作。在书中，巴列特和高沙尔勾勒出了这种崭新的全球化商业运作模式，并列举了那些能够适合这种超越国界的商业实践的企业类型。

巴列特和高沙尔列举出了在全球化进程中一些流行的企业组织形式。他们指出的第一种跨国企业类型是多国或多区域(multinational or multidomestic)公司。该类型企业的强势在于对当地市场有极高的反应。当地企业组成一个分权化的联盟(联合利华和飞利浦公司是其中比较具有代表性的例子)。这些企业是通过人力资源控制网络(通常由母国公司向海外派驻人员，这些人占据海外高层职务)联系在一起的。

第二种是全球化(global)公司，这种类型在美国企业中最为常见，如世纪初的福特公司，还有就是以松下株式会社等为代表的一些日本公司。这类公司的强势在于规模效益和成本优势。随着国际化规模日趋成熟，国际化企业正在寻求生产标准化的产品，他们通常将注意力放在母公司所在国，而将海外运作看成是就此接近全球市场机会的一种产品传输通道。在这类企业中，总部通常在战略选择、资源和信息等方面有极其严格的控制。

第三种类型是国际化(international)公司。这类企业的竞争优势在于它们能够将知识和专业技能传输给在这方面相对薄弱的海外市场。它们与当地企业间是一种相互合作的联盟关系，由完善的管理体系和精于此道的企业员工执掌。母公司就好像是一个社区的大教堂，由组织内身居高位、拥有超凡才能的高级管理人员执掌。

巴列特和高沙尔也提及到，国际化竞争促使以上三种类型中的许多企业最终转变为第四种模式，即跨国(transnational)模式。该类型企业不仅考虑到全球化效益，也考虑到地区实际，而且能够更好、更快、更便宜地调配各种技术。

跨国企业模式是整个20世纪90年代众多企业向往的模式(当然，热切渴望是一回事，而将渴望转变为现实却是另一回事)。跨国企业实际上是由多个专业化、或有区别的单位组成的网络。它既注重将分布于各地的公司联系起来，进行一体化管理，又注重母公司自身的管理。子公司成为公司特有的宝贵财富，而不再仅仅被看作是母公司的一条臂膀。科技的发展会出现在任何条件许可的地方。但必须注意的是，如何从当地技术的发展中找出可以推广到全球的商业机会。

巴列特、高沙尔明确发出了事业部制公司即将衰亡的信号。这种由通用汽车公司阿尔弗莱德·斯隆所发展的事业部制企业赋予公司内各个部门独立的权力。巴列特、高沙尔提出，整合与创造一套"进行价值传递的连贯系统"(a coherent system for value delivery)是组建企业架构的全新驱动力。分布在世界各地的跨国企业分支机构，不能完全按照自己的设计发展，而是要紧密联系当地的商业环境。

什么是将全球与当地之间各种矛盾因素结合在一起的粘合剂呢?在《超越界限的管理》一书中，巴列特、高沙尔提出，企业必须拥有一种称之为"公司心理学"(Organizational Psychology)的东西——这是一系列在企业内能清楚表白或暗含的、由成员共享的价值观和信条——它能够被进一步发展和管理。对于在国际环境中运作的企业，这是最为重要的一种企业属性。

巴列特、高沙尔曾列举出，在跨国企业中，有三方面的技巧对企业心理学的形成起到了关键作用。首先，"企业的任务和目标必须被大家清晰明了地共知。”第二，高级管理者的行为就像是他对世人的宣言一样，有重要作用。“特别是在跨国企业，因为传递给派驻国外机构的信息多如牛毛，其他方式的信息可能遭到削弱或歪曲，而公司高层行为对公司文化的影响是强有力的。当索尼公司的创办人之一和首席执行官盛田昭夫(Akio Morita)开创在美业务时，通过将公司重新迁往美国纽约，而向世人发出索尼致力于海外业务的最令人信服的信息。”第三，企业的人事政策必须有利于促进发展一个多维的、灵活的组织程序。

随着对于编织全球化企业网络以及知识与技能传递的强调，《超越界限的管理》富有成效地确定了企业下一个十年的工作议程。它创造了一种全新的组织模型。但令人遗憾的是，由于现代企业内部纷纭复杂以及它们的谨小慎微，许多企业仍固步自封于那种一维的和呆板的模式，而不是巴列特和高沙尔所提出的跨国际的选择。

《超越界限的管理》关注如何弥合战略和企业实际运作之间的鸿沟，巴列特、高沙尔在其后续著作《个性化企业》(The Individualized Corporation)(1997)中，将关注重点从高雅的战略转移到了纷杂的人性上。

对于一些企业将成功视为自己的一种熠熠生辉、许久不退的光环的现象，巴列特和高沙尔也曾仔细研究过。“自满于低劣运作远比遇到危机更为可怕。”他们以西屋(Westinghouse)公司为例，说道，该公司现在的年收入只及通用电气的七分之一。“过去20年间，在美国那些最杰出大公司的三任高级管理者中，都曾有人经历过业绩大幅下滑的局面。”高沙尔继续说道：“尽管在80%的时间内，公司被认为做得挺好，而西屋公司的历任首席执行官们也都能力超群、品德优秀，他们也曾使公司在排名榜中的排名提前，并且采取了一系列正确的措施，但他们仍然遭到业绩的大幅下滑。”

针对企业中弥漫的这种自以为是的现象,巴列特解释道,很少有企业具有自我更新的能力。"如果置身其中的人没有重新获得活力,那他就不可能引导一个企业复兴。这是高层管理者们一直挂在嘴边的话。在经过近10年的重组和缩编之后,现在的高管们开始对此深信不疑,但这又意味着什么呢?"

作者简介

学者克里斯多弗·巴列特1943年生于澳大利亚。在昆士兰大学(Queensland)和哈佛大学受过高等教育。他历任Aloca公司的市场部经理,伦敦麦肯锡公司的咨询师和Baxter Laboratories的法国区总经理。他在1979年加入哈佛商学院,任MBA班教授。

舒曼特拉·高沙尔(生于1948)是伦敦商学院的罗伯特鲍曼(Robert P Bauman)讲座战略领导能力的教授。他在1994年加入伦敦商学院并且正式成为Insead大学讲商业政策课程的教授和麻省理工斯隆学院的外聘教授。他也是《跨国公司管理:教程、案例和阅读材料》(Transnational Management:Text, Cases and Readings)(1990);《组织理论和多国公司》〔Organization Theory and the Multinational Corporation (with Eleanor Westney, 1993)〕;《战略过程:欧洲远景》〔The Strategy Process: Eurpean Perspective (with Henry Mintzberg and J.B. Quinn, 1995)〕等书的作者。

巴列特和高沙尔的最新著作是《个性化企业》(The Individualized Corporation)(1997)。

巴列特和高沙尔主张要使人获得新的活力就必须要改变人。问题在于,成年人大都不撞南墙不回头,他们不愿意轻易改变自己的基本观点。那些碰巧正在发挥作用的事更是不容易改变。但如果一个企业要使人获得新的活力,那它就必须改变既有的公司氛围。

高沙尔写道:“许多大企业中弥漫的那种令人难以容忍的气氛与炎炎夏日的加尔各达(印度南方的城市,以混乱、压抑著称)有异曲同工之妙。我们在管理方面极其偏重于理智。但如果你走进一个工厂或一个组织,在最初的15分钟内,你就可以感受到这个场所的氛围特点。”

尽管氛围听起来让人感到模糊难懂,但高沙尔,这位理想主义者,坚信这种氛围是能够被培养出来的。“这种氛围是能够被创造并加以保留的,3M公司就是一个很好的例证。管理者工作的最终目的就是让普通人创造出超乎不同的成绩。”

如果这样做,就需要一种被巴列特、高沙尔称作弹性和纪律这一矛盾的混合体。有关这一点,他们列举了英特尔公司的例子:“在英特尔公司内部,存在着一种建设性的对峙。公司更关注的是你能否提出自己的想法,至于会后做出的决定和具体的执行工作就显得不那么重要了。”弹性和纪律可以说是商业管理中的阴、阳两个方面。

这些因素并不能使战略、架构和系统(3S)显得过时,企业通过严格关注这种三位一体,使得商业能够继续运转。在巴列特和高沙尔的眼中,这些都是企业工程学的遗留物,是阿尔弗莱德·斯隆(Alfred Sloan)的学说,是当今商学院教授的主要内容。尽管它们是必需的,但同时,高沙尔也警告道:“斯隆创立了新的管理学说,他的学说令人赞叹不已,但问题在于,它将不可避免地终结于像夏日加尔各达市区那样令人窒息的氛围。

要穿越这些迷雾,只能借助于目标(“公司也是一种社会机构”)、过程(“组织就是由一系列的任务和关系构成”)以及人的力量(“帮助个人,使他们达到所能达到的极致”)。毫无疑问,比起3S(战略、架构、系统)(strategy, structure, system)来,这些因素显得更容易、也更稳固。高沙尔坚信，这才是发展之道。

哈默尔对《超越界限的管理》点评

"许多早在20世纪初就开始进行国际化扩张的企业，在20世纪70、80年代猛然觉醒，发现在贸易壁垒已被打破、大众需求趋同的环境下，自己已被这种经济一体化浪潮远远抛在了后面。巴列特和高沙尔按年代将这些公司为寻求国际化所做的种种努力记录下来，并督促这些公司发展一种能够进行有效沟通的密集的网络，将知识传递给四方，在分布于四海的组织中建立起互惠主义精神。这些，都为'无边界企业'这一概念赋予了真实的内容。"

注　释

① Bartlett, Christoper, & Ghoshal, Sumantra, Managing Across Borders, Harvard Business School Press, Boston, MA, 1989

克里斯多弗·巴列特，舒曼特拉·高沙尔，《超越界限的管理》

6

梅雷迪思·贝尔宾(Meredith Belbin)

管理队伍——他们成败的原因

(Management Teams: Why They Succeed or Fail)

1984

在《管理队伍》[①]一书的前言中，安东尼·杰伊(Antony Jay)写道："企业太执迷于个人素质、经验和成就；他们专注于个人的挑选、发展、培训、鼓舞和提升；他们对于个人的优缺点进行着喋喋不休的探讨和争论；然而，我们心里都明白，对于某一特定工作而言，是不可能找到最理想的人选的，因为这种人根本就不存在。杰伊进一步提出："赢得和保持管理成功的手段是团队，而不是个人。"

1967年，英国的亨利管理学院(Henley Management College)在某一课程的教授中引入了一种基于计算机的商业游戏。在这项被称为"测试管理主管"的游戏中，各"企业"管理团队根据游戏规则，相互间竞争，最后成绩高者获胜。亨利学院最初与贝尔宾合作，稍后与设在伦敦的大学学院的工业培训研究单位(Industrial Training Research Unit at University College, London)合作。

贝尔宾对团队的整体表现以及团队中不同类型的成员对团队所产生的影响发生了极大的兴趣。在自愿和保密的前提下,每一个参与该实验的成员都被要求参加一项对自己个性和思维的测试。根据测试结果,贝尔宾通过观察发现,由具有不同个性的成员组成的团队比起其他团队来更易取得成功。贝尔宾开始能够预见到这场游戏的胜利者,并认识到,如果心理测试能够提供给有关团队中个人性格和能力的足够多的信息,他就能预测到某个团队是成功还是失败。而且,通过分析团队组合的缺陷,调配合适的人员,不成功的团队也会得以改进。

作者简介

英国的学术人员梅雷迪思·贝尔宾是一位有关团队工作理论的老资格的权威。他在剑桥大学就读的是古典文学和心理学,后来成为 Cranfield 学院的研究人员。他在巴黎为经济合作组织工作,和位于伦敦的大学学院的工业培训研究所,以及其他一些工业企业服务。

贝尔宾的其他著作包括《团队的工作作用》(Team Roles at Work)(1993);《未来组织形式》(The Coming Shape of Organization)(1996)。

贝尔宾研究工作的第一个实践应用是让经理人填写有关自身状况的问卷调查。通过问卷分析可以显示出这些经理人是如何评价自己在团队内所起到的作用。但这种方法有一个缺陷,就是如果自我评价与团队中其他人对他的评价不同的话,那么问卷所得信息将毫无价值。贝尔宾一直在精炼着他的方法,并且与他人一起设计了一套专门用于这项工作的计算机程序(现已制成光盘)。

根据他从亨利学院独一无二的“实验平台”获得的第一手观测资料,贝尔宾找出了组成一个理想团队所需的 9 种功能原型。它们分别是:

1. 传播者:有创造力、想象力、不墨守成规;能解决棘手问题。可让人接受的毛病是:不善于和普通人打交道。
2. 协调者:成熟、自信、值得信赖;是一个很好的领袖;能澄清目标,促使决策制定。但往往并不是最聪明的人。
3. 塑造者:有活力的、对人友好、容易激动;有挑战性,能承受压力,能找到绕过障碍的道路。往往脾气暴躁。
4. 团队工人:会交际、温和、能理解别人、乐于助人;会倾听,建设型,能避免摩擦。在紧要关头做不了决断。
5. 完成者:辛苦操劳、尽职、性急;杜绝任何差错,按时交货;可能会过多忧虑,不愿将工作托付给他人。
6. 实施者:遵守纪律、可值得信赖、保守、有效率;言出必行。有些不太灵活。
7. 资源调查者:性格外向、热心的、善于交流;善于找寻机会。常常在初期热情之后,兴趣很快消退。
8. 专家:独立思考、做事主动,有献身精神;能提供稀有的知识和技能。贡献范围很窄。
9. 监控评估者:冷静、有战略眼光、有辨别力;看问题全面,善于判断。缺乏感染力。

这种分类被证明是极其精确的,直到今天仍被各类组织所采用。在过去的十年间,随着人们对团队工作的兴趣暴发性的增长,人们对贝尔宾著作的热情大大提高。在他后续的一系列著作中,贝尔宾仍然在不断完善和扩展自己的理论。

哈默尔对《管理队伍》点评

"拥有卓越表现的公司越来越坚信:不是商业单位或个人,而是团队才是成功组织的基石。贝尔宾因其帮助我们明白作为成功团队的最基本的东西是什么而名垂青史。"

注　释:

① Belbin, Meredith, Management Teams, Butterworth Heinemann, Oxford, 1984
梅雷迪思・贝尔宾,《管理队伍》

7

华伦·贝尼斯 & 伯特·纳纽斯
(Warren Bennis & Burt Nanus)
领导 (Leaders)
1985

华伦·贝尼斯和伯特·纳纽斯的《领导:掌管的策略》[①]是一本彻头彻尾的人民党(populist)(该党极力推崇限制金融和商业机构的势力——译者注)党员的作品。该书方法老套,极尽所能地想从成功人士身上找到获得成功的秘诀。贝尼斯曾对美国的90位领导者进行了研究。尽管该书形式陈腐,但由于选择了合适的人选,使我们能够从一个崭新的角度去思考问题。书中涉及的人物包括有尼尔·阿姆斯特朗(Neil Armstrong)、La Rams的教练、交响乐团的指挥以及麦当劳的创始人雷·克劳克(Ray Kroc of McDonaldl's)之类的商人。贝尼斯说道:"他们有的擅于用左脑思考,有的则偏重于右脑;他们或高或矮,或胖或瘦,或伶牙俐齿或不善言谈,或趾高气扬或沉默寡言,或衣着考究或着装随意,或提倡员工参与或独揽大权。"他们之间的内在联系是他们都表现出的一种"在混乱状况时的执掌力"[②]。这个信息表达领导能力就是能包容万物和能接纳所有人。

贝尼斯从这90位领导者身上发现四个共同点,它们分别是:引起关注的能力、弄清问题的能力、取得别人信任的能力、自我管理的能力。

引起关注,用贝尼斯的话来说,是一个有关人的远景问题。实际上他运用了有关领导力的定义:"创造一个引人注目的远景、将其付诸实施,并长久维持下去的能力。”成功的领导者总是能够描绘出一幅能让别人信服的美好远景,而且使其他人也将其视作是自己的未来。

有没有远景是一回事,将这种远景成功地付诸实施却是另一回事。贝尼斯用来挑选领导者的第二种技能就是弄清含义的能力——沟通。如果说远景是一份长达 400 页的文字稿或是堆着厚纸堆的办公桌后传来的几声喃喃细语,那么,远景在实践中的应用就显得非常有限。

贝尼斯相信,有效的沟通必须依靠分析、比喻和生动的描述等工具,还要有感情的投入、获得他人的信任、充满乐观和希望。

贝尼斯认识到的领导能力的第三个方面是取得信任,他说:“将领导和员工联系在一起的感情粘合剂。”领导在员工的眼里必须是始终如一的。

贝尼斯从 90 位领导者身上发现的最后一个共同点是“展现自我”。他们成功的首要因素并不是流利地展现自我的超凡脱俗或是对于时间的精确管理,而是有坚韧的持久力,有自知之明,敢于承担风险、义务和迎接挑战,还有就是坚持学习,这是其中最为重要的一点。贝尼斯曾说道:“不断学习的人期望遭受一些失败和错误。这是因为,在领导力方面存在的最严重的问题往往是早年的一帆风顺而使其失去了从挫折和问题中学习的机会。”

领导者对自己都有一个正面的评价,这被贝尼斯称之为“情感的智慧”(emotional wisdom)。它的特征就是无论别人怎样,有能接纳别人的能力;能够按照最新的方法探索事务的能力;能够有礼貌地对待每一个人,哪怕是最亲密的人的能力;即使要冒风险,也能信任别人的能力;敢于在暂时没有经过批准或达成一致的情况下做事的能力。

贝尼斯相信,领导能力是可以后天学到的。他对此抱有乐观主义看法,并且这一直成为他工作的核心。在《领导》一书中,他的这种思想暴露无疑:“每一个人在他们生命中都要做出真诚的贡献,工作制度就是达到这个目标的主要工具。我越来越坚信,单个的领导人是能够创立一个充满人性的团体,从长远看,这个团体最终将发展为最好的组织。"③

如果能达到这一点,那么需要破除有关领导力的 5 种神话。首先,应该知道领导力不是一种稀有技巧;第二,领导者主要靠后天培养,而不是先天决定;第三,领导者就是非常普通的人,或是看似普通的人,而并非什么神仙;第四,领导力不仅仅拘泥在组织内高层,而是企业内各个级别都有;最后,领导力不是有关如何控制、引导方向或是操纵别人,而是领导者如何使每一个人都将全部精力放在目标上。

《领导》成为最畅销的书并给贝尼斯本人带来了声誉,他被人看作是有关领导力的世界最重要的理论家之一。该书的重要性不仅在于识别出领导人的共同特征,而且打破了领导人是英雄的神话。在贝尼斯和纳纽斯的眼中,领导力就是一种最基本的、仁慈的、具有人性的和能够实现的。

在后续著作中,贝尼斯对此做了进一步研究。他的作品包括《变为领导者》(On Becoming a Leader)(1989),《为什么领导领导不了》(Why Leaders Can't Lead)(1989),和《组织天才——创造性协作团体的秘密》(Organizing Genius: The Secrets of Creative Collaboration)(1997)。

在这些作品中,贝尼斯开始将他的注意力转移到团队工作的动态性上。他偏好使用团队(group)这个术语,而不是更为时髦的小组(team)——"以小组称谓是不确切的。现在每个人都在谈论小组,其间充斥着许多胡言乱语。我不能确信这对商业界人士来说能有多大作用。但我相信,你能从杰出的团队身上学到远比运转一个作坊多得多的东西。群体中的任何一个人都不可能比整个群体更聪明。在这种特殊的团队中,每个人都有特别强烈的信任集体的愿望,这些团队就是一系列生动的乌托邦。无论是施乐公司的波罗·奥托研究中心

(Xerox's Palo Alto Research Center),1992 年克林顿的竞选班子,洛克希德公司的臭鼬项目(Lockheed's Skunk Works),还是发明了原子弹的曼哈顿工程(Manhattan Project),都是如此。"④

团队与领导之间的关系自然成为贝尼斯最感兴趣的事情。"伟大的事业起始于伟大的人,没有杰出领袖的伟大团队是不存在的。但现在形成另外一种局面,就是成功的企业总是被遮盖在这些伟人的阴影下。生活好像还没有变得如此简单,以至于单靠个人的力量,单枪匹马就能解决大多数问题。"

实际上,那种仍将领导看作是不屈不挠斗士的英雄观点已经过时和不适用了。贝尼斯说"孤胆英雄已经死了,我们现在已经有了一种崭新的、取得创造性成就的模型,以替代昔日基于个人解决问题的模式。像斯蒂文·周伯(Steve Jobs)和沃特·迪斯尼(Walt Disney)等人都是团队的领导,并且能够认识到自己在团队中所独具的伟大作用。他或她是一个忙碌的梦想家,一个拥有独创的、可实现远景的人。具有讽刺的是,只有在其他人能够自由地做其他工作的时候,领导人才能够认识到他或她的梦想。非常典型的是领导通过制定让应聘者看来如此触手可及和诱惑人心的远景来招聘雇员,并使他们急切签约。不可避免的是,领导要形成适合本团队的领导风格。那些标准的模式,特别是以命令和控制,一般都不能起作用。团队的头头能够有决断采取措施,但从不应该搞独裁。在他们制定决策时,不应限制其他参与者的自主性。设计和维持一种能够包容万物的氛围是领导的创造性活动。"

贝尼斯的作品从始至终贯穿着一种强烈的理想主义,他是一位对人性充满希望的人道主义者。"大多数组织正变得迟钝,工作生活也变得日益平乏。没有什么方法能够逃避这种情况。这些团体成了一种启示。一个伟大的团队不仅仅是一群拥有一流思想的人的集合。

那是一个奇迹。我对此总是抱有一种盲目的乐观。

作者简介

在长期的职业生涯中,华伦·贝尼斯曾从事过教育、写作、咨询和行政管理。他生于 1925 年,曾是第二次世界大战期间欧洲战场最年轻的陆军军官。20 世纪 50 年代,他也是最早学习集体动力学的学生;60 年代,他是未来学家;70 和 80 年代,他是世界上最杰出的有关领导力的理论权威。

贝尼斯在麻省理工获得过经济学和社会学博士,毕业后,留校工作,并成为组织研究部门的主任。贝尼斯师从安提奥学院(Antioch College)的道格拉斯·麦格雷戈教授(Douglas McGregor),并最终成为一位学术型的行政管理者。1967～1971 年间,他任位于巴弗洛的桑尼大学(SUNY, Buffalo)的教务长;1971～1978 年间,辛辛纳提大学的校长。他现在是南加利福尼亚大学教授商业管理的杰出的教授,同时也是学校的领导力研究所的创始人。

心理学家亚伯拉罕·马斯洛(Abraham Maslow)将贝尼斯描述为:"是在我们时代,拥有如奥林匹亚般无与比拟的思想的人。"在他的《未来的振颤》(Future Shock)一书中,阿尔文·托弗勒(Alvin Toffler)宣称:"如果说马克思·韦伯是第一位定义了官僚机构以及预言了它的胜利的人,那么,华伦·贝尼斯就可称作是第一个令人信服的预言出官僚制度的消亡,并勾勒出正在崛起的、最终将取代官僚制的组织轮廓的人。"

他的著作包括《合作领导》(Co-Leaders)(1999);《临时社会》(The Temporary Society)(1968)和《组织天才》(Organizing Genius)(1997)。

伯特·纳纽斯是贝尼斯著作的合著者。他是南加利福尼亚大学未来研究中心的创始人和主任。

回顾那些我们都能加以改善的可能性。对于有 50 年历史的 T 团队，人们总认为这不是真实的。但它确实给你显示出了这种可能性。”针对这种对浪漫主义的口诛笔伐，贝尼斯作了坚决、无畏的辩护：“如果某人认为浪漫主义是可能的，而且这个人是一个乐观主义者，那么，这种描述也许是正确的。我认为，每一个人都在生活中做出了真诚的奉献，而且工作制度就是他们实现这个目标的主要工具。我越来越坚信，单个的领导人能创造具有人性的社团，并最终将其发展成为最好的组织。”

哈默尔对《领导》点评

“在这里，我们能够发现与专家统治论的管理思想所完全不同的言论。这是一本真正的有关领导者、而不是管理者的书。当贝尼斯和纳纽斯成功地找到有关领导力的、深层次的特征的时候，我仍无法确信，领导力是能够被教会的。不过，我绝对相信，我们都应期望成为一位领导者。衷心地感谢贝尼斯和纳纽斯，是他们让我们增长了见识。”

注 释

① Bennis, Warren, & Nanus, Burt, Leaders: Strategies for Taking Charge, Harper& Row, New York, 1985

华伦·贝尼斯、伯特·纳纽斯，《领导：掌管的策略》

② Crainer, Stuart, "Doing the right thing," The Director, October, 1988

斯图亚特·克雷纳，《主管》“做正确的事”一文

③ Crainer, Stuart, "Doing the right thing," The Director, October, 1988

斯图亚特·克雷纳，《主管》“做正确的事”一文

④ Inteview with author

摘自对作者的采访

8

罗伯特·布莱克 珍·穆顿

(Robert Blake & Jane Mouton)

管理方格理论 (The Managerial Grid)

1964

20 世纪 50 年代,罗伯特·布莱克和珍·穆顿被美国的石油巨亨埃克森公司(Exxon)聘为公司的咨询顾问。在这个脏乱而又极富男子汉气概的石油行业中,布莱克和穆顿充分表现出了他们的敏锐度。当他们对埃克森公司员工的所作所为做了认真考察后,布莱克和穆顿提出管理的理论化与实际还存在着相当差距,特别是在领导力和人的动机方面。

当时盛行的是道格拉斯·麦格雷戈(Douglas McGregor)有关动机两种极端情况的 X、Y 理论。布莱克和穆顿发现,问题在于现实生活中许多行为和动机正好处在这两种极端情况之间。通过亲身观察,他们认识到,X、Y 理论只是描述了组织行为全貌的一部分。

布莱克和穆顿提出,采用由三个轴组成的模型将会更精确地代表实际。这三个至关重要的坐标轴——也就是管理方格——分别代表了生产力、人和动机。对于生产力和人这两个参数的数值范围是从 1 到 9,其中 9 代表最高分值。[①] 布莱克曾解释:"你必须设立有关人的因素的坐标轴。这是因为,管理者们是以间接的方式来实现目标的。他们可不会赤膊上阵,亲自去生产螺钉或是螺母。他们通过对其他人的组织,以保障生产线的正常运转。"[②] 有关动机的衡量尺度则是从负(因害怕而驱动)到正(因愿望而推动)。

在实施布莱克和穆顿的这种科学方法的时候,企业发现:如果让员工给自己打分,约有80%的员工会给自己打9.9分;而一旦让大家进行讨论和评估的话,打双高分的员工比例一般都会下跌到20%左右。看来,自欺欺人的空间是如此之大(该数据通过对在40多个国家所进行的试验进行整理而获得的)。布莱克认为,改变程序自然会对数据产生影响,这不足为怪。

作者简介

罗伯特·布莱克(生于1918)和珍·穆顿(1930～1987)于1961年共同创建了科学方法公司(Scientific Methods, Inc.)。布莱克曾从伯瑞尔学院(Berea College)获得心理学学位(1940),弗吉尼亚大学硕士学位(1941)。他还获得设在奥斯汀的德克萨斯大学(University of Texas at Austin)的心理学博士学位(1947)。此后作为教授,他一直在该校任教。

珍·穆顿是一位数学家,而且她是布莱克在德克萨斯大学时的学生。她在20世纪60年代领导了国家培训实验室(National Training Laboratories)的一个T-团队。

通过这种管理方格,5种关键的管理方式开始为人所知。

- 1(生产力);1(人):无所作为的管理者。领导者对工作的实施没有或很少做任何努力,对人和生产漠不关心。
- 1(生产力);9(人):被称做乡村俱乐部型经理。这种类型的管理者对人极其关注,但对生产不闻不问。在那些注重市场的小企业和公共机关内通常能见到此类管理者。
- 9(生产力);1(人):这种类型的经理极其看重生产,但根本忽视了人的因素影响。

● 5(生产力);5(人):这种管理者是一种循规蹈矩的人。

● 9(生产力);9(人):被称作管理的天堂。强调团队工作和团队建设。个人目标能完全融入到公司的目标中去,使人产生很强的动机。

注 释

①Blake, Robert, & Mouton, Jane, The Manageiral Grid, Gulf Publishing, Houston, TX, 1964

罗伯特·布莱克,珍·穆顿,《管理方格理论》

② Flower, Joe, "Human Change by Design: Excerpts from a conversation with Robert R. Blake," Healthcare Forum Journal, Vol.35, No. 4, July-August 1992

乔·佛莱尔,《卫生保健论坛期刊》"通过设计改变人:与罗伯特·布莱克谈话摘要"一文

马文·鲍尔(Marvin Bower)

管理的意愿 (The will to Manage)

1966

詹姆斯·麦肯锡(James McKinsey)去世后,马文·鲍尔接掌了麦肯锡公司设在美国纽约的事务所。这时,鲍尔本可以以自己的名字重新命名这个已由他控制的公司,但是他没有这样做,因为鲍尔非常聪明地考虑到,如果他的名字大白于天下,客户们自然会要求他亲自参与进各类项目。鲍尔说到:"我着眼于向公司的高层提供管理建议,并在最好的法律公司所制定的专业标准下实施。在所有有所成就的专业团队中,对个人的尊重不应根据他职务的大小,而是根据他个人的能力、道德和领导能力。"①

麦肯锡和鲍尔的故事以及他们俩人的哲学思想在《管理的意愿:通过程序化管理方法使企业成功》(The Will to Manage: Corporate Success Through Programmed Management) ②和鲍尔在很久以后所著的《领导的意愿》(The Will to Lead)(1997)中给予了部分解答。但是这两本书并没有完全揭开麦肯锡故事和麦肯锡方法的神秘面纱。

将鲍尔的想法转变为现实意味着:麦肯锡的咨询师们必须像对待未婚妻那样全身心地投入到项目中去,而不仅仅看作是自己的一份差事;而麦肯锡公司也将作为一个实际参与者,而不是仅仅指手划脚。麦肯锡前咨询师乔治·比尼(George Binney)曾说到:"麦肯锡公司散发出来的是一种令人无比敬仰的气质,这种气质只有企业中的 CEO

们才能与之相配。这就是鲍尔对麦肯锡的永远的贡献。”③

鲍尔的信条是客户的利益应高于公司对收入增长的追求。鲍尔说过“除非客户能够完全相信麦肯锡，不然我们无法与他们一起开展工作。如果你照顾客户，这将会带来更丰厚的回报(对麦肯锡来说，较高的收费并不意味着巨额利润，但却是一个能使顾客认真对待麦肯锡的简单而有效的方法)。

鲍尔的其他准则包括：咨询师应该对客户的事情保持缄默；应该告诉客户真实的情况，并时刻准备对他们的主张提出质疑；只应该同意做那些既是必要的、又能做好的事情。

在这方面，鲍尔还进行了发挥。比如，他坚持麦肯锡所有的咨询师必须戴帽子——除非因为某些原因，如，在旧金山的事务所——并穿长袜。

鲍尔的观点是，价值观构筑了人和公司。美国运通公司(American Express)总裁、也是麦肯锡的外部咨询专家，哈维·格鲁布(Harvey Golub)将鲍尔称做是“美国商业社会有史以来最杰出的领导者之一。”并且说到：“在他的领导下，这个公司一直遵循着一套完整的价值观。使用价值观去帮助塑造、引导一个组织的原则或许是我从麦肯锡学到的最为重要的东西。”④

鲍尔也改变了公司的员工招聘政策。他不再雇佣那些极其了解某一行业的经验丰富的管理者，他开始招聘那些能学会如何成为一个解决问题的高手、并成为一名咨询师的研究生们。这在当时是一件新鲜事，但他首开先河，一改以往强调咨询师们运用有一定局限性的经验，而注重充分利用适用范围广阔的分析和解决问题的技巧。

鲍尔方法的另一特点就是使用团队。他将麦肯锡看做是“协同合作的领头羊”。针对不同的项目组建起不同的团队。组织中最合适的人选被汇集起来去解决特定问题，而不管这些人身处世界的任何一个角落。IBM的首席执行官,麦肯锡的校友郭士纳(Lou Gerstner)说:“麦肯锡公司内有一种为探寻正确答案而鼓励严肃讨论的文化氛围,且并不因此而产生任何人身的攻击。”⑤

整个管理咨询行业给人一种高额收费,机会主义的印象,鲍尔尽力使麦肯锡不一样。无论对错与否,他创造了一种勤奋工作、生活庄重严谨的咨询师形象。即使现在,一经录用,麦肯锡的咨询师们就知道他们应该怎样做。整个公司的政策非常简单明了,就是“在麦肯锡的资历就是意味着有所成就”。在这里,没有弱者生存的土壤。在麦肯锡雇员手册中写道:“如果一个咨询师与公司不能一起前进,或者他最终也不能证明拥有公司原则上所要求的技能和品质的话,他(她)将被要求离开麦肯锡。”

鲍尔本人也在此方面做出了令人难忘的榜样——在1963年,他60岁的时候,他按票面价格将个人所拥有的公司股票回售给公司。麦肯锡就是如此开诚布公地、努力正直地做事。如果蓝色巨人IBM公司是实业界最值得信赖的公司;那么,麦肯锡就是咨询行业中最值得信赖的公司。这就是麦肯锡努力去维系的东西。

鲍尔的方法通俗易懂,并不追求什么时髦。“在过去的60年里,商业并没有发生什么改变。运作的基本方式还是相同的。众多的变化主要集中在方法上,而如何命令和控制却没有什么变化。许多公司宣称,他们希望改变,但他们最为迫切的是应该向下属授权。企业内需要的是更多的凝聚力,而不是等级。”他在1995年说道。⑥

鲍尔所创造的文化将延续下去。麦肯锡仍然充满着神秘感。它不仅仅是一个咨询公司,而是成为了一种风范,稳健干练、极具专业水准,形象良好、略显保守。麦肯锡就是极具专业水准和获得巨大成功的公司;它是一台流畅的、上足发条的从不出错的金融机器。麦肯锡的一位咨询师曾向福布斯杂志(Forbes)透露:“我们从不向客户学习,因为他们的标准还达不到足够的高度,我们是从麦肯锡的其他合作伙伴那里学习。”

作者简介

马文·鲍尔(生于1903年)对创立现代咨询行业所做的贡献比其他任何人都多——或许只有波士顿咨询公司(Boston Consulting Group)的布鲁斯·亨德森(Bruce Henderson)才能与鲍尔对麦肯锡长久的影响相提并论。虽然很少人宣称他是一位杰出的创新思想家,但他是一位标准的严格制定者和一位成就非凡的从业者。在鲍尔机敏的引导下,麦肯锡成为世界最重要的咨询公司。令人感兴趣的是,该公司本身的结构和管理方式在近年来获得了一致好评。

在1933年,马文·鲍尔加入了詹姆斯·麦肯锡(James McKinsey)(1889～1937)的当时还羽翼未丰的咨询公司,而当时管理咨询仍被人称作“管理工程学”(Management enginering)。鲍尔是一位经过哈佛大学培训的律师,早年曾在克里夫兰工作。自从鲍尔来到公司后,麦肯锡专门去运作玛莎菲德公司(Marshall Field & Company)(芝加哥的一家百货公司——译者注)。麦氏死于1937年,这使得鲍尔入主公司纽约事务所,卡尼(A.T.Kearney)入主芝加哥事务所。在1939年,这两个事务所彻底分立了,卡尼成立了以自己名字命名的新公司。

在整个20世纪40、50年代,麦肯锡在北美不断扩张。在1959年,它开办了第一个海外办事处,接下来是墨尔本、阿姆斯特丹、多塞尔多夫、巴黎、苏黎世和米兰。在20世纪90年代后期的时候,麦肯锡在38个国家拥有了74家办事处。

尽管,麦肯锡既不是世界上历史最悠久的咨询公司,阿瑟·D.立特尔公司(Arthur D Little)能将其公司历史追溯到十九世纪八十年代;麦肯锡也不是世界上最大的咨询公司——从年收入和咨询师数量上都无法和安达信(Andersen)咨询公司相提并论(当然,从单个人员所创造的收入来看,可不是这样)。麦肯锡的特殊在于,它总是将自己看作是最好的,并且发展了一种能使自己立于不败之地的氛围,这毫无疑问当然是最好的。鲍尔就是这个企业奇迹的创造者。

注 释

① Huey, John, "How McKinsey does it,"Fortune, 1 November 1993

约翰·休伊,"麦肯锡是怎么做的"

② Bower, Marvin, The Will to Manage, McGraw Hill, New York, 1966

马文·鲍尔,《管理的意愿》

③ Interview with author

摘自采访作者

④ Byrne, John, "The Mckinsey mystique," Business Week, September 20, 1993

约翰·伯恩,"麦肯锡的秘密"

⑤ Byrne, John, "The Mckinsey mystique," Business Week, September 20, 1993

约翰·伯恩,"麦肯锡的秘密"

⑥ Francoise, Hecht," The firm walks tall" , Eurobusiness, February, 1995

赫希特·穆班戈,"一个走向辉煌的公司"

10

詹姆斯·麦格莱格·伯恩
(James MacGregor Burns)
领导能力 (Leadership)
1978

詹姆斯·麦格莱格·伯恩在他的《领导能力》[①]一书的序言中写道:"当今领导能力的问题在于,有如此多居于权力高位的人是平庸和不称职的。掩盖在平庸之后的根本问题是智力。如果我们对自己领导知道太多的话,我们就会变得更加不了解领导能力了。"

关于领导能力的文字定义可以汗牛充栋。伯恩最终建议:"领导能力作为一种概念已经被分解为一些小的支离破碎的含义。有关领导的众多的事例远远超出了有关领导能力理论所能涵盖的范畴。"在《领导能力》一书中,伯恩对领导能力大胆地做出了另外一种定义,并且这个定义被事实证明是更具生命力的。"领导能力是怀有特定动机和目标的人,在与其他人竞争和发生冲突时,动员所有制度上、政治上、心理学上以及其他任何资源,以使追随者的动机得以唤起、投入并获得满足。"

对于伯恩来说,领导能力并不是为

了维护少数人或某些人的暴政:“表现出领导能力的人往往被人们自觉不自觉地看做是精英。他们被设计成英雄般人物,而大众则被看做是灰头土脸的、毫无能力可言,只能做暗淡的陪衬。”他继续写道:“在人们的意识中,追随者往往被看做是平民草芥。甚至在民主社会中,也将群众看做是与保守政治家、军队军官们、享有特权的僧侣阶层和商人等不是一类的人。我在这里所描述的领导能力既不仅仅是精英们的一场游戏,也不仅仅是人民党党徒的反应,而是一种社会内所有阶层的人们都能够不同程度地参与的行动架构。只有那些迟钝、被人疏远,无用的人才置身其外。”伯恩认为领导能力与道德存在着内在的联系。“道德上的领导能力总是来自并最终归宿于追随者的最本质的想法和需求、渴望以及价值观。”

在《领导能力》一书中,除了发人深省的定义外,伯恩识别出两种重要领导能力——转换型和影响型领导能力。

转换型领导能力“发生在一个或多个人共事,并通过这种方式,在领导者和追随者彼此间唤起更高境界的动机和道德。领导和追随者的目标,在开始的时候可能是各自独立但相关的——但最后会融为一体。维系力量纽带的不是抗衡,而是为了达到共同目标的相互支持。”伯恩继续写道:“可以用不同的词来形容这种领导能力:使人振奋、能够调动别人、能够启发人、能够激励人、能够提高人、给人以忠告、给人以福音。与道德的关系可以被看作是说教,但这种转换型领导能力将最终成为道德,因为它提高了人类的操守行为和伦理渴求,无论是对领导者还是追随者,并且对双方都有转化的效果……转换型领导能力是一种动态的领导能力,领导者将自己融入到下属当中去。这样,下属会觉得受到鼓舞,从而变得更积极,于是新的领导干部也将脱颖而出。”

转换型的领导能力所关注的是融进其他人的感情和思想。它能帮助所有参与者都能获得更高的动机、满意和成就。因此,信任、关心和帮助的推动作用要远远大于直接控制。这需要的技能是建立长远的眼光、授权别人使他们能够自我控制、指导并帮助别人进步、敢于挑战传统文化促其变化。对于转换型领导能力,领导的力量是来自于理解和信任。

作者简介

詹姆斯·麦格莱格·伯恩是一位政治科学家。不仅仅是一位思想家,他从政,但不怎么成功。他是民主党议员并参与了肯尼迪总统的竞选工作。

他的作品包括《被审判的国会》(Congress on Trial)(1949);《民治政府》(Government by the People)(1950);《罗斯福:狮子与狐狸》(Roosevelt:The Lion and the Fox)(1956);《约翰肯尼迪:他的政治素描》(John Kennedy: A Political Profile)(1960);《民主的死结》(The Deadlock of Democracy)(1963);《总统制政府:领导能力的熔炉》(Presidential Government: The Crucible of Leadership)(1965);《罗斯福:自由战士》(Roosevelt: The Soldier of Freedom)(1970);《奇异感觉》(Uncommon Sense)(1972);《爱德华肯尼迪的遗产》(Edward Kennedy and the Camelot Legacy)(1976)。

影响型领导能力是建立在互惠的基础上的。这种领导与下属关系的思想源自报答对方。比如,表现评定、支付酬劳、对某人的赏识以及表扬。领导人需要认清目标和目的,与合作的员工就公司的任务和措施进行沟通,以保证更宽广的组织目标得以实现。这种关系是依靠组织内阶层制度和相互交换模式。这种领导能力的技能是诸如有取得成果的能力,能够通过结构和过程进行控制,能够解决问题,能够在组织的结构和范围内进行计划、组织和工作。

转换型和影响型领导能力这两种表面上看来相互排斥的理论，与道格拉斯的 X、Y 理论非常相似。有效领导能力的秘密在于综合以上两种因素，以使目标、结果和过程能够得以发展和共享。

伯恩的书向我们揭示了政治领导力和商业领导力联系的重要性。在所有有关领导能力的书籍中，这两种领导力通常被认为是相互排斥的。伯恩对于转换型和影响型领导力的审视，直接促进了对领导能力的进一步讨论，在当时，这个专题在某种程度上一直被忽略了。20 世纪 80 年代，领导能力又重新成为一个值得研究的专题，并在管理文集中占有尤为突出的地位。

哈默尔对《领导能力》点评

"在管理文献中还没有哪一个主题能像领导能力一样有如此长久的生命力。是伯恩使我们明白领导能力所具有的众多贡献，核心是以下两条：领导能力必须以道德为基础；领导能力的职责必须广泛分布。那些自私的独裁者们，无论是在政界还是商界，仍不顾危险，忽视着这些真理。"

注　释

① MacGregor Burns, James, Leadership, Harper & Row, New York, 1978
詹姆斯·麦格莱格·伯恩，《领导能力》

11

简·卡尔森(Jan Carlzon)

关键时刻 (Moments of Truth)

1978

1977 年的春天,麦肯锡公司的一位名叫托马斯·皮特(Thomas J. Peters)的年轻咨询师接受了一项有趣的任务。他被要求从全世界的企业中,找出最佳实践者,即谁是世界上最好的组织?他们是采取何种措施使自己脱颖而出的?

尽管当时日本工业已经初现强劲的发展势头,但皮特根据直觉,还是决定从其他地方开始搜寻。他致电他的瑞士老朋友——利纳特·阿韦德森(Lennart Arvedson),问询在北欧地区他应该与哪些人接触。阿韦德森分别在挪威和瑞典召开了见面会,将皮特引见给北欧最优秀的实践者。皮特与伊纳(Einar Thorsrud),这位二战时抵抗力量的领导人和工业民主化进程的倡导者,进行了会谈;皮特走访了沃尔沃工厂,与技术人员探讨了工作流程;他还参观了设在斯德哥尔摩郊外、按照新的社会和技术标准建造的工厂。他的眼界大开了。

这并不是皮特一个人的感受,对于管理学的学生和实践者,斯堪的纳维亚方式的商业领导能力和管理方式对他们

一直有着强烈的诱惑力。对皮特起着醍醐灌顶作用的是20世纪80年代任北欧(SAS)航空公司首席执行官的简·卡尔森。卡尔森曾宣称“所有的商业活动都应该是娱乐顾客的。”而且,他也确实做到了客户服务工作,并将其用作拓展航线的工具(与戈登·贝绅(Gordon Bethune)在大陆航空公司的做法相似)。实际上,卡尔森是大陆航空公司总裁戈登·贝绅与西南航空公司首席执行官赫伯—凯勒哈尔(Herb Kelleher)二人的融合体,并且远在他们二人之前就进行了这种探索。

在卡尔森引入了客户服务之前,北欧航空公司在经营上与其他公司没有什么两样。最显著的是,卡尔森提出了“关键时刻”(moments of truth)——顾客对公司印象的好坏完全取决于第一线的当事人。卡尔森写道:“在任何时候,当一位顾客接触到我们商业活动的任何一个方面,不管它是多么的微不足道,它都将给顾客留下有关公司整体的一个深刻印象。”

这通常可细分为以下步骤:

- 最初接触
- 初次使用
- 问题解决
- 持续支持
- 进一步采购
- 推荐给他人

评估以上环节对顾客满意程度的影响和所能带来价值的多少,以及它们在不同类型的顾客中会有什么不同,成为理解顾客行为的关键。

卡尔森是真正懂得这个过程的。他决定通过对北欧航空数以万计的管理者进行培训,来彻底证明公司致力于关键时刻的态度。这是一个引人注目、但意味深长的决定(与此相近的是劳拉·博斯蒂(Larry Bossidy),联合信号(AlliedSignal)首席执行官,在他任职的第一年内,他让公司所有 86,000 名员工参加了一项发展计划,并且想方设法与其中 15,000 人进行了交谈。[①] 通过这些方法,博斯蒂使公司市场价值在 6 年里,增加了 4 倍。)。

通过这些举措,卡尔森重新唤醒了公司前进的步伐,并且他自己也成为国际上客户服务最优秀的典范。并也成为汤姆·彼得斯(Tom Peters)的《渴望卓越的激情》(Passion for Excellence)一书中赞誉的对象。一段时间里,由于故事引人入胜,卡尔森的名字总是出现在各类商业刊物上。卡尔森的关键时刻(Riv Pyramidernal 在瑞典语中意思是使金字塔失去了光辉)成为国际上最畅销的图书,销售量突破了 100 万本。

在卡尔森离开后,照耀在北欧航空上的光环略显暗淡。在此之后的若干年内,这种斯堪的纳维亚的角色模式也显得势微力单。但在 20 世纪 90 年代,一股以新斯堪的纳维亚企业为标准的强劲之风吹起。卡尔森也不甘于后,成功地转型成为一个高技术的风险投资资本家和咨询师。

新斯堪的纳维亚角色典范——宜家(IKEA)、斯卡迪纳集团(Skandia)、丹麦公司奥迪康(Oticon)和 ABB 公司——仍然承袭着卡尔森的思想。卡尔森的模式仍然吸引他们的原因之一是,英语在整个斯堪的纳维亚通行。在这种现象背后,更是斯堪的纳维亚吸引力。卡尔森的《关键时刻》的主要精髓可概括为:这是一种管理风格,它是仁慈的、是以人为核心的,这一点早已为大家所共知。这也解释了为什么斯堪的纳维亚的角色模型在 20 世纪 90 年代早期不为人重视,因为当时风靡机构精简(downsizing)和企业再造(re-engineering),企业并不希望他们的良心被亲密无间对待雇员的丹麦人刺痛。

将斯堪的纳维亚模式简单想象为催人上进、薪金丰厚和工作努力是片面的。斯堪的纳维亚公司也在人力资源管理创新方面留下了一系列探索足迹。早在他们成为管理时尚的巅峰以前,他们就是团队合作和员工持股计划的积极拥护者。但这一点近年来被夸大了。曾任北欧航空副总裁,现斯德哥尔摩顾客焦点协会(Customer Focus Institute in Stockholm)会长的简·拉裴铎斯(Jan Lapidoth)曾说:"人们一直以为我们更善于关心人,更具人道主义商业观。我认为这是夸大其词了。最显而易见的是,我们有一个非常稳定的政治社会体系和高度同一的社会,我们是通过谈判解决自己的问题。我们在历史上也曾出现过小的动荡,但它们都在失控之前就得以解决,矛盾没有进一步激化。"

实际上,斯堪的纳维亚和日本商业文化中存在部分相同特征。如,都认为顾全脸面是非常重要的,斯堪的纳维亚人更倾向于用一种圆润和微妙的方式来解决问题,他们从不恶语伤人。

那些昔日的美德仍然有着现实意义。具有代表性的是,在一项调查中,美国的管理者认为忠诚是首要的商业品德;但瑞典的管理者可没有将忠诚考虑在内——当然这只是猜想。拉裴铎斯说到:"我们的商业活动是建立在信任的基础上,一次握手就是握手,这就意味着我们之间的约束是建立在最低法律限度内,我们相互之间进行洽谈,解决问题并且继续合作。"

虽然如此,耐克公司所倡导的"只管去做"(just do it)的做法在斯堪的纳维亚可不会奏效。典型瑞典人的信条是"先看看你到底能够做些什么。"彻底抛开命令和约束,卡尔森就是这样一位反对权威论者。提倡高度个性和应用型理论,期望人们能够敢于挺立潮头和无拘无束地交流。

珀西·巴纳维克(Percy Barnevik)(前 ABB,现通用公司外部智囊人物)和卡尔森仍是瑞典最为著名的商业领袖——尽管他们在国内并没有获得像在国外那样的殊荣。杨·拉比多(Jan Lapidoth)认为他们两个人具有相同的某些重要特征。“卡尔森和珀西都有一定的个人表演技巧。他们尽善尽美地完成了他们的角色。他们是站在自己的战略中。他们二人并不鼓吹战略,但却都是真正的战略家。他们连续不断、并始终如一地进行交流。他们就像做广告一样,一遍又一遍地重复着同样的信息,并乐此不疲,没有一星半点的玩世不恭或冷嘲热讽。但他们给出了词句真正的含义。”这种对于交流的爱好能够清楚地看作是更具人性化的管理方式。人们是值得被告知的。

作者简介

简·卡尔森是一位瑞典企业家。他能成为国际显赫人物是因为,在他的领导下,北欧航空公司(Scandinavian Airline, SAS)扭转了颓势,并取得了良好的发展。现在,卡尔森是一位各种高科技商业项目的投资家。

注释

① Carlzon, Jan, Moments of Truth, Harper, New York, 1987

简·卡尔森,《关键时刻》

12

戴尔·卡耐基 (Dale Carnegie)

怎样赢得朋友和影响别人

(How to Win Friend and Influence People)

1937

戴尔·卡耐基的《怎样赢得朋友和影响别人》[①]是一本使人自我提高的读物。卡耐基在本书的开篇写道“当你阅读完本书前三章,如果不能对现实生活中的处理技巧有所裨益的话,那么,我将认为本书是彻头彻尾的失败。”该书其实是卡耐基为“有效交谈和人际关系”(Effective speaking and human relations)课程所编写的课本。卡耐基的目标就是写一本“有实用价值的、关于人际关系的工作手册。”

卡耐基曾表明,为了实现这一目标,他没有遗漏任何相关资料。他进行了广泛阅读,并聘请了一位研究人员花了18个月的时间阅读他遗漏了的书:“光是罗斯福的传记,我们就阅读过100多本。”卡耐基进行了广泛地访谈。在他的访谈名录上汇聚了一批著名人士的名字——从克拉克·盖博(Clark Gable)到玛可尼(Marconi),从弗兰克林·罗斯福(Franklin D. Roosevelt)到玛丽·皮克福特(Mary Pickford)。

卡耐基是一位不同于常人的杰出的推销员。《怎样赢得朋友和影响别人》可以说是一套简单的销售文档:“我们在这里所制定的规则,不仅仅是些理论或是猜想,它们有着魔法般的效果。这听起来有些令人难以置信,但我曾经亲眼看到许多应用这些原则的人,生活确实发生了翻天覆地的变化。”

该书确立起了一些原则,卡耐基预见这些原则能够帮助他人赢得朋友和影响别人。以下是一些与人打交道的最基本技巧——不要批评、指责和抱怨;对人示以真诚与友好;关注别人的急需。卡耐基列举出能使别人喜欢你的六种方法:真诚地关怀别人;微笑;记住某人的名字,这对于当事人来说,是世界上任何语言中最重要、最甜美的声音;成为一名好的倾听者,鼓励别人谈论自己;谈论那些让别人感兴趣的话题;使他人感到自己很重要,并且真诚地去做。

作者简介

1888年,戴尔·卡耐基生于密苏里的农场,他最初的工作是为南奥马哈的阿莫公司(Armour & Company in south Omaha)推销熏肉、肥皂、猪油。他使当地的销售量跃居全国榜首。但随后,他到了纽约,在美国的戏剧艺术研究院学习——他像哈利博士那样曾周游全国。在认识到他演艺潜质上的局限性后,卡耐基又回到了推销员队伍中——推销帕卡德(Packard)汽车。这段时期内,卡耐基说服了纽约的基督教青年会YMCA,允许他开设一个公共演讲班。

卡耐基的演讲获得了非同凡响的成功。他写作了《公共演讲和在商业中影响他人》(Public Speaking and Influencing Men in Business)以及关于他的思想的其他不同类型的图书《如何制止烦恼和开始生活》(How to Stop Worrying and Start Living),《如何享受你的工作和你的生活》(How to Enjoy Your life and Your Job),《如何通过公共演讲发展自信和影响他人》(How to Develop Self- Confidence and Influence People by Public Speaking)。然而他最为著名的还是《怎样赢得朋友和影响别人》(How to Win Friends and Influence People)。该书已经发行并超过了1500万册(他的第一版印刷量仅仅为5000本)。戴尔·卡耐基于1955年去世。

卡耐基的忠告被众多名人的或不太出名人物的轶事所验证。像宾西法尼亚州北沃伦(North Warren, Pennsylvania)的乔治·迪克(George Dyke),他在服务站工作了30年后被强制退休,主要是一条新的高速公路将建在服务站原址上。迪克并没有就此吓倒,他成为了一位周游全国的深受欢迎的小提琴手。

《怎样赢得朋友和影响别人》中的许多内容很容易招致批评和被认为愤世嫉俗。彼得·杜拉克(Peter Drucker)曾表示应该放弃那种依靠自己修炼而成正果的奢望,这是基于"你既能挣100万,又能上天堂"的观念的。然而,市场上对该书的需求常年不断,由此可以推断出,此类书是必需的。实际上,直到今天,许多书中都留有卡耐基学说的身影。被彼得斯(Peters)和沃特曼(Waterman)大加称道的客户服务应归功于卡耐基关于"处理人际交往的秘诀"中提出的建议,以及马克·麦考梅克(Mark McCormack)之流的作品只是卡耐基早在半个世纪前言论的简单现代版而已。

哈默尔对《怎样赢得朋友和影响别人》点评

"我最近参加了一场名为'通过人实施战略'的研讨会,我问会议主办人,是否存在着通过狗来实施战略的可能?当焦点放在技术、结构和过程,将非常容易忽略管理所涉及的人的深刻本质。尽管卡耐基的建议明显有雕凿痕迹,但它是一种温暖的、模糊的、充满热情洋溢的推销员式的友好方法。与此相对,成千上万忧心忡忡的企业再造的幸存者们对于那种生硬的、完全以金钱控制的方式,已经习以为常了。"

卡耐基的思想仍然与现实生活有关:从人的角度,在商业世界中,你如何管理以及与人交往是成功的关键。卡耐基培训课程的存在和450万毕业生就中肯的证明卡耐基思想仍然有效。

注 释

① Carnegie, Dale, How to Win Friends and Influence people, Simon & Schuster, New York, 1937

戴尔·卡耐基,《怎样赢得朋友和影响别人》

詹姆斯·钱辟 & 迈克尔·哈默

(James Champy & Michael Hammer)

再造企业 (Reengineering the Corporation)

1993

20世纪90年代初期的商业想法无疑是企业再造。詹姆斯·钱辟和迈克尔·哈默的《再造企业》[①]就是这场所谓极富前途革命的宣言。而实际上,除了极少数成功案例外,大多数都归于失败。对于这种企业再造和钱辟与哈默著作的需求是很大的。哈默曾真诚地表明:“当人们问我你都干了些什么,我告诉他们,我实际所做的就是对工业革命进行了一场彻底的大翻个。”实际上,在本书开篇中直言不讳地将此书定位在替代亚当斯密(Adam Smith)的《国富论》(The Wealth of Nations)。《再造企业》一书已经销出超过了200万本。

剔除言过其实的部分,再造的基本思想是企业必须认识到关键运作流程,并且尽可能向这些流程倾斜、提高它们的效率。外围流程(和由此带来的外围人员)需要裁减。钱辟与哈默将企业再造定义为:“对于商业流程进行彻底的重新思考和设计,使得像成本、质量、服务和速度等这些衡量运作的关键指标获得大幅进展。”

钱辟与哈默认为，再造远不止是对流程的简单处理。他们避免使用“商业流程再造”（Business process reengineering）之类的流行措辞，认为这样局限性太大。以他们的观点，再造的范围和规模远远要超过只是对流程进行简单的改变和优化。真正的再造是触及了企业的各个方面。

在《再造企业》一书中，钱辟与哈默宣称，企业应该带上白纸，将整个流程勾勒出来。在《哈佛商业评论》中，哈默狂热而旗帜鲜明地宣称：“现在是应停止对老办法修修补补的时候了，我们不应再做将过时的流程编入芯片和软件之类新瓶装旧酒的事，我们应该摒弃他们，开始新的道路。”该文章极大地推动了再造的发展。② 有了商业是如何运作的工程蓝图后，企业才能够将理论转化为实践。

概念是相当简单的（实际上，再造的批评家们将该书看作是泰勒的科学管理学说（Scientific Management）的现代版本，该学说相信，针对特定工作存在着可衡量的和最优的办法）。但在实践中，运用却被证明存在着极大困难。第一个问题是，重新将企业看作是一张白纸，忽略了多年来——经常是数十年来的企业文化发展，这种文化使企业能够按照特定的方法去做事。这种根深蒂固的先入之见可不是能被轻易扔掉的。实际上，将他们扔掉就等于让企业自杀。

钱辟与哈默认为再造所关心的是“拒绝传统智慧和被公认的过去设想……这是对工业革命的颠覆……传统被看得一文不值。再造就是一个全新的开始。”在《靠向未来》（Leaning into the Future），英国学者科林·威廉姆斯（Colin Williams）和乔治·宾尼（George Binney）对上述论调嗤之以鼻，“上一个持此论调的人是文化大革命中的毛泽东。他著名的言论是“不破不立”，他太执迷于扫除旧的一切。与这种荒唐的砸烂一切所不同的是，成功的企业并不去全盘否定或试图去摧毁历史遗产。他们是尽量在此基础上建立新的系统。他们设法去深刻了解自己为什么能获得成功，而且他们尽量去做得更多。这些企业尊重从过去经验中积累下来的学识，并且认识到了企业的高层对于这种知识并不清楚。[3]

亨利·明兹伯格(Henry Mintzberg)也抒发了他对再造的忧虑。他说到“再造的思想没有经历过再造，仅仅是一些具体化的东西，它仍是那种新系统理所当然就能工作的旧观念。仅仅因为大肆宣传这是一种新的管理时尚，人们就对什么都实施再造。仅仅因为某一身处偏远地区的经理就读过该书，并认为它很重要；我们仅仅根据这种需求，就臆断发现了一种超乎一般的创新方法。为什么我们不能停止再造、迟滞、重建和分权，而代之以开始思考呢?”[4]

第二个问题是再造已成为冗余的同义词。这一点不能全怪钱辟与哈默。那些声称再造的企业经常在时髦理论的幌子下，简单地热衷于消减成本。机构精简被看作是实施了一种领先概念，更易为大众所接受。1994 年一项涉及 624 家企业的研究表明，CSC 指数发现，每一项再造计划会使美国平均丧失 336 个工作岗位，欧洲为 760 个。[5]

第三个表现出来的问题是，企业并不是发自内心地去实施再造，它甚至不愿意进行这场革命。实际上，他们不是广泛地再造，而是倾向于对那些很容易触及的流程进行再造，而且仅此而已。鉴于此，钱辟在他的后续著作《再造管理》(Reengineering Management)中详细地研究了这个问题。再造通常不能对管理产生冲击，管理者们总是愿意以苛刻的商业眼光去看待别人，而不愿意推及自身。

钱辟曾断言，“是对经理们进行再造的时候了。高级经理们充满激情地对商业流程进行再造，将那些再也不能起支持作用的企业架构拆卸下来，而自己却逃过了这场浩劫。但如果他们的工作和行为方式没有任何改变的话，管理者们会最终摧毁他们为重建企业而建立起来的合适结构。”[6]钱辟建议对管理实施再造，应着重解决以下三个重要问题:管理的角色,管理方式和管理系统。

事实证明,人是再造遇到的最大阻碍。汤姆·彼得斯(Tom Peters)说道:“大多数再造的努力之所以会失败或达不到预期是因为缺乏信任;信任就是意味着要尊重个人,尊重他(她)的信誉、才智和天赋,这在过去被长久地束缚住。”⑦

克里斯托弗·劳润泽(Christopher Lorenz)在《金融时报》(Financial Times)中对该书的评论:“他们(指钱辟与哈默)……对于行为变化和文化变化是否是商业流程再造自然而然的结果,还是与再造同时甚至提前发生,在这一点上,他们二人的思想并不一致。具有争议的是,许多书表示,这种温和的变化都是在疾风骤雨般的变革之后自动产生的。”⑧

作者简介

詹姆斯·钱辟是 CSC 指数(CSC Index)咨询公司的创始人之一。CSC 成为世界上最大的咨询公司之一,它的收入超过了 5 亿美元,并在全世界雇用了 2000 多名咨询专家。1996 年,钱辟离开 CSC,加入了佩罗特系统(Perot System)。钱辟也是《重造管理:新领导能力要求》(1995)(Reengineering Management:The Mandate for New Leadership)的作者。

迈克尔·哈默(生于 1948 年)是麻省理工前计算机科学教授和一家管理教育咨询公司的总裁。他被人们广泛认为是企业再造之父。企业再造这个思想起源于麻省理工学院于 1984 到 1989 年间进行的“二十世纪九十年代的管理”(Management in the 1990s)的研究。哈默后续著作为《再造革命》(1995)(The Reengineering Revolution),本书与斯蒂芬·斯坦顿(Setven Stanton)合著。

钱辟与哈默对此反击道,真正的再造是建立在信任、尊重和人的基础上的。哈默曾经哀叹到:"令人惊异地看到再造的实质被绑架了,被不恰当地运用和误解了。"通过将企业细枝末梢的活动去掉,企业提供了一个能够鼓励员工发挥技能和其他潜能的环境。但这一点并没有被企业实践所证实——尽管詹姆斯·钱辟一直坚信,最好的将会到来。他在 1995 年写道:"真正的企业再造至少还需要十年的时间才能付诸实施。"⑨

哈默尔对《再造企业》点评

"我们曾有科学管理、产业工程、商业流程改进,现在是全新的和经过改进的再造。它的思想或许仍是陈旧的,但是言语却是全新的,并且推出的时间是适时的。更严峻的竞争环境和信息科技爆炸性增长都迫使企业重新看待那些低效和僵化的流程。过分糟糕的再造通常像结构重组一样要以人员为代价——雇用更少的、更愤世嫉俗的雇员。"

注 释

① Champy, James, & Hammer, Michael, Reengineering the Corporation, Harper - Business, London, 1993

詹姆斯·钱辟、迈克尔·哈默,《再造企业》

② Hammer, Michael, "Reengineering work: don't automate, obliterate," Harvard Business Review, July- August 1990

迈克尔·哈默,"再造工作:不要自动化,去掉"

③ Binney, George and Williams, Colin, Leaning into the Future, Nicholas Brealey, London 1995

乔治·宾尼、科林·威廉姆斯,《靠向未来》

④ Mintzberg, Henry, "Musings on Management," Harvard Business Review, July- August 1996

亨利·明兹伯格,《哈佛商业评论》“管理的深思”一文

⑤ The State of Reengineering, CSC Index, 1994

《国家的再造》

⑥ Champy, James, “Time to reengineer the manager,” Financial Times, January 14, 1994

詹姆斯·钱辟,“到了对经理再造的时候了”

⑦Peters, Tom, “Out of the ordinary,” Syndicated column, July 23, 1993

汤姆·彼得斯,“打破常规”

⑧ Lorenz, Christopher, “The very nuts and bolts of change,” Financial Times, June 22, 1993

克里斯托弗·劳润泽,《金融时报》

⑨ Michaels,Adrian,“Aim for bold goals”,Fiancial Times,September 12, 1995

14

阿尔弗雷德·钱德勒(Alfred Chandler)

战略和结构(Strategy and Structure)

1962

阿尔弗雷德·钱德勒的《战略和结构》[①]是一部理论性的鸿篇巨著，该书无论是对实际操作者、还是理论家们都产生了深远影响。该书的副标题是："美国工业企业的历史画卷"，但它的影响远远超出任何一部研究性历史著作。

根据对1850到1920年间美国主要企业的研究，钱德勒认为，企业所选择的战略决定了它的架构："结构必须符合战略，否则结果将是悲惨的。"一个公司应首先建立起战略，然后寻求建立一种实现该战略的合适的架构。钱德勒将战略定义为："一个企业的长远战略发展方向和目标的抉择，所采取的一系列措施，以及为了实现这些目标对资源进行的分配。"

钱德勒发现，像杜邦(Du Pont)、希尔兹(Sears Rpebuck)、通用汽车(General Motor)、标准石油(Standard Oil)等公司的组织架构是由不断变化的市场需求和市场压力所决定的。他追踪了杜邦、通用汽车公司内由市场驱动造成数量激增的产品线，并得出结论：产品线激增促使企

业从一个功能性和统一性的组织结构转变为松散的事业部制架构(有趣的是,钱德勒家族与杜邦有着历史渊源。实际上,杜邦也是钱德勒的中间名字。当时,杜邦仍然控制着通用汽车公司)。

直到最近,钱德勒有关架构依从于战略的论断,被看作是企业生活中的一个事实,并被广为接受。但现在,对该问题的争论又卷土重来。汤姆·彼得斯(Tom Peters)以他特有的直率说道:"我想他是完全错了,因为企业的组织结构左右了它日后对目标市场所采取的措施。"②

在《边缘管理》(Managing on the Edge)一书中,理查德·帕斯卡写到:"最根本的设想是,组织的活动是理性的和持续的。但对于大多数的管理者,他们大都会乐意接受与此截然相反的看法。他们认为,公司被组织起来的方式,无论是注重功能性还是由独立部门所驱使,通常对战略的确定起到了重要作用。实际上,这解释了企业倾向于做那些他们最清楚如何做的事情——而全然不顾竞争实践中会对自己的成功造成什么负面影响。"③

尽管这场争论正如火如荼地进行着,钱德勒在管理著作中崇高的地位却一点儿也没有受到影响。特别是他对在20世纪60、70年代,大公司纷纷涌现的分权趋势起了极其巨大的影响。1950年,20%的《财富》500强企业实行了分权制,到1970年上升到了80%。在《战略和结构》一书中,钱德勒赞扬了阿尔弗莱德·斯隆(Alfred Sloan)在十世纪20年代在通用公司推行的分权制。对于美国电报电话公司(AT&T)在20世纪80年代的改革,钱德勒又起到了推波助澜的作用,使该公司从一个只注重生产的官僚机构转化为一个注重营销的组织。

在《战略和结构》一书中,钱德勒叙述了多事业部制组织的历史沿革。他写道,多事业部制首要的优势是"使高层的职责从负责一些例行的运作转移到关系整个企业命运的事情上,并由此给与他们更多时间、信息乃至心理许诺去制定和评估长期计划。"

《战略和结构》一书对“管理的专业化”也有所裨益。钱德勒回顾了被他冠以“管理的革命”的历史上几次重大发展。这包括基于石油的能源结构确立,钢铁、化学和机械工业的发展,企业规模和产量的突飞猛进。钱德勒注意到,随着规模的扩大,企业主将不得不去雇佣一批新的专业化管理人才。

作者简介

阿尔弗雷德·钱德勒(生于1918年)是一位曾赢得普利策奖的商业历史学家。从哈佛大学毕业后,它在美国海军服役。1950年成为麻省理工的一位历史学家,这多少出乎人的意料。稍后,他成为约翰·霍普金森(Johns Hopkins University)大学的历史学教授。自1971年以来,他一直是哈佛商业历史学的教授。他对1850年到1920年间的美国企业进行的大量细致的研究成为他日后作品的基础。

钱德勒相信,持薪的管理者和技术人员将会变得至关重要。同时,他也认为,管理的这只“看得见的手”(visible hand)比亚当·斯密(Adam Smith)宣称的市场的这只“看不见的手”(invisible hand)更有效地使产品流向顾客〔见钱德勒1977年著作,《看得见的手》(Visible Hand)〕。这种论断的潜在逻辑是企业和它的管理者们更希望计划经济而不是完全放开的、完全受不可预料、反复无常的市场力量所支配的资本主义。普遍认为,钱德勒创作《战略和结构》的时期是一段相对平稳的时期,看得见的手已经被证明是很有诱惑力的。

哈默尔对《战略和结构》点评

“那些对钱德勒的组织架构必须遵循战略的论点持怀疑态度的人忽略一个要点。当然,战略与结构相互间是纠缠不清的。钱德勒强调的是，新的挑战引发新的结构。规模和复杂程度的挑战，借助发达的通讯和管理控制技术产生了事业部制和分权制。这种几代人都经受过的压力将我们推向新的结构解决方案——'联邦制组织'，多公司联合和虚拟公司。屈指可数的几位历史学家能够预测到这些，而钱德勒就是其中的一位。"

注 释

① Chandler, Alfred D., Strategy and Structure, Doubleday, New York, 1962 阿尔弗雷德·钱德勒，《战略和结构》

② Peters, Tom, Liberation Management, Alfred P Knopf, New York, 1992 汤姆·彼得斯，《管理的解放》

③ Pascale, Richard, Managing on the Edge, Simon & Schuster, New York, 1990 理查德·帕斯卡，《边缘管理》

15

冯·克劳塞维兹(Karl Von Clausewitz)

***战争论** (On War)*

1831

无论是在理论还是实践方面,军事家长期以来一直被看作是管理的榜样,这多少令人有些惊讶。回溯哈德里安(Hadrian),这位就位于公元117到138年,曾修建古罗马城墙的高深莫测的古罗马皇帝,他是一位民权倡导者,这远远早于学术界对该问题的认识之前。他从不喜好奢华和隆重的仪式。他在军事上的声誉来源于他愿意与属下同甘共苦。曾经有一件事描述了他无论在何种天气,都拒绝穿戴斗篷和帽子。同样,哈德里安还因能以全副武装地与自己的部队一起长途行军而倍受赞誉。

此外,哈德里安还因其他一系列富有人道主义的决定而享有声誉。他禁止阉割,并且关心奴隶的状况。他同时还是一位旅行者,他并不寻求从罗马发号施令来控制他的庞大帝国,而是走遍了疆界内的山山水水。按现代的说法,他还允许在他的帝国内存在着多样性——在执政期间,为庆贺自己游历了众多省份,他同意发行不同的铸币。哈德里安还结束了罗马一直以来冷酷无情的扩张。他设法勘定疆界而不是沉迷于无休止的对外战争。

哈德里安的声誉还来源于他对金融管理的注重——尽管他上任伊始就宣布豁免了所有向帝国的借债。他的前任将金钱都浪费在金银珠宝上,而哈德里安却显得十分简朴。他建立了储备,用于资助建设项目和社会福利项目。同时,哈德里安还没有提高税务(现代的政客们毫无疑问都非常想知道他到底是如何在这种循环中达到政治平衡的)。

另一位作为开创性管理实践者而倍受信赖的是惠灵顿公爵(Wellington)(1769—1851)。在拿破仑战争期间,惠灵顿是通过实地察看而进行指挥的。历史学家约翰·基根(John Keegan)曾记录道:"(惠灵顿的方法)需要一种很特别的激烈管理方式——'在战斗中解决问题',惠灵顿本人总是会亲自去解决问题。将军必须身先士卒让自己的部队看到他,并应经常地变换位置去处理那些发生在阵前的各种危机。他必须置身于危机中,直到它被解决。他也必须保持警惕,时刻提防在其他地方出现新的危机。"①

了解了以上历史事件,对于冯·克劳塞维兹的《战争论》一书被选入本书将丝毫也不感到奇怪。实际上冯·克劳塞维茨坚定地认为,拿军事世界与商业世界进行对照不仅是可行的,而且是有用的。他在《战争论》中写道:"军事与商业对照比起军事与艺术对照要更为准确。因为商业活动也是一种利益和行动的冲突,而且军事与政治有紧密的联系,政治一般被看作是一场规模宏大的商业活动。"②

冯·克劳塞维兹被世人公认为杰出的军事理论家。同时,他也非常注重实用主义。他建议:"在实践应用中,任何计划的制定,都要考虑到敌人对计划实施阻挠的可能;最好的解决办法就是让计划能够非常容易地改变,以符合环境变化的要求;有如此强的应变力以时刻保持主动权,最好的办法就是与一队能提供可供选择目标的人员工作。"

仅仅空谈理论是无益的〔在这一点和其他方面，冯·克劳塞维兹深受由马基亚维利(Machiavelli)勾勒出的那种老谋深算的政治影响〕。“知道和做事是两回事，所以理论从来不应该被当作标准，他们仅仅是帮助判断。”冯·克劳塞维茨如是写道。实用主义就是以最小的代价获得结果——“一位王公贵族或将军通过实施一场既符合自己目标和实力的战争，充分体现自己的天赋，并做得恰到好处。”

最为著名的是冯·克劳塞维茨认识到，“战争从某种意义上来说仅仅是政治的延续。”他将战争看作是政治上的司空见惯和令人接受的一部分，而不是一场大灾难。”

冯·克劳塞维茨区分了战略(整个计划)和策略(整个计划的一个分立的部分，如一场战役)的不同。在它们之上，冯·克劳塞维茨称作“大战略”，就是整个的政治目标。从那时起，有关战略和策略差异的争吵就显得不再重要了。

作者简介

冯·克劳塞维兹(1780～1831)是一位普鲁士将军和军事战略家。冯·克劳塞维兹参加过拿破仑(Napoleonic)战争和 Rhine 战役(1793～1794)。他在 1812 到 1814 年间为俄国工作，帮助谈判签署了 Tauroggen 协定(1812)。该协定为日后组成由普鲁士、俄国和英国参加的反拿破仑联盟打下了基础。在他职业生涯的后期，冯·克劳塞维兹又继续在普鲁士军队中服役，参加了滑铁卢战役，并成为普鲁士战争学院的校长。他生前并没有全部写完《战争论》，该书在他死后出版。

按照冯·克劳塞维茨的观点，要想取得成功，在某一时刻，就必须将全部注意力放在一个战役上。这就是管理理论中目标管理学说(Management by Objective)的遥远的先驱：“将每一个参与的部分看作是整体中的 环，如果每一事都能预料到，那么，指挥官就踏上达到目标的坦途。”

就在前不久，管理学的思想家们还从一流的军事思想家哈特(Basil Liddell Hart)(1895—1970)，特别是从他的1967年出版的《战略》(Strategy)一书中获得灵感。今天的管理权威们——包括里查德·帕斯卡(Richard Pascale)都曾经运用军事的方法探究过像领导力、培训、动机和战略等内容。

注 释

① Keegan ,John, The Mask of Command, Penguin Books, New York, 1987 约翰·基根,《长官的面具》

② Von Clausewitz, Karl, On War, transl, and eds, Howard, Michael, & Paret, Peter, Princeton University Press, Princeton, NJ, 1984

冯·克劳塞维兹,《战争论》,由彼得(Peter)、密切尔(Michael)等译著

16

詹姆斯·柯林斯 & 杰瑞·波拉斯

(James Collins & Jerry Porras)

企业精神,贯彻始终 (Built to Last)

1994

亚里士多德曾经说过:“所谓价值观,就是从我们的习惯、技能和行为中反映出的人的品质和优点。”诚实、真诚和公正都应算作单个人的价值观。但对于商业社会和企业而言,它们的价值观又是什么呢?

尽管“企业价值观”(corporate value)一词只是在近年来才出现在商业词典中,但价值观是企业日常经营重要一环的观念却早已存在了。尽管当时并没有被称作企业价值观,但许多企业很早就认识到企业拥有一套指导性原则的重要性。在过去 50 年间出版的一些最具影响力的商业著作中都

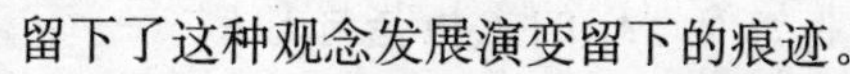

留下了这种观念发展演变留下的痕迹。

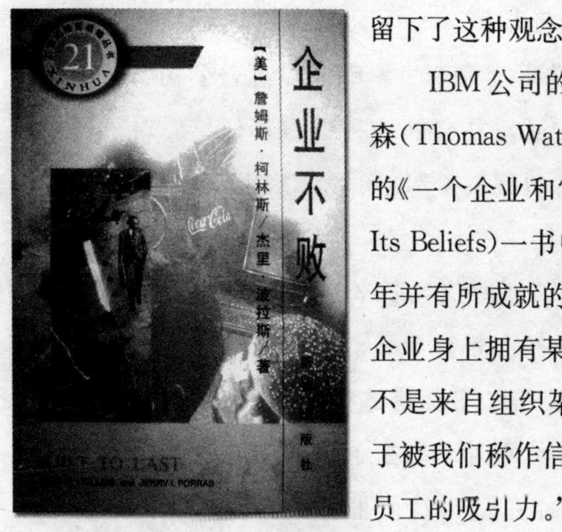

IBM 公司的首席执行官托马斯·沃特森(Thomas Watson Jr.),在他 1963 年出版的《一个企业和它的信条》(A Business and Its Beliefs)一书中提到:“审视任何存在多年并有所成就的企业,你都会发现,在这些企业身上拥有某种恢复力。这种恢复力并不是来自组织架构或管理技巧,而是来自于被我们称作信念的力量以及这些信念对员工的吸引力。”沃特森在这里所谈论的信

念，就是指企业中那些最基本的原理和准则。这些是 IBM 公司最具价值和最重要的东西。实际上，他在这里讨论了价值观。

与此相近，汤姆·彼得斯（Tom Peters）和罗伯特·沃特曼（Robert Waterman）也认为企业价值观是非常重要的。在他们 1982 年出版的《追求卓越》（In Search Of Excellence）一书中用了整整一个章节的篇幅来阐述这个问题。他们认为，信念和价值观的称谓是可以互换的。其他作者也都曾对这个问题进行过不同程度的研究。

1994 年，詹姆斯·柯林斯和杰瑞·波拉斯① 的《企业精神，贯彻始终》的出版，使这场争论大大向前迈进了一步。这两位来自斯坦福大学的商业学术专家，一直在找寻着那些建立和保持一个杰出企业所需的重要的品质。这些品质被他们称作"理想企业的成功品性"（successful habits of visionary companies）。他们文中所涉及的 18 家企业都是自 1925 年来，以十二项指标衡量的经营业绩远在同期证券市场企业之上的。

他们提出："核心价值观就是企业内最根本的、恒久不变的原则——精炼的指导思想；它不会因特定文化和运作实践而受干扰；也并不为财务所得或短期利益而妥协。"柯林斯和波拉斯认为价值观是引领企业如何运作的永恒指导原则——而且是在比战略目标更深远的层次上，对企业中的每一件事物都产生影响。以惠普公司（Hewlett－Packard）为例，价值观包含了对社会的一种强烈责任感。对于迪斯尼公司（Disney）来说，企业价值观就是"创新、梦幻、想象力"和传播四海的"积极的美国价值观"。

柯林斯和波拉斯写道："那些达到长久成功的企业都拥有自己的核心价值观（core value）和核心目标（core purpose），而且在企业为适应外界变化，不断地调整战略和实际措施的时候，它们都是恒久不变的。"他们认为这是诸如惠普、强生、宝洁、默克和索尼等公司成功的关键所在。柯林斯和波拉斯在这里为我们推荐了一种能够不为纷呈事物所迷惑的、直达核心的概念性框架。他们的模型由两大部分组成——核心意识形态(core ideology)和未来的设想(envisioned future)。

他们解释核心意识形态是事物阴的一面。这是界定了公司代表了什么,为什么会存在。阴是永恒不变的,并和阳相互补充。阳就是对未来的设想,就是公司立志成为什么样的企业,应去实现和创造什么——这是需要通过不断的变化和发展去支持的。

核心意识形态就像是一种粘合剂,逐渐将企业分立的各部分合为一体。任何一种有效的有关未来的眼光必须包含核心意识形态。该形态包括了两个部分——核心价值(一系列指导性原则和信念)和核心目标(企业存在的最基本理由)。

作者简介

杰瑞·波拉斯是讲授"组织行为和变化"课程的教授,他也是斯坦福商学院"领导和管理变化项目"的领导人。从 1972 年至今,他一直在斯坦福工作。之前,他在美国军队服役,而且在洛克希德公司的火箭与空间公司、通用公司和阿根廷等地工作过。

詹姆斯·柯林斯开设了在科罗拉多(Colorado)的管理学习实验室,并成为弗吉尼亚大学的外聘教授。他也在斯坦福大学授课,而且也在麦肯锡和惠普公司担任职务。

《企业精神,贯彻始终》促使人们对于推动大企业发展的价值观产生了浓厚兴趣。有关于此的争论还将继续下去。尽管现在还不能说价值观在商业生活中起到了最关键的作用,但它们在企业中的地位是不可撼动的。

注 释

① Colline, James, and Porras, Jerry, Built to Last, HarperBusiness, New York, 1994
詹姆斯·柯林斯、杰瑞·波拉斯,《企业精神,贯彻始终》

里查德·赛特 & 詹姆斯·马驰

(Richard Cyert & James March)

公司行为理论

(A Behavioral Theory of the Firm)

1963

决策科学,作为一种纯粹的学术性学科,使人明白管理决策是如何制定的。该学说主要建立在早期商业思想家们所做部分基础工作之上。这些思想家们相信,在某一设定环境下,人们的行为是具有逻辑性的,因而也是可以被预测的。像计算机先驱查尔斯·巴贝格(Charles Babbage)和科学管理学说的创始人弗莱德里克·泰勒(Frederick Taylor)都相信,决策过程(以及其他许多事物)是能够被理性化和系统化的。根据这种假设,那些用来解释商业如何运作的模型是能够被推广到确定决策是如何制定的。

这种有可能确定决策方法的信念仍将存在下去。实际上,大多数管理类图书和思想都没有跳出帮助管理者做出更好决策的范畴。

现在可以发现各式各样的企图将决策制定程式化的模型、软件包和分析工具琳琅满目。这些决策制定模型都假设通过提炼大量实际经验,会有助于人们准确地做出决策;能使你从别人的经验中学到东西。它们都信誓旦旦,只要输入特定的参数,就会得到答案。这种认为软件程序所提供的结果就是决策制定办法的论调是非常危险的。

在这些理论化的决策制定时,无论是软件包、还是教科书都提出了任何有效的决策制定其实都包含有特定的逻辑步骤。这被人们称为:“决策制定的理性模型”(rational model of decision making)或是“概要模型”(synoptic model)。后者涉及了一系列步骤——发现问题;分清问题;确定首要目标;产生可供选择的方案;对选择进行评估(使用适当的分析);将各种选择的预料结果与设定的目标进行比较;挑选最贴近目标的选择。

这些模型其实都依靠一些假设,这些假设设定了人面对外界环境时该如何应对的方法。这些假想使得数学家们能够根据概率论推导出规则。决策制定工具包括了诸如成本/收益分析这类能帮助经理们对不同候选方案进行评估的工具。

尽管这些工具看起来很迷人,但问题在于实际生活远比一个纯粹模型所能考虑的要纷杂凌乱得多。这些解决问题的数学途径是基于一些本身就存在某种缺陷的假设前提——如决策制定总是协调一致的;获得的信息总是准确的;没有感情和偏见的干扰;决策过程是充分理性的等等。决策制定模型的另一个显而易见的缺陷是:决策前的各项准备通常比决策本身显得更为重要。比如,在为解决某一问题做出决策时,有可能决策是正确的,而问题本身却是错误的。

实际生活中,经理们往往凭借自己的经验和直觉,然后再通过分析做出决策。而直觉和经验往往是不可测量的,所以,大家都将注意力放在了决策制定过程中分析这一环节上。与其说决策过程中的分析是一门神奇的艺术,还不如说它其实就是科学(管理咨询业就是完全根据分析得出的结论进行决策制定的)。当然,现实世界的管理者们并不关心自己的决策实践到底是应归集于艺术,还是科学。他们所真正关心的,是如何做出可靠、周全的决策,解决实际问题。

但这并不意味着决策理论就是多余的,或是说,决策制定模型就应该走向另一个极端。事实是,诸多因素表明,决策制定的市场需求正在日益扩大。内、外部环境的日益复杂意味着企业遇到的再也不是那些简简单单的问题了。对于那些复杂决策的制定,也不再是企业内少数几名高层管理者所拥有的特权了,而是成为企业内许多人所肩负的职责。另外,如今的经理们深受信息泛滥的困扰。根据1996年在世界范围内对经理们所作的一项问卷调查(样本1200份),我们不难发现,43%的人认为,一些重要的决策被延误了,并且,他们制定决策的能力受到了过多信息的干扰。

很少人怀疑决策理论和这些模型的可靠性。人们使那些有可能基于偏见和预感的决策堂而皇之地成为正统。但是决策制定模型的有效性还有待于人们的进一步验证。没有一个模型是简单的,也没有哪一个模型能放之四海皆用。此外,也没有任何一个模型能完全应对人的充满任性的行为。

作为对错综复杂的决策制定世界的介绍,赛特和马驰的《公司行为理论》仍是极具影响力和非常有用的。赛特和马驰指出,商业决策制定理论面临着一个关键而紧迫的问题。通常,单个的人拥有目标,而团队却没有。当人们对于"组织思想"(organizational mind)表示怀疑时,就需要创建一种值得大家信赖和确实有用的组织目标。

赛特和马驰将企业看做是一个拥有同一目标的联合体。创立目标需要三个步骤:商讨过程,就是建立起这个联合体的各组成部分,并制定一般规则;组织内部的控制过程,就是澄清和发展目标;根据经验进行调整的过程,就是调整协议,以适应环境的变化。

问题在于当外部环境发生变化，人们在考虑问题时，短期目标总是优先于长期目标。由于决策制定的分散化，大多数经理更热衷于短期目标，以及更关注于企业资源与实际需要的差异，这都造成了企业目标的不一致。

赛特和马驰认为，现代企业有五种目标——产量、库存、销售、市场份额和利润——决策过程有 9 个步骤——预测竞争者行为；预测需求；估算成本；分清目标；评估计划；重新核定成本；重新检验需求；重新检验目标；选择一种办法。

为了能有效工作，决策制定模型需要拥有标准运行程序——就是一系列学术性的行为规范。通过回避不确定因素、保持规范和运用简单规则，这些程序能够被进一步分解为更为普通、也更为具体的实施细则、纪录和汇报、信息处理规则以及计划。这些程序是联系个人与组织的纽带。企业通过它们确定和实施选择，它们是决策制定的核心。

作者简介

詹姆斯·马驰是 20 世纪一位最为重要的决策制定理论家。他与赫尔伯特·希蒙(Herbert Simon)合著了《组织》(Organization)(1958)一书。他还写了五本诗集。他的其他著作包括《决策制定基础读本》(A Primer on Decision-Making)(1994)。

里查德·赛特曾就读于明尼苏达大学(University of Minnesota)和哥伦比亚大学(Columbia University)。他是卡耐基·梅隆大学(Carnegie-Mellon University)的一位经济学管理学教授。

18

斯坦·戴维斯 & 里斯托弗·梅耶

(Stan Davis & Christopher Meyer)

模糊:在相互联系的经济中的变化速度 *(Blur)*

1997

自戴明·卡耐基(Dale Carnegie)、史帝芬·柯维(Stephen Covey)、弗莱德里克·泰勒(Frederick Taylor)和迈克尔·波特(Michael Porter)以来,商业书籍的阅读者已经初步受到这些学者所开出的如何成功的处方的熏陶。这些书都可以精炼出一些关键论点和简单模型。其中一位著作家信誓旦旦地说道:“这就是做事的方法,请相信我,我通过案例分析证明它们确实有效。”在大多数商业图书中,对于现实世界的变化纷呈,对于商业生活的混乱不堪,却很少涉及。而读者、出版商就像病人见到了医生,似乎对这些处方都深信不疑。他们喜好整洁而有秩序,他们希望能够被明确告知去做什么。

问题在于,那些罗列出来的关键成功因素已经变得越来越靠不住。当今时代,不确定性在商业实践中是广泛存在的,无论你是身处东京、慕尼黑、还是达拉斯,都是如此。那种确定性的描述已成为安慰亡人的没有任何意义的悼言,确凿无误的东西只能成为无意的空想。整洁和秩序(如果真的存在的话)变得如此令人难以捉摸。

失去了确定性做强有力的支持,大多数商业类图书的理论大厦都坍塌了。不确定性就像是一块未经开垦的处女地。对于初次踏入的人,会困惑于它的浑沌、思想的深邃、不同一般的隐喻。它明确表示出不能通过短时间的分析而找出解决企业问题的灵丹妙药。随着进一步的探索,这种旅程将会越发艰难,留给读者的将是更多的疑问,而不是解决之道。斯坦·戴维斯和克里斯托芬·梅耶的《模糊》就是一本完全不同以往的图书。该书的书名就再明显不过了。[①]仅仅在几年前,当那些盲目的信条和确定性还大行其道时,用模糊作一本书的书名还是不可想象的。它对于管理的混乱和无能的揭露,显得太微弱、太赋暗示性,也太现实了。

对于一本谈及未来的书,戴维斯和梅耶坦诚相告,书中缺乏对问题的解答:“我们提供的东西不是对这些话题盖棺定论,但我们提供了一种启发性的观点:使你能够创造性地对你的商业和未来进行思考的发人深省的思想、观察和预告。”

模糊的核心是三种力量:连通性(connectivity)、速度(speed)和无形(intangibles)(是从时间、空间和群体中演化出来的)。根据戴维斯和梅耶的理论“这三样东西模糊了我们的规则,重新定义了我们的商业活动和生活。它们摧毁了使当今工业界发展缓慢的各自分散的解决方案,这些方案包括了大批量生产、分段制定价格和标准化工作等等。这三种力量塑造了新经济的行为。它们对戴维斯和梅耶称为的‘期望的模糊;实施的模糊;资源的模糊’产生了影响。”

“期望的模糊”包括两个核心因素:提供和交换。这两点都曾经被抛弃过。在产品主导的时代里,公司提供产品去销售。通过交换获得金钱,顾客也随之销声匿迹。现在,生产和服务二者间经常不能彼此区分开来，买卖双方结成一种持续发展的关系（相互交换）（mutual exchange），推动其发展的不仅是金钱，而且是信息和情感。”

新经济的第二个方面就是“实施的模糊”。企业不断地改变，以适应需求的变化，而且这种改变必须是在整个理论思想和竞争战略实施上的变化。不同的基本原则造就了不同的组织架构。戴维斯和梅耶写道：“商业上的模糊造就了新经济模型，在这里，回报是大幅增加而不是减少；你希望是由市场而不是战略决定价格制定、市场交易、并管理你所提供的产品或服务。”

支持经济的第三根支柱是资源和现在兴起的日益成为关键性资源的智力资本。那些所谓的有形资产正在变得无形，无形资产正成为你独有的资产。

《模糊》描绘了一个令人不安的世界。奇怪的是，那些引起争论的核心因素并不是你所最期望的。戴维斯和梅耶说道：“现在看来，贯彻始终就意味着不断的变化。”但是变化以及由此带来的不确定性，再也不会产生前几年那样大的影响了。我们或许会对急速的变化感到悲伤，但它确实曾经如此——戴维斯和梅耶引用熊彼特（Jpseph Schumpeter）所认为的资本主义是“一股猛烈的破坏创造性的风暴”。自远古以来，这股狂风就在那里不断地嚎叫着。

《模糊》一书最引起轩然大波的是关于连通性的概念——后来飞快变为现实。明白连通性就像是我们都经历过的孩童时期的意外发现，你还没有考虑到由此可能带来的所有可怕后果，它就一下子展现在你的面前。在戴维斯和梅耶所描绘的信息经济中，小的事物通过无数办法联系起来，并创建了“复杂适应系统”（complex adaptive system）。即刻，无数的这种联系加速了经济的发展，并且更为重要的是，改变了经济的运作方式。

问题在于，这种联系是如此众多和复杂的，以至于能够产生磨擦，并最终使事物莫名其妙地停顿下来。这种随机事件是困扰人的,戴维斯和梅耶在《模糊》中痛苦描绘出的现实世界在这方面可没有什么保障。

作者简介

斯坦·戴维斯是《2020 景象》(2020 Vision)和《完美的未来》(Future Perfect)的作者。

克里斯托芬·梅耶是研究商业创新的恩斯特青年中心(Ernst & Young's Centre for Business Innovation)(CBI)的领导人,而戴维斯只是其中的一位研究员。CBI 俨然是一所致力于认识对未来商业产生影响的因素和研究应付这些因素的措施的"研发商店"。梅耶还建立了 Bios 集团,恩斯特青年中心(Bios Group)致力于发展极其复杂的管理解决方案。

注 释

① Davis, Stan & Meyer, Christopher, Blur, Capstone, Oxford, 1997
斯坦·戴维斯克、里斯托弗·梅耶,《模糊》

19

爱德华兹·戴明(W. Edwards Deming)

走出危机(Out of the Crisis)

1982

戴明临终前,他的《走出危机》[1]一书才开始出版。该书仅仅记述了戴明一生成就的很小部分。在《走出危机》一书中,戴明用精练的笔墨总结出质量的真谛:"企业的利润大多来自于那些重复性消费的顾客。这些人能够向其他人夸耀你的产品和服务,并引荐他们的朋友过来消费的顾客。"尽管这种有些离经叛道的言论已经吸引了越来越多的关注,但它还只是戴明有关质量完整概念的冰山一角。戴明曾直言不讳地说道:"写作此书的目的就是要改变美国的管理模式。"

W. EDWARDS DEMING

OUT OF THE CRISIS

戴明认为,尽管统计控制很重要,但与质量问题是不能相提并论的。英国管理评论员罗伯特·赫勒(Robert Heller)说道:"戴明的作品使应用科学与人性哲学之间建立起了联系纽带。统计质量控制实施起来就像它的名字一样令人倍感沉闷,但结果却如此神奇。通过运用这些工具,改进了生产流程、将缺陷压缩到最小,而且使得消除了随之而来的由次品、返工、报废组成的三重奏。"[2]

作为质量问题的经典著作,《走出危机》反复地给与我们一些基本告诫。首先是,要想做到质量的始终如一,高级经理必须亲自掌管质量问题。第二,按"瀑布"状实施,培训是按照从上到下的原则,在组织内层层向下实施。第三,使用质量控制统计方法是非常必要的,只有这样做,最终商业计划才能落实到清晰的质量目标上。

戴明总结出了有关质量的非常著名的 14 条论断。他认为,质量是一种生存方式,是工业之所以具有生命力,尤其是管理之所以存在的意义——"为质量而管理"是戴明永恒不变的话题。《走出危机》一书生动地描绘了戴明的 14 条论断。

1. 创建改进产品和服务的矢志不移的目标
2. 接纳新的哲学思想
3. 不再仅仅依靠监察手段,来提高质量
4. 不再通过控制价格来使企业获益,而是选定单一供应商,使总成本最小化
5. 坚持不懈地对计划、生产、服务的每一流程进行改进
6. 实施在岗培训
7. 完善领导能力
8. 不要有所顾虑
9. 打破员工之间的障碍
10. 废除为工人制定的口号、训词和目标
11. 废除用数字来表示工人的定额和质量目标
12. 清除那些挫伤工人工作自豪感的障碍,取消年度评比系统
13. 实行一套灵活的、能对每一位员工进行教育和自我提高的计划
14. 使公司的每一个人都全身心地投入到这场变革的洪流中去。

14 条内容简单掩盖了企业遇到的为数众多的挑战,特别是管理所面对的挑战。在戴明眼中,质量控制可不是少数人享有的特权,而是

所有人应肩负起的职责。在讨论到这个问题时，戴明预见到权力下放将会成为时尚。戴明在他1983年的演讲稿中提到："全世界的人都认为是工厂里的工人才是导致问题产生的原因，而事实根本就不是这么回事。工业有史以来，工厂里的工人就知道质量是他们工作的保证。他们知道，如果消费者拿到的是质量低劣的产品，那么，将会导致产品失去市场，最终的代价就是丢掉自己的饭碗。他们早就明白这一点，而且每天都为此担惊受怕。然而，他们所做的工作仍然乏善可陈。不是他们不愿意做好，而是别人不让他们做好，因为那些位高权重的人总是钟情于数字、更多的产品，而从来没有考虑过质量。"③

戴明认为，90%的问题是出自管理者身上。造成这个问题的部分原因是，西方企业界所热衷的年度实施状况评估。戴明指出，日本的经理们每天都会收到信息反馈。戴明写道："公司高层的管理的失败是造成美国工业如此衰败、并导致大量失业的根本原因。他什么也没卖出去，就什么也买不了。"

实际上，只有日本文化才能接纳戴明的思想，这有多种原因。日本文化强调团队、而非个人成就，这使得日本人能够相互分享思想并分担责任，而这种提高集体主人翁精神的方法在西方是难以想象的。

戴明布道般的狂热是造成他的著作被狭隘解释的部分原因。对于他苦口婆心的劝诫和宽泛的哲学目标，经理们并不买账。尽管如此，戴明的思想与现代管理的一些思想产生了共鸣。比如，早在1950年，戴明就预见到企业再造，并为其摇旗呐喊："千万不要仅仅局限于生产和销售，而要进行重新设计、并使这些过程都处于控制之下……随着质量的不断提高……顾客成为生产线中最重要的一环。"

戴明这种对质量的独到解释到底能存在多久，仍是一个极有争议的话题。现在流行的将质量看作是一个一般性的好东西，远没有戴明所推崇的在思维和行动方面转变所具有的深刻意义。经理和他们的企业看起来好像已经坚定地贯彻了戴明的理论，但事实却非如此。他们的主动性只是昙花一现，他们的言词也只是一些毫无意义的缩写词。

作者简介

爱德华兹·戴明（1900～1993）在管理理论界占有独特的地位。他对工业历史的影响，其他人只能望其项背。主修电子工程专业，戴明获得了耶鲁大学的数学物理博士学位。二战战后，在麦克阿瑟的邀请下，戴明访问了日本，并对日本战后工业的重建发挥了关键的作用。

他的影响被迅速认识到。他并因此获得了“二等圣宝勋章”。日本科学和工程联合会从1951年起设立了年度颁发的戴明奖。

在整个20世纪50年代，戴明和另一个质量专家，约瑟夫·朱兰（Joseph Juran）在全日本开设了讲座和课程。1950～1970年间，日本科学和工程联合会对14,700名工程师和数以百计的其他人员讲授了统计方法。

戴明和日本的管理，最终在20世纪80年代被西方“发现”，并且NBC编辑了一套反省日本崛起和工业实力的节目（如果日本能，为什么我们不能）。突然间，西方的管理者们努力搜寻他们所能找到的每一个信息——在1991年10月的《商业周刊》刊登了有关“质量”的专题讨论，在几天内就全部售罄，不得不重印，印数高达几万册。

尽管如此，戴明的思想无论是对日本还是当代西方，都存在着无可置疑的巨大影响。20世纪80年代，人们对质量的兴趣热度产生了爆炸性增长，虽然姗姗来迟，但戴明还是这场爆发的始作俑者。戴明死后，罗伯特·海勒评论道：“戴明并没有发明‘质量’……但是他的传道有着独特的、强有力的效果，主要是因为，一方面，他是第一个宣传者；另一方面，是辅以日本和日本经理们的辉煌成就。如果他的美国同行们能够以同样的方式应用他的方法，战后工业历史将会重写。”④

哈默尔对《走出危机》点评

“在本书所涉及的所有杰出管理大师中，只有一位能被全世界的消费者认为是英雄，那就是戴明博士。他先将质量的福音传递给日本，但是感谢上帝，他的言论终于被那些自鸣得意的美国和欧洲的企业所接受。在我参加的一次会议上，一位忧心忡忡的美国汽车公司的经理曾问戴明：‘我们什么时候能赶上日本的竞争对手？’‘嗯’戴明回答道，‘你认为他们会原地踏步吗？’任何一位听过戴明的有关‘衰败始于高层’内容的高级经理，在离开会场时无不变得谦逊起来，并深感悔悟——这是通向全面质量管理之路的良好开端。”

注 释

① Deming, W. Edward, Out of the Crisis, MIT Centre for Advanced Engineering Study, MIT, Cambridge, MA, 1982

爱德华兹·戴明，《走出危机》

② Heller, Rober, “Fourteen points that the West ignores at its peril,” Management Today, March 1994

罗伯特·赫勒，“处在危险境地中的西方工业界忽视的十四条原则”

③ Deming, W.Edwards, Lecture at Utah State University, 1983

爱德华兹·戴明在犹它州大学的讲座

④ Heller, Robert, “Fourteen points that the West ignores at its peril,” Management Today, March 1994

罗伯特·赫勒，“处在危险境地中的西方工业界忽视的 14 条原则”

彼得·杜拉克(Peter F. Drucker)

管理实践 *(The Practice of Management)*

1954

《管理实践》[①]堪称是一部鸿篇巨著。该书涉及范围之广足可以被称为一本大百科全书,书中所出现的历史资料极其翔实丰富。对于那些在实践中小心翼翼摸索的管理者来说,该书的内容既让他们感到沮丧又受到鼓舞。彼得·杜拉克曾极具感染力、充满自信地宣称:“管理始终是一种基本的和占统治地位的制度,它与西方文明制度同呼吸、共命运。”他在前言中写道:“本书是多年来与管理者共同工作的经验总结。”杜拉克在写作此书的时候已经40岁出头。

《管理实践》阐述了管理思想、提供了管理工具和有关技巧。但尤为重要的是,该书树立起了管理在20世纪社会中起着核心作用的论调。杜拉克将管理和管理者放在经济活动的中心。他写道:“管理者是工业社会中十分独特的和具有领导性的团体。世纪的更替,从来没有一种新的基本制度、新的领导阶层会像管理层那样迅速地崛起。在人类历史上,还没有什么制度能如此迅速地成为社会所必不可少的。”

《管理实践》内容大胆而坦率，同时也因其条理清晰而著称。尽管杜拉克在管理艺术中设置了如此多的参数，但通过他卓有成效的努力，这些参量都符合基本原理。管理可以改变世界，但是世界的本质是永恒不变的。在一段被管理界广为引用、令人难忘的话语中，杜拉克一语道破了商业活动的核心意义："商业的惟一目标：创造顾客。市场既不是由上帝、也不是由自然和经济力量创造的，而是由商人创造的。顾客对于产品的需求往往可能早于产品的生产和服务的提供，就像饥饿中的人对于食品的期望一样。这种期望会支配顾客的生活，并且一直陪伴着他。但这仅仅是理论上的需求，只有商人通过商业活动使它转变为一种有效需求的时候，才产生真正的顾客和真正的市场。

杜拉克提出商业的目标就是去创造顾客，所以它的核心基本功能就只有两项：市场营销和创新。他在 1954 年写道："市场营销不仅仅是一项功能，对于顾客来说，它就是商业的全部。"随着市场趋于成熟并且竞争日益激烈。在 20 世纪 90 年代，这条已历经 40 年风雨的概念才为大众所广泛接受（哈佛大学的泰德·李维特（Ted Levitt）在 1960 年著名文章《营销中的近视病》（marketing myopia）中，承认他的思想得益于杜拉克有关市场营销的理论）。

对于组织存在的目的和本质，杜拉克向我们提供了一套言简意赅、极具启发性的看法。"组织并不是自身的一种目的，而是实现商业活动和商业成就的一种方法。组织架构是一种不可缺少的手段，错误架构会严重损害组织的运行，乃至最终毁了它……当涉及到组织架构问题时，首先应该想到的是我们的生意是什么，它将会怎样？组织架构必须设计成为能够在 5 年、10 年、15 年里达到特定的商业目标。"

《管理实践》和写于 1973 年的同样鸿篇巨著《管理：任务、职责和实践》（Management：Tasks，Responsibilities，Practices）中，杜拉克指出了管理的 5 种基本任务：制定目标、组织、鼓励和沟通、考核、还有就是人员培育。他提出"管理者明显有别于其他人的地方就是他的教育作用。人们对管理者的惟一期望就是能教与其他人长远的眼光和运作能力。根据最新分析,这种视野和道德责任定义了管理者。"杜拉克认为,这种道德责任表现在五个方面,他认为,"在每一个方面,都需要采取若干措施以保障整个组织保持一种良好的精神状态。"

1. 具有高标准的执行要求,不能容忍平庸或低劣的表现,根据表现优劣进行奖励;
2. 每一个管理岗位都必须对实际工作有所裨益,而不仅仅是整个晋升阶梯中的一级;
3. 必须有一个合理、公正的晋升系统;
4. 管理制度中明确界定谁拥有决定管理者去留问题的权力。而且,建立一种管理者可以向更高层申诉的沟通渠道。
5. 整合能力是管理部门选择管理者时考虑的必备素质。管理者在受命的时候,这项素质就已具备,而不是去指望事后获得。

《管理实践》所描述的思想后来被人们称作"目标管理"(MBO)(management by object)。杜拉克写道:"管理者就是为达到企业目标而工作的……指导和控制管理者行为的应是企业目标,而不是他的老板。"

杜拉克在文中一再称其为"通过目标和自我控制进行管理",而且也没有使用什么当时流行的缩写。杜拉克创立"MBO"的思想灵感来自于通用电气公司(General Electric)的哈罗德·施密德(Harold Smiddy)。杜拉克和他的关系非同一般。杜拉克还认为通用汽车公司的阿尔弗莱德·斯隆(Alfred Sloan),杜邦公司的皮埃尔·杜邦(Pierre Dupont)和唐纳森·布朗(Donaldson Brown)都是"MBO"的实践者。

时下,MBO日渐流行,但对它的解释也远比当初杜拉克提出时的初衷狭窄得多。杜拉克写道:"管理者需要完成的任务必须来源于公司的执行目标。他们的工作成绩必须按对企业所做的贡献大小来衡量。管理者必须清楚地知道，商业目标对于他个人表现的要求是什么？他的上级必须明了对他的期望和要求他所做的贡献——并且以此进行考核。”

实际上，杜拉克所解释的“MBO”有关人的因素被归入企业的范畴。目标管理不再是一种用于理解、鼓舞和满足的普遍性工具，而成为一种设定企业目标、然后向目标进发的简单明了的工具。

由于杜拉克主要关注的是通用汽车公司、福特公司等大企业，因此，杜拉克的支持者们也必然是这些大公司。但历史是向前发展的，在《管理的解放》(Liberation Management)一书中，汤姆·彼得斯(Tom Peters)将该书描述为：“是对于那种想当然的长久的鞭挞，是对超理性解决办法的长久的赞歌，这种方式使许多人被束缚在大企业中。[②]”尽管在相当程度上这种说法是准确的，但《管理实践》也还对组织中过度的等级结构进行了批评——杜拉克认为对于任何一个组织，等级不能超过七层。

杜拉克还提出了未来管理者的“七项新的任务”。看到这些早在20世纪40年前就写下的词句，人们对杜拉克预见的准确性震惊不已。杜拉克认为未来管理者们必须具备：

1. 通过目标进行管理；
2. 能承受更大的风险和考虑得更长远；
3. 能做出战略性决定；
4. 能够建立和整合团队，让置身其中的每一个人都能够根据共同目标管理和衡量自己的工作；
5. 能够快速和清楚地交流信息；
6. 传统上，经理只要知道一样或几样功能就足以。但现在，这已远远不够了。未来的管理者必须将商业看作是一个整体，并且将这些功能结合在一起；
7. 传统上，经理被认为知道一样或几样产品或是一个行业就可以了,但现在这远远不够。

作者简介

韩国有一位商人将自己的名字改作杜拉克,以此希望能获得这位生于奥地利的思想家的少许闪光的思想。由此可见杜拉克的影响力。彼得·杜拉克(生于 1909 年)是本世纪伟大的管理和商业思想家。《经济学家》评论道:"在一个充斥着自大狂和江湖术士的领域里,他是一位具有真正原创思想的思想家。"

直到 80 岁,杜拉克写作了众多涉足广泛的著作。

在伦敦当过一段时期的记者,杜拉克在 1937 年移居到美国,并且在 1946 年创作了《公司概念》(Concept of the Corporation)。这部具有开拓性的著作审视了通用汽车公司内部错综复杂的运营机制,揭示了这个汽车巨人与其说是一部经济机器,不如说是一个迷宫似的社会系统。

以后他的著作不断出现。他创造了诸如"私有化"、"知识工人"等新词汇,并且他极力拥护像"目标管理"等概念。他的许多创新被现代管理社会所接受。他极力称赞巨型企业,并且预测到了它们的衰落(他最新的言语是"财富 500 强已经过时了")。

在大多数智力活动领域,人们对谁是第一名很难有一致看法。但在管理学领域类,不存在任何分歧。《经济学家》说道,"杜拉克在这一领域的每一个方面都取得了突破性贡献。"

杜拉克从 1971 年起就在加利福尼亚州的克莱蒙特研究生院教书,并且有意回避了像哈佛大学等学术上显赫的大学的邀请。他也教授东方艺术课,而且迷恋于奥斯汀(Jane Austen)的作品。但他创作的两部小说远没有管理学著作那样成功。

1973 年,杜拉克出版了《管理:任务,职责,实践》——一本同样是给人印象深刻的著作,该书探讨了管理的实质和作用——对早期的一些结论又重新做了评估。但相对而言,《管理实践》一书仍是一部最具完整性的著作,它为整个 20 世纪 60 年代管理思想如雨后春笋般的出现和发展打下了基础。

哈默尔对《管理实践》点评

“还从没有人像杜拉克那样对管理学专业化做出如此丰功伟绩。杜拉克执著于管理学研究的动力在于他坚信工业化的组织将成为,而且必将成为比宗教和国家更具影响力、更具包容性、更具入侵性的社会组织。杜拉克在理论和实践、理智和情感、个人和社会间比以往任何管理学作者更专业地架设了联系的桥梁。”

注　释

① Drucker, Peter F., The Practice of Management, Harper & Row, New York, 1954
彼得·杜拉克,《管理实践》

② Peters, Tom, Liberation Management, Alfred P Knopf, New York, 1992
汤姆·彼得斯;《管理的解放》

21

彼得·杜拉克(Peter F. Drucker)

不连续的时代 (The Age of Discontinuity)

1969

大多数商业和管理类图书记述的是那些存在的事物。它们都从相近的角度,观察了一些相同的明星企业。他们很少能提出有关未来的有说服力的看法。实际上,未来是留给那些未来派学者去研究的——他们更像是科幻小说家,而不是严肃文学的作家,他们是古怪的、超凡脱俗的一群人。

预见未来的困难在于必须独辟蹊径。多数学者和咨询专家都安于成规。而彼得·杜拉克却是数十年来在这方面的遥遥领先者。他展望未来,许多预见已被证明是正确的——当然与任何一位硕果累累的人一样,他也曾做出过错误判断或改变过主意。

《不连续的时代》[①]是杜拉克对未来思考的巅峰之作。该书于1969年出版,他在书中有力地勾勒出那种以大批量、密集劳动力为基础的生产方式的没落和以知识为基础的信息时代的到来。但不可避免的是,该书当时并没有引起太多的重视——杜拉克思想的影响往往不能与其作品庞大的销量相匹配。因为在20世纪60年代末期,洋洋自得的企业界还没有对变革做好准备。

在《不连续的时代》一书中,杜拉克创造了“知识工人”(knowledge worker)这个词。在理论上,这是一种有着全新思想、聪慧的操作者。知识工人是受过高级培训、极具智慧的管理专家,他时刻认识到自己对公司独有的价值和贡献。杜拉克彻底摒弃了那种认为管理者只是一个监督者或只会纸上谈兵的论调。管理者被赋予新生,成为担负起责任的个人。"知识工人不是什么体力劳动者,当然也就不能算无产阶级了;但他也算不上剥削阶级,因为他还要听命于他人。他获得薪金,对此的回报是根据自己的学识,行使个人分析判断能力和承担领导的职责。"杜拉克如是说。这段关于管理作用精髓的绝妙概括,直到30年后的今天才开始为人所接受。

杜拉克并不是突然意识到管理者的任务已经发生了根本性的变化。实际上,关于知识工人的基本思想,在他的50年代出版巨著的《管理实践》中就有所描述,只有管理者的价值观、动机和期望三者结合在一起,才能促成企业成功。

如今,知识管理、智力资本和其他等等已成为企业最时兴的潮流。我们有关知识工人的现代观点是技术时代的产物。知识很容易等同于计算机处理能力和企业数据库规模。杜拉克向我们提供了一种特征明显、更宽泛的观点。他将管理进化中知识工人的崛起看作是一条令人生畏的和有影响的原则(实际上,杜拉克毕生的努力就是培育社会中能够正确评价管理作用和影响的方法)。

"知识工人仅仅把自己看作是另外一类专业人才,与昔日的律师、教师、传教士、医生和政府官员没有什么两样。"杜拉克继续写道,"他们受过高等教育,有更多的收入,或许还有更好的机遇。他们清醒地意识到,自己必须依靠组织去获得收入和赢得机会。如果企业不进行投资——或过度投资——他们都将会失去工作。但是他们也意识到,客观地说,企业也同样需要依靠他们。"杜拉克以寥寥几笔生动地发出了对昔日谦和顺从、服装考究、忠心耿耿的企业人的讣告。惟一问题是,这些企业人真正退出历史舞台还需要20年的时间。

特别值得一提的是,杜拉克指出,在孕育新的企业执行者的过程中会引发社会动荡。一旦知识、而非劳动力成为新的衡量经济社会的尺度,那么,资本主义社会的基本构造必会发生变化。“知识工人既是知本社会真正的资本家,又必须依附于某项工作。总体来说,知识工人——那些当今社会被佣的受过良好教育的中产阶级,通过养老基金、投资信托和其他形式拥有生产权利的人。杜拉克认识到,知识不仅仅是一种力量,也拥有所有权。”

杜拉克继续发展了他的关于知识作用的思想,特别是在他1992年出版的《管理未来》一书中写道:“从现在开始,知识将成为最关键的因素。这个世界将不再是劳动密集型、资源密集型、或是能源密集型,而是知识密集型。”

《不连续的时代》预测的准确度令人乍舌。该书的许多内容与现代商业书刊的描述完全吻合。从思想者的角度,杜拉克准确预测出了当今我们经常碰到的情况:“商人将不得不去学习创建和管理创新型组织。”

《不连续的时代》也以对商学院的批判而著称——这是他另一个长期研究的课题。他曾写道:“美国的商业学校,还没有百年历史,原本都是培训职员的。”有关商学院作用的争论仍将闹哄哄地继续下去。还有,杜拉克也向我们介绍了私有化概念——尽管以一贯追求精确的作风,他将其命名为恢复私营化。在20世纪80年代,该思想被许多政治家所采纳,尽管他们对于私有化的理解大大超出了当初杜拉克的考虑。他还讨论了精简政府——这在当今已成为一个持续性的政治问题。

在《不连续的时代》一书中,杜拉克揭示出当时其他人还没有注意到的基本发展趋势。该书提供了对商业世界的远见卓识,这大多已成为现实。理查德·帕斯卡(Richard Pascale)在1990年著作的《边缘管理》(Managing on the Edge)一书中表示,他完全接受杜拉克的观点并评论:"彼得·杜拉克的《不连续的时代》描绘了我们生存所处的重商时代。"杜拉克对时代趋势的洞察和预见已为历史所见证,并远远早于他所设想的时间。不连续的时代——像石油危机的爆发——离我们其实很近。

哈默尔对《不连续的时代》点评

"作为一位管理思想家,彼得·杜拉克享有崇高的声誉。"他同时也是一位管理的先知先觉者。在1969年的著作中,他就清晰的预见到'知识经济'(knowledge economy)的到来。我想未来管理大师们所面临的一项挑战,就是去找寻杜拉克所没有预见到的或是发现他有什么错的地方。这将大大减少那些堆积在书架上尘封的商业著作的数量,而管理者也能够获得一些真正新颖的思想。"

注 释

① Drucker, Petere F., The Age of Discontinuity, Heinemann, London, 1969
彼得·杜拉克,《不连续的时代》

亨利·法约尔(Henri Fayol)

工业管理和一般管理

(General and Industrial Management)

1916

当弗莱德里克·泰勒(Frederick Taylor)研究钢铁厂工人作业活动的时候,在大西洋彼岸,法国人亨利·法约尔创造了一整套管理系统,并在《工业管理和一般管理》一书中进行了概括[①]。实际上,法约尔将管理提高到了组织核心的高度,这是泰勒从没想到过的。他曾写道"管理对于任何企事业都起到了极其重要的作用,无论它是大,还是小;是工业、商业、政治、宗教,还是其他任何组织。"

法约尔提出的系统是建立在接受和坚持不同职能基础上的(日后对阿尔夫莱德·斯隆在通用汽车的所作所为产生了极大影响)。法约尔写道:"在工业企业中发生的所有活动都能够被划分为6个部分。"他所指出的六个职能分别是:

- 技术活动
- 商业活动
- 金融活动
- 安全活动
- 财务活动
- 管理活动

"管理职能与其他五种基本职能是截然不同的,"法约尔进一步注释道:“管理就是去预测和计划,去组织、去命令、去协调和控制。”这种对管理构成精妙的概括,风行于20世纪,只是在最近才受到了严肃的质疑和挑战。

根据观察,法约尔还提出了管理的普遍原则:

- 分工
- 授权和职责
- 纪律
- 命令一致
- 方向一致
- 总体利益高于个人利益
- 支付报酬
- 集中化
- 等级序列(权力线)
- 秩序
- 公正
- 人员任期固定
- 主动性
- 团结精神

稍后,杜拉克(Drucker)对法约尔的理论作了彻底剖析:“如果超出了法约尔模型所界定的范围,那么职能结构将会在时间和效果上耗费巨大。”[②]这绝对是真实可信的,法约尔的观测和结论都非常重要。他所提到的“做十年年度预测……每5年修订一次”——无论是在实践中还是在出版物中第一次提到了商业计划。“他的座右铭‘管理就是意味着向前看’道出了在商业世界中制定计划的重要意义,如果深谋远虑不是管理的整个那至少也是基本部分,这一点确实如此。”

研究萌芽阶段管理思想的著作《管理理论和实践》(The Principles

and Practice of Management)的编辑阿尔夫·布雷赫(EFL Brech)评论到:"法约尔的贡献的重要性主要体现在两个方面:首先,他对于管理流程的系统分析方法;第二是,他提倡管理理论是可以、而且也应该被教会的。1908 年,这两点可都是离经叛道的革命性思想。直到 1925 年时,这种思想仍不被大众所接受。"③

作者简介

亨利·法约尔(1841～1925)早年曾就读于法国里昂和位于圣埃蒂安(St Etienne)的国家矿业学校(National School of Mines)。毕业于 1860 年,并作为采矿工程师任职于法国矿业公司。他的全部职业生涯都在该公司度过,并在 1888 至 1918 年间任管理主管一职。在此期间,他发明了"职能性原理",这是对现代企业组织的第一个理性认识。他的研究把他推向了古尔高等学校(Ecole Superieure de la Guerre)的讲坛。他还参与了对公共服务业务的审查工作。

关于《工业管理和一般管理》的起源,可以追溯到 1900 年法约尔在一次矿业会议上的演讲。在 1908 年召开的会议上,他进一步完善了自己的观点。为满足需求,讲演稿被重印了 2000 份。到 1925 年该书出版前,已经印刷了 15,000 份。

当代的战略家伊戈尔·安索夫 (Igor Ansoff)评价法约尔道,"他预见到了现代商业实践中绝大部分的最新分析结果。"

法约尔对管理的支持极具重要意义。弗莱德里克·泰勒将管理者看作与工头没有什么两样,职责仍然极其有限;法约尔却认为,管理者对组织的成功与否起到了关键作用。法约尔对职能小心翼翼地下了定义,他以当时可行的方法系统化了商业组织,但从长远看,这种方法被证明太有局限性、并抑制了发展。

注 释

① 最初于1916年在法国发行,1949年,英文第一版发行,并被命名为《工业管理和一般管理》,Pitman出版社发行,伦敦

② "The corporate sages,"Business September 1988

"企业圣贤",《商业》

③Brech, EFL(ed), The Principles and Practice of Management, Longman, London, 1953

阿尔夫·布雷赫,《管理理论和实践》

23

玛丽·帕克·弗洛特(Mary Parker Follett)

动态管理 (Dynamic Administration)

1941

与弗莱德里克·泰勒和科学管理理论的支持者们的论调所截然不同,玛丽·帕克·弗洛特的作品更具人性的博爱. 在一个守旧的男性主导一切、并热衷于在商业社会中推行机械化的时代,弗洛特以一种思想开明、心怀慈爱的女性形象登场。弗洛特在《动态管理》[①]一书中警告道:"我们必须牢记,我们永远不能将人和机械截然分开。对商业领域的人际关系的研究必须和生产技术的研究紧密结合起来。"

弗洛特在世时,她的管理思想被束之高阁,不为人所重视,只有在日本例外。她所宣扬的人际关系大大超前于她所处的历史时代。阿尔夫·布雷赫(EFL Brech)在《管理理论和实践》(The Principles and Practice of Management)一书中赞同道:"从广义上讲,弗洛特真正感兴趣的并不是管理实践活动,而是日常所发生的事故和问题背后所反映出的真正原理。她最关心的是如何用最简洁的语言去教授深奥的原理,如何以日常生活的实例去生动有力地描述——而不是去讲授管理学的机械原理,而是管理学富于人性的特征,以及它的社会发展的本质。这些都是深深植根于人的情感世界中和工业生活中所引起的相互关系中——在经理层之间,工人之间,当然还有这二者之间。"布雷赫写道:"千万记住在 20 世纪 20 年代早期,她已在美洲进行演讲了,她的思想非常接近于革命,并领先于当时整整一代人。没有任何迹象表明佛洛特与霍恩斯调查的有关人员进行过接触。但这些在 30 年代才全文发表的调查结果有力证明了弗洛特所教授的内容是完全正确的。”[②]

《动态管理》是在弗洛特辞世 8 年后出版的，该书收录了她在 1925—1933 年间做的 12 场管理讲座的讲演稿。其中包括了大量在当时看来是直率和轰动性的话语。她说道：“我们在考虑遇到的每一个问题时，思想不应拘泥于条条块块。我并不认为我们有心理、伦理或经济等方面的问题，我们的问题只是人的问题，人的问题包括了心理、伦理、经济，还有任何你能想象得到的方面。”

当机械化大生产方式业已达到巅峰的时候，弗洛特大力提倡授予别人更多的职责。她曾写道：“职责是人潜能的伟大开发者。”弗洛特关于领导能力的建议仍有着现实意义。“最成功的领导者都是那些不拘泥于现实，看得更远的人。”弗洛特提出，领导者应该具有全局观念，能够将整个团队的经验组织起来，能够描绘出未来远景，并培养下属，使他们也能成为一位领导者。进行领导应是一个双向过程，是一个领导者与被领导者双方都受益的过程。弗洛特在《动态管理》中写道：“我们想要设计出一种领导者和下属之间的关系，使每一个人都能获得创造性贡献的机会。”

罗沙贝斯·默丝·坎特(Rosabeth Moss Kanter)说道：“弗洛特给我们发出了一个重要信号：关系问题非同小可。她的所有作品都是基于组织内最重要的是人际关系，而不是事务处理。弗洛特指出了人际关系的实质就是互惠，这种相互间的影响，是人们在一起工作的时候发展起来的。它不受组织内职权是如何界定的影响。”[③]

弗洛特对组织内的冲突进行了重点研究。她提出，既然冲突在现实生活中不可避免，“我们就应该好好利用它，使其为我们服务。”弗洛特提出了处理冲突的三种方法：压制、妥协、整合。她认为，“后者才是惟一积极的方法。”要想达到整合目的，首先要揭示出冲突的真正原因，并充分考虑双方的需求，打破界限，使它们协调一致。弗洛特说道，“如果我们挣脱不出那种非此即彼的思想禁锢，那么，我们的见解是有局限性的，我们的行动是受到束缚的，我们商业成功的机会也将大大降低。我们决不能向‘非此即彼’情形低头。这两条选择之外还有更好的选择，这是非常有可能的。”

作者简介

玛丽·帕克·弗洛特(1868～1933)生于马萨诸塞州。她曾参加过泰亚学会和剑桥女子联合会(现归属哈佛大学)。她曾在英国的剑桥大学和法国巴黎住过。她在学生时，就出版了第一本著作《众议院院长》(The Speaker of the House of Representatives)。

弗洛特的大部分时间都花在了社会工作上，但她仍不间断地进行写作。《新政府》(New State)阐述了她的标志性思想——动态管理。《创造性经验》(Creative Experience)是弗洛特第一本商业性书籍。晚年，她做了大量的演讲。在她的伙伴伊莎贝尔·布里格斯(Isobel Briggs)死后，她移居英国伦敦。

弗洛特的作品在西方备受冷落，而在日本却大行其道，并成立了弗洛特协会。通过英国学者保罗·格雷汉姆(Pauline Graham)1994年编纂的《管理的先知：玛丽·帕克·弗洛特》，更多的读者了解了她的作品。该书不仅概括了弗洛特的著作，还收录了包括坎特、杜拉克及明茨伯格等人的评论。

对一些人来说，弗洛特总是游离于现实之外，是一个乌托邦主义者；而对另一些人，她是黑夜中闪亮的明星。然而，弗洛特的思想对组织的影响非常微弱。亨利·明兹伯格(Henry Mintzberg)曾说，“整合需要理解，而且是深刻的理解，这需要全身心的投入、需要耗费精力、需要不断的创新。但在现代企业中,这些品质显得太为稀少了。”[④]

哈默尔对《动态管理》点评

“玛丽·帕克·弗洛特的作品与其同时代的人的著作是迥然不同的。她是第一位使我们走近管理的人性灵魂的现代思想家,她是一位地地道道的人道主义者,而不是一位工程师。”

注 释

① Follett, Mary Parker, Dynamic Administration(eds Fox, Elliot & Urwick, Lyndall), Harper & Bros,. New York, 1941
玛丽·帕克·弗洛特,《动态管理》

② Brech, ELF(ed.), The Principles and Practice of Management,Longman,1953
阿尔夫·布雷赫,《管理理论和实践》

③ Graham, Pauline (ed.) Mary Parker Follett: Prophet of Management, Harvard Business School Press, Cambridge, MA, 1994
保罗·格雷汉姆编辑), 玛丽·帕克·弗洛特,《管理的先知》

④ Graham, Pauline (ed.) Mary Parker Follett: Prophet of Management, Harvard Business School Press, Cambridge, MA, 1994
保罗·格雷汉姆编辑), 玛丽·帕克·弗洛特,《管理的先知》

24

亨利·福特(Henry Ford)

我的生活和工作 (My Life and Work)

1923

《我的生活和工作》[1]出版于亨利·福特60岁的时候。当时,他已巨人般地驾驭着现代工业社会的车轮。该书精妙记述了他的个人生活和商业哲学,尤以前者更为突出。

福特的商业思想可以简单地表述为:"我们的政策就是降低价格,扩大运作规模,提高产品。你会注意到,首先是降低价格,我们从不认为有哪些成本是固定不变的。因此,我们先将价格降低到我们认为会显著提高销量的水平。然后,继续努力,制定出新的价格。我们并不担心成本问题,新的价格将促使成本降低。通常,人们总是先确定成本,然后制定价格。尽管从狭义上讲,这种方法可能是科学的,但从广义上讲,却非如此。如果按这种方式计算出的产品价格不被市场所接受,那这种成本的计算方法又有什么用呢?"没有人能怀疑福特在汽车价格下调方面所做的贡献。1908～1916年间,他使轿车的价格降低了58%——而根据当时的需求状况,涨价是轻而易举的事情。

泰德·李维特(Ted Levitt)在他的《营销中的近视病》(Marketing Myopia)中引用了福特的以上论调。书中,他对福特的天赋给于了全新的解释:"从某种意义上说,福特是美国历史上一位最具才华、也是最无知的商人。说他无知,是因为他拒绝向顾客提供除了黑色轿车以外的其他选择。说他才华横溢,是因为他创造了适合市场需求的生产系统。人们都赞誉他在产品生产上所显露的天赋,但其实夸错了地方。实际上,福特的天才真正表现在营销方面……他的低价格策略促成了大批量生产,而不是相反。”[②]

福特精巧的市场运作来源于他的直觉——大规模汽车需求市场的存在——促使他提供符合市场需求的产品。用管理界的行话,福特是找准了关键点。T型车是一种设备简单、全黑的、普通人都能买得起的车型。福特思想的核心就是标准化——其中一些内容仍被当今的汽车生产商们所强调,只不过他们现在强调的是质量,而福特看重的是数量。

福特说过,“就像一头奶牛并不需要多几个奶头一样,一辆汽车多几个火花塞对我们也没有什么好处。”但问题在于,当其他汽车厂商不断增加新品种的时候,福特仍然固步自封,抱着简单的老一套不放,结果导致市场份额的大量流失。

尽管福特公司的年收入曾突破过10亿美元,但对T型车的过分痴恋却几乎毁掉了整个公司。亨利·福特坚决反对对T型车做任何修改、哪怕是细微的改动。为表明他这种态度的强硬性,他曾亲自将一辆做了稍许改动的T型车砸得粉碎。尽管此事轰动一时,但这个极具市场天赋的人显然已不能把握顾客的消费取向了。

福特受人推崇——如果措辞准确的话——主要原因是他将生产线转化为以前从未有人想象到的大规模作业。在福特公司巨大厂房内,生产严格按功能划分——划界。福特坚信,工人应埋头做好自己份内的事情,而不需关心其他部门怎样。他从不希望工程师与销售人员进行交谈,也反对其他人在没有经过他的同意,便自作主张的做法。

在《我的生活和工作》一书中,福特令人难以忍受的逻辑中充分暴露出他冷酷的一面。他把T型车的生产总共分为7882道不同的工序。其中,949道需要“强壮、身体条件很好的男性工人”,3338道需要

“一般体力工人”;其他工序可以由“妇女或年长一些的少年”完成;还有“没有腿的工人可做其中 670 道工序,一条腿的工人可做 2637 道,没有手的人可做 2 道,一只手的人可以做 715 道,瞎子可做 10 道。”

福特以他一贯特有的率直认为,管理和管理者没有存在的必要,它们应该被取消。彼得·杜拉克(Peter Drucker)在他的《管理实践》(Management Practice)一书中评论:“亨利·福特暴政的基础就是他有系统地、精心策划地、有意识地运行数十亿美元的生意而不需管理层。公司内的秘密政策是,福特公司内所有主管试图做出的任何决策都必须告诉亨利·福特本人。”③ 福特对管理的缺乏信任,必然使他所缔造的汽车王国趋于守旧。而他一旦失去了推动公司前进的独裁好战性,公司很快就停止了前进。

作者简介

在当过机械学徒、修表匠和技工后,亨利·福特(1863～1947)在1896 年制造了他的第一辆汽车。最初,福特痴迷于机械和驾驶赛车。他很快意识到汽车业的商业潜力,并于 1899 年,开始创立自己的公司。通过创造性地使用大批量生产技术,在 1908 年到 1927 年间,福特生产了 1500 万辆 T 型汽车。在 1919 年福特辞去了公司总裁职位,由自己的儿子爱德赛(Edsel)接任。此时,福特公司已达到每分钟生产一辆汽车的生产速度。

尽管如此,福特的成就不容置疑。亨利管理学院(Henley Management College)校长瑞·沃尔德(Ray Wild) 说,“从某些角度来看,福特仍然是一个非常好的榜样。他是一位改良家,又是一位创新家,他不仅提出新的想法,而且还在实际中采纳并系统化了想法。他发明了流水线,由众多员工参与实施;而现在,我们的流水线可以做到自动化,不需要人直接参与,但二者间的相关性和重要性是毋庸置疑的。

尽管福特的方法被看作是极不人道的，但我们不应该忘记他给工人带来了财富，给消费者带来了以前从没有能满足的产品。”在他的许多创新中也有关于人的：福特公司给工人的工资是 5 美元，是当时行业标准的 2 倍。

福特的这些人道行为或管理人的技巧几乎永远不会获得人们的赞誉。但在商业领域，他拥有超乎他时代的国际化情结。他在底特律市高地公园（Highland Park，Detroit）的工厂所生产的汽车是专门提供给世界市场的，而不仅仅是美国。同时，福特也清楚地认识到，时间是重要的竞争手段——“时间的浪费不同于资源的浪费，因为它是无法挽救的。”即使福特的理论在政治、历史、激励机制和人道主义等领域的影响完全消失了，他对于工业发展的成就和贡献也将使他名垂青史。

哈默尔对《我的生活和工作》点评

“亨利·福特或许是独裁专断和偏执自大，但是他带给世界各地的人们一件无与伦比的礼物——机动性。无论他有什么样的缺点，与每一个伟大的企业家一样，驱动亨利·福特的梦想是——使人们的生活确实发生变化——并且应在全世界范围内。”

注　释

① Ford, Henry, My Life and Work, Doubleday, Page & Co, New York, 1923
亨利·福特，《我的生活和工作》

② Levitt, Ted, “Marketing myopia,” Harvard Business Review, July- August 1960
泰德·李维特，《哈佛商业评论》“营销中的近视病”一文

③ Drucker, Peter F., The Practice of Management, Harper & Row, New York, 1954
彼得·杜拉克，《管理实践》

25

哈诺德·格尼恩(Harold Geneen)

管理 (Managing)

1984

《管理》一书概括了哈诺德·格尼恩有关管理的信条[①]。它们完全是建立在理智的基础上,极近冷酷无情而让人难以接受。格尼恩的管理信条是努力工作,并尽可能掌握每一项数据。他是典型的工作狂——“每天处理众多事务,绝不会把时间浪费在打高尔夫球上。”尽管年近90,他也还要在纽约的伍道夫·爱斯多利亚(Waldorf Astoria)饭店的办公室内每天工作10个小时。格尼恩认为细节就是一切。一朝做过会计师就永远从会计师的角度看问题。

企业集团并不是格尼恩首创的,但他坚信,这种企业集团是能够发挥作用的。他相信,如果他知道各项指标,ITT就能够管理任何行业中的任何企业。他在ITT的事业,在《管理》中被描述为由一系列收购和多样化所组成的盛会。在格尼恩的领导下,ITT收购企业就像亿万富翁在大街上购买针头线脑一样随便。ITT疯狂扩张,拥有350家企业,其中包括埃韦斯汽车租赁公司(Avis Rent—A—Car),喜来登酒店(Sheraton Hotels),大陆银行(Continental Banking)和列为松(Levitt & Sons)等公司。截至1970年,ITT在世界上70个国家里拥有400家企业。ITT如滚雪球般地向前发展,上一次收购为下一次做了资金上的准备。

涉足众多不同行业以及如此多的企业,ITT不可避免地实施了多样化。以现代眼光，这种企业简直就是管理者的噩梦。然而，格尼恩就是完成这种噩梦般工作的人。他所依靠的就是疯狂的注重事物的细节。他实行微观管理——但他只针对数字微观管理；而人这个因素被完全忽略了。“所有的工作就是对这些数字的进展情况进行仔细检查，周复一周，月复一月，这意味着强化你的记忆力和你能熟知它们，这使你的脑海中总有一张关于企业各部分进展情况的生动图画。”格尼恩说到。如果你能彻底明白这些数字，那么你就能彻底了解你的企业。

通过格尼恩的耐心教导，ITT 内部形成一种引人注目的文化氛围。格尼恩的成功意味着人们坚定不移地、信徒般地遵从于他的方法。

1959～1977 年间(在这段时间，格尼恩也逐步从首席执行官的职位上退了下来)，ITT 的销售额从 7.65 亿美元发展到近 280 亿美元。收入从 2900 万美元发展到 5.62 亿美元，每股收益率从 1 美元跃升到 4.2 美元。如此辉煌的成功是不容置疑的。

作为格尼恩制定的规则的一部分，每个月，有超过 50 位的管理者从世界各地飞到布鲁塞尔，花四天的时间去仔细研读这些数字。他们不分白天黑夜地工作，不遗漏下任何财务死角。为了减少不必要的干扰，所有钟表都设定在美国纽约时间。有人曾经算过，ITT 每年在世界各地召开的经理会议超过 200 天。这种做法的基础是如果能收集到所有能得到的有关事实，那么结论也将不辨自明。如果什么事你都知道，那么你就能非常清楚地知道该做什么。

事实是支持 ITT 不断向外扩张的新鲜血液，高层通过不断追求使血液流动。格尼恩说到：“专业管理的最高境界是需要一种能从纷纭复杂的事务中分辨出真相的能力。而且能够做到勇敢、睿智、有毅力和喜欢探究问题。如果有必要，还必须坚信自己所做的就是那种被后人称为'不可动摇的事实'。"

"我不想要什么惊奇。"格尼恩曾宣称。轻率可不是他做事的风格。实际上,在他的整个管理过程,始终充满着强烈的独裁专制。格尼恩总是抱有这么一种坚定不移的信念,认为他的想法是正确的。他的狭隘与亨利·福特(Henry Ford)很相似。格尼恩希望对人的管理能够做到"像管理资金一样做到可预见和可控制。"而福特曾经抱怨到:"我只需要工人的一双手,为什么却得到整个的人。"这两种方法都曾起过作用,至少在一段时间内确实如此。格尼恩建起一所迷宫般的房子,用以放置那些记录着企业信息的卡片。在其他人眼里,这很可能只是一堆散落一地的废纸,而格尼恩仍然不断添加着新的卡片。通过管理这些卡片,格尼恩能够知道企业遇到哪些压力,管理中的重点应放在哪里。

作者简介

哈诺德·格尼恩(1910～1997)生于 Bournemouth,最终成为一位顽强的美国企业管理精英。他在一所夜校学习后获得会计师职称,并在工作中职务逐步攀升。他先后在美国罐头(American Can)、贝灵巧公司 (Bell & Howell)、Hones & Langhlin 和雷神公司(Raytheon)工作,后雷神公司被 ITT 接管。ITT 最早是一家成立于 1920 年的加勒比电话公司。格尼恩在 1959 年成为公司的董事并且使公司成为世界最大的企业集团。由此,按照《商业周刊》的说法,他是一位传奇的集团家。

对于今天的管理者,许多格尼恩的管理哲学和管理实践都是令人鄙夷的。毕竟,当今是一个偏重于人力资源管理,而不是着重于计划和战略管理的时代。但格尼恩的方法还是有值得可取的地方。格尼恩的这种过度地固执——如,他曾被卷进 CIA 在智利的丑闻——当然可以说有它的历史原因。但是他的那种管理的基本信条依然存在。

比如,管理咨询顾问仍然贩卖着他们的理性模型——输入你所能找到的所有数字,就能得到正确结论。通过数字去管理、而不是通过人与人合作去管理仍然有着相当的诱惑力。

从正面角度,格尼恩可以被称作将管理提升到一个新的高度的人。他的系统需要有很强数字功底的专业管理者。“管理者就必须管理”格尼恩如是说。他们是负有职责的。

格尼恩理论的特别之处显然在于企业集团仍然存在。在杰克·威尔奇(Jack Welch)统治下的通用电子(General Electric)或许是当今时代最值得赞誉的企业,但是,它也是一个涉及众多行业的大型企业集团,涉足的领域从金融服务、原子反应堆到洗衣机等无所不包。哈诺德·格尼恩或许会认为,这类企业的存在为他的理论作了辩护。其他人指出,格尼恩离开后,ITT 的衰落才是一个衡量格尼恩管理方法的长期有效性的真正尺度。

注 释

① Geneen, Harold, Managing , Doubleday, New York, 1984

哈诺德·格尼恩,《管理》

26

阿里·德赫斯(Arie De Geus)

长寿公司 (The Living Company)

1997

企业虽只是法律上的实体,但它们也不可避免地会有终结。“企业的自然平均寿命应该横跨两到三个世纪。”阿里·德赫斯在他的《长寿公司》[1]一书中写道。同时,他还计算了像日本的住友商事(Sumitomo Group),北欧的斯道拉(Stora)等几家仍生机勃勃的元老级企业。但实际情况是,许多企业在出现不久就消亡了。

阿里·德赫斯引用了荷兰一项有关日本和欧洲企业预期寿命的调查,这项调查显示,公司的平均预期寿命为12.5年。“跨国公司的平均寿命预期——入选财富500强企业或这类企业——是40～50年。”德赫斯如是说。此外,他还计算出,到1983年的时候,当初入选20世纪70年代财富500强企业的1/3已经消失了。德赫斯将这些失败归咎为管理者只注重利润和财务状况,而忽视了构成组织的人的社团。

为了探究这个秘密,阿里·德赫斯和壳牌(Shell)公司的一些同事进行了研究,以寻找企业长寿的秘诀。就像你预料到的,工作的目的就是要减少大起大落。

年逾百岁的老人提倡生活要节制、小心和适度，对企业来说也是如此。荷兰皇家壳牌公司的研究队伍提出了企业长久存活的四种关键特性："对环境敏感"；"执著、感觉一致"；"忍耐"；"财务上保守"。

阿里·德赫斯论点的核心是对于企业——以及企业的长寿——有许多比挣钱更重要的东西。他说："在长寿和利润二者间择一的观念是错误的。"他的逻辑是无可挑剔的直白。资金不再成为决定性因素，而是人的技术、能力和知识。由此得出的必然结论是"成功的企业是一家能有效学习的企业"。知识就是明天的资本。在德赫斯的眼中，学习就是意味准备接受不断的变化。

德赫斯为我们提供了一种全新方法。现代企业员工必须懂得企业将会、并且必须会发生变化，而这种变化只有员工也发生了转变后才能实现。个人必须发生转变，而他们转变的方式必须通过学习。结果，德赫斯坚信，高级管理人员必须将他们的大量精力放在员工的培养上。他回忆到，自己将近 1/4 的工作时间是用在人员的发展和安置上。杰克·威尔齐(Jack Welch)更是宣称，在这些事务上，他花费了近一半的工作时间。

德赫斯认为所有的企业活动都立足于两个假设："企业是实实在在存在的；企业制定的运作决断是在学习过程中产生的。"对学习深信不疑，《长寿公司》是对企业虚无主义深思熟虑的、强有力的回应。

《长寿公司》提出，昔日的智慧结晶应该被鉴赏和利用，而不是在一些所谓的文化革命中被排斥乃至抛弃。这和企业再造的论调正好相反。再造鼓吹将过去的东西统统扔掉，从而使未来能够像白纸一样全新的开始。德赫斯指出这张纸早就存在了，在新东西被加上去的时候，边边角角早就涂满了所谓旧的东西。

当德赫斯凝思为什么公司都希望存活得长一些时，他的论点或许显示出最脆弱的一面。毕竟，一般的企业家会接受企业预期寿命 12.5

年的事实。德赫斯写道:"像任何公司,想长寿的企业首先要使自己能够生存下去并获得发展:去达到自己的潜能并使自身规模尽可能地大。"但是生活总是充满着失败。一些企业在前进的道路上倒下。我们不可能都成为巨人。不可能每一个企业都能成为皇家壳牌公司。

作者简介

作为终极的公司人,阿里·德赫斯在荷兰皇家壳牌公司度过了38年的时间。(这种忠诚有点家族世袭,他的父亲也曾为一个公司工作达26年之久。)自从离开壳牌公司,他开始了学者生涯。

《长寿公司》成为一些人的宣言,这些人或是从人的角度进行过企业实践;或是坚信,无论在任何时候,企业的成功必须依靠人道。

注 释

① De Geus, Arie, The Living Company, Harvard Business School Press, Boston, MA, 1997

阿里·德赫斯,《长寿公司》

27

弗兰克·吉尔布雷思 (Frank Gilbreth)

动作研究 (Motion Study)

1911

吉尔布雷思夫妇对科学管理进行了验证。他们创造了一种衡量方法,通过它,有助于进一步打破衡量和管理的界限。在《疲劳研究》(Fatigue Study) (1916)一书中,吉尔布雷思写道:“生活的目标就是幸福,不管我们对于幸福的理解有多么地不同。以一种发自内心保护人类生活的情感去消除疲劳和杜绝浪费。无论他都做了什么或是没有达到根本目的,我们必须增加‘让人感到幸福的时间’。”[①]

吉尔布雷思研究问题的角度被他们称作“动作分析”。最为著名的是,弗兰克·吉尔布雷思仔细审视了砖瓦匠的工作。其实他本人就多才多艺,自己也是一位砖瓦匠和建筑学家。这些砖瓦匠的工作是低效的。对此,吉尔布雷思设计了一种能大大减少捆绑,提高效率1倍的脚手架,并为此申请了专利。吉尔布雷思还发明了一整套动作流程图,并且与打字机的生产者雷明顿(Remington)合作,协助研发出一种更为有效的德沃夏克键盘布局。

他们在照相机的帮助下,对砖瓦匠的活动进行了分析,使得吉尔布雷思能够认定整个活动由16个单个动作组成。这些单个动作被他们称为:“基本分解动作”(therbligs)——是吉尔布雷思名字字母的倒写并做了细微改变以减少发音。

1924年,当弗兰克·吉尔布雷思辞世后,他的遗孀莉莲(Lillian)接替了工作，并且使自己也成为工业界的一个榜样。她不仅抚养了一大家子人，而且也成为胡佛总统减轻失业组织(1930～1932)中妇女部门的领导人，她还获得各种学位，并由此出名。在1938年评选的“有行使美国总统权力才能”的12位妇女中，莉莲·吉尔布雷思榜上有名。1944年，《加利福尼亚月刊》(California Monthly)评论道：“莉莲是一位天才。”

实际上，弗兰克·吉尔布雷思死后，他所有客户全都拒绝莉莲·吉尔布雷思担任他们的咨询专家，仅仅因为她是一位妇女。而莉莲·吉尔布雷思将身为女人看做是自己的优势。“假如进入男人天地的惟一方法只有通过厨房的大门，那么她也会义无反顾地这么做。”弗兰克(Frank Jr)和欧内斯廷·吉尔布雷思(Ernestine Gilbreth)在他们《忙忙碌碌的女人们》(Belles On Their Toes)一书写道。莉莲在自己和家庭安排上采用了效率理论。通过效率技术方法对孩子进行培养。如果孩子们按时刷牙，就在他们的表格上记录下来。孩子们也只有清理了玩具之后，才被允许出去玩。当场有两位速记员记录下莉莲的言行。

作者简介

老实说，《动作研究》有两位作家，弗兰克·吉尔布雷思(1868～1924)和他的妻子莉莲(1878～1972)。如果每一项活动都需要狂热者，那么，吉尔布雷思是科学管理理论的最伟大的弟子。

尽管他们的许多努力引人发笑，他们的盲目热情也将他们引入一些歧途，但吉尔布雷思夫妇对管理思想仍有着深远的影响。他们将衡量方法提高到一个适用广泛的高度，并使之成为管理的一个核心任务。

注 释

1. Gibreth, Frank and Lillian, Fatigue Study, Hive Publishing Company, Easton, 1973 (reprint of 1916), p.149

   弗兰克·吉尔布雷思夫妇，《疲劳研究》

麦克·古德、马克斯·亚历山大和安德鲁·坎贝尔

(Michael Goold, Marcus Alexander & Andrew Campbell)

企业层战略 (Corporate—Level Strategy)

1994

麦克·古德、马克斯·亚历山大和安德鲁·坎贝尔所著的《企业层战略》[①]一书中所隐含的最基本、最精确和最现实的含义是:大多数的大企业现在都是那些经营多种业务的组织。对于出现这种商业现象的原因,没有人进行过深刻的调查,只是靠泛泛的猜测,经营多种业务的企业凭借自身无与伦比的规模,使它的不同的商业活动都能够获得经济规模和协同优势。

当这种论断被人们广泛接受的时候,古德等人的研究却表明,这种论断在现实生活中是根本站不住脚的。通过计算,他们发现,有超过半数的多种经营公司的整体价值要小于各部分价值之和。这不是在增加和培育企业价值,而是对企业价值产生了负面影响。这使得企业耗资巨大、波及广泛,虽然有利于知名度,但不利于生产。

这种情况并不仅仅限于我们通常所说的集团公司这种情况。古德等人表示,

这种危害母公司的情况，还发生在某一行业或相关领域中拥有多个企业的时候。

造成这种现象的根本原因是：组织内的各单个业务经营单位通常拥有一套自己的战略，而企业整体却没有一个统领全局的战略。当然，还存在着另外一种假象——拥有整体战略，但实际上，这些所谓的整体战略只是单个业务单元的战略，借以蛊惑人心。

古德等认为，如果要使企业层次的战略能够增加企业的价值，母公司和业务单元之间必须严格协调一致。成功的母公司通常将业务聚焦在很窄的范围，并且能在这些领域创造价值，协调母公司的结构、流程与核心职能。位居企业核心管理层的并不是一些牢骚满腹、万金油似的人物，而是一些具有某 专长的人。他们只涉足自己的领域，并能妙手回春。

根据对 15 家较为成功的多种经营企业的详细分析，古德提出了制定成功企业战略的三项基本要求。首先，他们必须清楚地意识到母公司所起的作用。如果母公司并不知道如何增加价值，以及在哪里增加价值的话，它根本不可能获得成功。第二，母公司必须拥有引人注目的个性。在它们身上可以看到企业文化和企业个性。第三，必须认识到，“每一个母公司只有在特定的商业领域内才能有效发挥“——这被称为“心脏地带”。

古德等认为，“母公司能够很容易了解这些‘心脏地带’业务。避免了因不熟悉业务而造成对业务单元的种种不当影响和干扰。母公司对于中心地带业务总有一种内在的感觉，使得它在做一些困难很大的判断和决断的时候，仍有很高的成功机率。”中心地带范畴广阔，可涵盖不同的行业、市场和技术。如此这般，将大大增加它的复杂性，母公司对于某些问题的干预作用将显得尤为突出。

“心脏地带”商业活动明显有别于核心业务。古德等认为，尽管核心业务在公司内显得最为重要和稳固，但母公司不大可能太大增加它的分量。“核心业务通常指公司决定全力以赴做下去的业务。与此相反，心脏地区的定义集中在母公司与业务匹配上：母公司的洞察力和做法是否符合该业务的时机、是否符合该业务的特性。母公司是否拥有独特的才能去帮助扶持业务的发展。”

作者简介

麦克·古德、马克斯·亚历山大和安德鲁·坎贝尔三人均为英国伦敦的阿斯里基战略管理中心(Ashridge Stratefic Management Centre)的主任。他们曾在波士顿咨询和麦肯锡咨询公司担任过战略咨询工作。

麦克·古德和安德鲁·坎贝尔是有重要影响的《战略风格》(1987)(Strageties and Styles)的作者。他们的作品还包括《经营多种业务企业》(1995)(Managing the Multibusiness Company)，《战略协作》(1992)(Strategic Synergy)，《战略控制》(1990)(Strategic Control)，《分解》(1996)(Break Up)。

企业层次的战略被古德视为“双亲优势”所推动，这种优势是“通过业务组合，创造出比任何竞争对手所能达到的更多价值。”如果这样做，就需要彻底改变对母公司作用和经营多业务企业的一些基本看法。

哈默尔对《企业层战略》点评

“钱得勒和杜拉克都曾庆贺过大型多事业部制企业，但随着这些企业的壮大、分权和多样化，这些企业总部经常变得像一个财务综合体一样。在最差的例子中，集团的总价值要小于各部分价值之和。麦克·古德、马克斯·亚历山大和安德鲁·坎贝尔明确界定了企业级战略，使得那些无处不在的企业官僚们看到了希望。或许企业真的能够在企业级层次上增加企业的价值。”

贝恩咨询公司的罗宾·巴查兰(Robin Buchanan)说道：“任何读

过企业级战略的人都会以一种不同的方法进行思考和谈论战略，并付诸行动。”[2]

注　释

① Goold, Michael; Alexander ,Marcus, & Campbell, Andrew, Corporate Level Strategy, Hohn Wiley, New York, 1994

麦克·古德、马克斯·亚历山大 & 安德鲁·坎贝尔,《企业层战略》

② Buchanan, Robin, "Practical parenting," The Observer, October 23, 1994

罗宾·巴查兰,《观察家》

29

格雷·哈默尔 & C·K·帕拉哈莱德

(Gary Hamel & C. K. Prahalad)

为未来而竞争 (Competing for the Future)

1994

有关战略的意义和应用的争论已经持续很久了。对于它们的解释也都留下了时代的烙印,不同年代有不同的释义。20 世纪 60 年代是鼓吹纯分析方法的伊戈尔·安索夫(Igor Ansoff);在 70 年代是亨利·明兹伯格(Henry Mintzberg)和他理智与创新的"技巧性战略",在 80 年代,迈克尔·波特(Michael Porter)探索了通向竞争的理性道路。进入 90 年代,在最杰出的战略思想家名单上,无疑不会拉下格雷·哈默尔和帕拉哈莱德二人的名字。

格雷·哈默尔和帕拉哈莱德的"《为未来而竞争》被看做是新一代战略思想的蓝图。"[①]《商业周刊》将其提名为 1994 年度最佳管理书,它的精装版已经销售了 25 万册。《商业周刊》的约翰·伯恩(John Byrne)评论道:"在许多企业轰轰烈烈地投入到大规模的企业再造、成千上万的工人被裁减的时候,这本书确实应该引起世人的广泛关注。对于那些如履薄冰的传统管理学派的追随者们，这也确实是一部使人受益匪浅的著作。”②

格雷·哈默尔和帕拉哈莱德认为，战略被塞进了紧身衣里，而且越来越被束缚：“组织里从事战略工作的人和理论家们，有相当数量，或许是95%是那些经济学家和工程师，他们都是以机械论观点看待问题的。我们需要的是能给予更广泛和更新颖观点的神学主义者和人类学家。”

他们提出，战略是一个多面体，既有感性又有理性，它所关注的是意义、目标和激情。战略是一个学习和发现的过程，它不应该仅仅被看作是一个学习过程，人们对此一直存在着误区。

“正在出现的竞争现实”要求我们具有更广阔的视野，转型的重担不仅仅落在了单个企业身上，而且更落在了整个工商界身上。当他们提出这种大胆的观点的时候，哈默尔和帕拉哈莱德观测到：有关该问题的所有研究和著作中，战略制定理论还没有人涉足。管理实践者发现，真正的问题不是制定战略，而是如何实施。

哈默尔说到：“我们太热衷于简化事物。我们太相信‘5F’（五种力量）或‘7S’学说能够涵盖战略所有的内容。但这是根本行不通的，战略有着强烈的感情色彩和严格的要求。它可不是一种仪式或是每年一次的例行活动，但我们现在做的就是这样，我们将标准设置得太低了。”结果使得管理者们深陷于当前事物的泥泽——他们只花费了不到3%的时间去考虑未来。

他们提倡公司应该多探讨战略化，而不是什么战略或计划。而且公司应该思考：“发展复杂、多样化、精确的战略的根本前提是什么？”新的管理行话，如“战略意图”、“战略架构”、“战略远见”以及最重要的“核心能力”都含有战略化成分。

格雷·哈默尔和帕拉哈莱德将“核心能力”界定为：“一种组织内

博采众长的学问，特别是如何协调不同的生产技术和综合多种不同的科技。”他们呼吁组织应该认识到自己是核心能力的组合，而不是一个商业单位。前者能通过自我调整，以适应增长的“机会份额”；而后者只局限于追求市场份额，并且只是如此。

对核心能力汹涌而起的热情显得过度简单化了。战略研究管理中心的马克斯·亚历山大警告：“你们应该注意到核心能力将把你引向何处。在一些情况下，它们是非常有力的武器。但对于一个好的企业战略来说，它们并不是惟一的基础。核心能力能鼓励公司投入到商业活动中，因为该行业与核心能力存在着联系，而不是公司对这些行业有了深入的了解。同样，一些成熟的企业被说服进入某种成长性行业，尽管不见得就是他们最好的选择。”③

从某些方面来说，格雷·哈默尔和帕拉哈莱德所提出的战略正落入了两种极端之间。一种极端是过于理性主义，他们认为，任何战略都需要连续不断的数据支持。另一种极端是所谓的“乱世英雄”，他们坚持组织不受任何形式的限制，完全放任自流。在那里，战略没有什么定势。

有序和无序之间的界限是并不明显的。他们警告：“无论是斯大林体系还是硅谷，都不是一个令人乐观的经济体系。在创新方面，硅谷做得非常好，但在其他方面却非常没有效率。在每一个成功背后都有一百个失败。实际上，你会发现，在这种关系中，小企业通常比大企业更易获得成功。”

他们认为，小企业可不是企业再生的方向，因为它们太混乱、低效，而且由于彼此雷同而趋于停顿。但这并不意味它们就不能改变整个工业界的格局。

他们认识到欧洲企业界的新生力量，如宜家（IKEA）、伯地（Body Shop）、斯沃琪（Swatch）、维珍（Virgin）所带来的革命性影响。但是真正的挑战在于当你还很强壮,并占据支配地位时,就发动对于自身的革命。这就美国的一些公司——像摩托罗拉、惠普比欧洲的竞争对手做得更好的原因。

这就是传统文化所做出的一部分贡献。“我们正在朝着一个更加民主的组织形式前进,美国的企业看起来与这种形式更协调一些。在日本和欧洲,更是精英论的天下,所有的知识都存在于高层。它们更接受论资排辈、而不是按创造力大小的方式来排定职位。一些人尽管拥有半生的工作经验,但仍很浅薄。”

作者简介

C.K.帕拉哈莱德是密执安大学研究生院的 Harvey C Fruehauf 教授。他与 INSEAD 大学的伊夫·多茨(Yves Doz)合著了《多国使命:平衡地区反应和全球远景》(The Multinational Mission: Balancing Local Responsiveness and Global Vision)。他是许多世界顶级公司的咨询顾问,如,美国电报电话、摩托罗拉、飞利浦等。

格雷·哈默尔是伦敦商学院战略与国际管理访问教授。他的咨询客户包括了 EDS、诺基亚、Dow 等大型企业。他也是一家名为 Strat-egos 的全球性战略咨询公司的主席。

格雷·哈默尔和 C.K.帕拉哈莱德发表在《哈佛商业评论》上的文章“战略意图”(Strategic Intent)与“核心能力竞争”(Competing With Core Competencies)赢得了麦肯锡奖。“企业的核心能力”(The Core Competence of the Corporation)成为《哈佛商业评论》历史上重印量最大的文章之一。

格雷·哈默尔和帕拉哈莱德一直批评企业执迷于机构精简,并称之为“企业厌食症”。他们总结出一条黄金定律:“当公司规模缩小的速度超过它完善的速度时，企业就会搞砸今天的生意。如果企业虽然不断完善，但不做任何改变时，它就会丢掉明天的生意。”没有什么东西比一位 60 岁 CEO 手里的股票期权更短命的了。”

成长（他们更喜欢讨论生命力）来自于差异；他们进一步补充道：“在发展的道路上，存在着许多愚笨的方法，如机构精简。你可以与其他组织合并，但两个醉鬼加起来也成为不了一个清醒的人。”组织的第 22 条军规是，生命力通常是由危机激发出来的——就像文学领域，在每一次动荡之后，文坛都会百花齐放，获得空前繁荣。

格雷·哈默尔和帕拉哈莱德相信，生命力来自于内部或许是比较可信的。如果管理人员愿意听——“去任何公司，问一下，上一次由 20 出头的小伙子给董事会上课、教授董事们不懂的事情是什么时候。许多人感到不可理解，公司会付成百万美金去购买麦肯锡公司 29 岁的聪明人提供的主意。——如果这样，那就更可以想象他们会如何对待自己公司里的那些 29 岁的年轻人了！”

对于这些问题，还没有什么明确的答案。格雷·哈默尔和帕拉哈莱德还在继续研究：“战略内容需要有新的东西。我们现在最需要的是重新审视战略过程。”

哈默尔对《为未来而竞争》点评

“90 年代，战略受到了不信任。在一个发生不连续变化的世界里，那些标榜为远见卓识、公式化的计划成为空耗时间的废物。战略计划的投资者们也承受了数以百万计、甚至数十亿美元的损失。作为讲授战略的教授，我和帕拉哈莱德只有两种选择：要么另谋高就，要么重新创造适应新时代的战略。我们选择了后者。而你，正是我们成功与否的评判者。”

注 释

① Hamel, Gary, & Prahalad, C.K., Competing for the Future, Harvard University Press, Cambridge, MA, 1994

格雷·哈默尔 & 帕拉哈莱德,《为未来而竞争》

② Byrne, John, “Corporate anorexia: A lack-of-Foresight Saga.” Business Week, September 19, 1994

约翰·布莱恩,《企业厌食症:一部缺乏远见的传奇》

③ Interview with author

对作者的采访

查尔斯·汉迪（Charles Handy）

非理性时代 (The Age of Unreason)

1989

查尔斯·汉迪所著的《非理性时代》[①]自出版以来一直畅销不衰，并引发了一场范围广泛的争论。汉迪预言了非理性时代的到来："那些我们认为想当然的东西已经发生了动摇，未来的许多领域是由我们，或是为我们塑造的。在这个时代，只有一种预言能够站得住脚，那就是没有一句预言是准确的。因此，人们可以大胆地憧憬那时的私人生活和社会生活图景，想象那些原来看似不可能的事情，并做出一些原来看似缺乏理性的行为。"

在汉迪笔下，未来是一种"非连续性的变化"(discontinuous change)（一个现在非常流行的短语）。先前，随着时光流逝，整个社会自然而然获得一种缓慢的、阶段性的发展已成为昨天的故事。原先一直蒙在我们眼前，遮挡我们视线的面纱已被撕去。汉迪在书中给我们讲述了一个秘鲁印第安人的故事：他们虽然早已在海平面上发现了入侵者的战舰，但由于自己的无知，并没有认识到敌人会带来什么样的危害。而是将侵略者仅仅看作是像怪异天气一样，虽然令人讨厌，但也不足为怪，结果他们掉以轻心，吃了大亏。

汉迪写道："当今的时代就是这样一个神秘入侵者不断逡巡在自己门口的时代。为了适应这个时代，人们的思考模式将不得不发生根本性转变。我们总是被自己的过去所束缚，我们要想摒弃旧的思维方式是相当困难的。但旧的模式不能解决任何问题，也不能改变任何事情。"汉迪指出，人们必须打破传统的思维模式，"非理性"思维对 20 世纪的生活产生了极具深远意义的影响。弗洛伊德、马克思和爱因斯坦都是成功地进行了"非连续性"思维的人（汉迪称之为"本末倒置"）。

汉迪认识到要想发展"一种全新知识氛围"，就必须对教育实施根本性的改革，人们将对学习的方法和对学习的认识发生革命性的转变。

汉迪相信，在实践中，某些组织结构能够占有支配地位，这是那些与服务业联系最紧密的组织。第一类，是被他称之为"白花酢浆草式组织"——这种组织形式，公司核心层是由管理人员和工人组成，而外围则是由那些通过合同雇佣或兼职工作人员组成。通过这种组织形式组建的公司，它们的未来结构应当与今天的咨询公司、广告公司和专业性合伙公司的结构相似。

汉迪所指出的将会出现的第二种结构是联邦结构。他指出，这并不是分权的代名词。他向我们描绘出了这种架构的蓝图：其核心功能是协调、影响、忠告及建议。"它所关心的不是制定条款或进行短期决策，而是长期战略。"它处于中间状态，对于公司高层或总部有少许不恭（汉迪在《空雨衣》（The Empty Raincoat）中，进一步阐述了他的联邦结构思想）。

汉迪预见到的第三种组织类型是被他称之为"3 个 I"的架构。这三个"I"指的是信息（Information）、情报（Intelligence）和想法（Idea）。

在这种组织架构中，有关个人管理的需求是很大的。汉迪解释道：“聪明的组织早就认识到，不能将企业内聪明的人过于简单地定义为工人或是经理，而是定位于个人、专家、专业人员或是主管人员（经理、工人这些陈腐的称谓早就应该废弃不用了）。所有这些人和组织如果想要跟上变化的步伐，他们就必须执著于坚持不懈的学习。有能力的组织早已意识到，他们能干的员工不应随随便便被看做是工人或经理，而应该是独立的人才、专业人才、职业或行政人才、或领导人才（中途退出的有经验的管理人员或工人）。如果他们要跟上变化的步伐，他们就必须勤于学习。

作者简介

查尔斯·汉迪（生于1932年），爱尔兰人，是一位作家、演讲者。他曾在壳牌公司工作，后来在麻省理工任教，其后去了伦敦商学院。

汉迪后期作品与早期完全不同，涉猎广泛，既通俗又富含哲理。《理解组织》(Understanding Organization)(1976)是一本涉及广泛、通俗易懂的关于组织原理的入门读物。这也是他所有作品中最具传统的作品。该书的续篇是独具风格的《管理的众神》(Gods of Management)(1978)。

过去的十年中，汉迪一直被誉为思想家。他的作品一般都会出现在畅销书排行榜上，他就未来社会和工作的论断经常被人引用。他的文章屡屡出现在《哈佛商业评论》上，就如同生活性摘要出现在小报上一样频繁。《非理性时代》和他1994的畅销书《空雨衣》(Empty Raincoat)(在美国叫《自相矛盾的时代》(The Age of Unreason))奠定了有关组织架构的基本思想。

非连续性要求新的组织、新的员工，运用那些新的技术、施展创造性能力和全新的工作模式。管理者在企业内，只是作为一名单纯的经理是远远不够的，组织对他们提出了更高的要求。

汉迪预测到，在非理性时代，组织的转变使得我们生活的某些方面发生了转变。工作时间将会更少——未来的工作时间将保持在 50,000小时，而不是现在 100,000 小时左右。并没有像 20 世纪 70 年代其他人，汉迪没有预言休闲时代会到来。而正好相反，他提出，人们将花费更多的时间考虑如何工作。时间不能简单地被划分为工作时间和休闲时间——而是划分为一个组合，它们是收费工作（你所出卖的时间）；无偿工作（为领导或慈善机构）；学习（与你工作同步）、在家工作和休闲活动。

汉迪说："非理性时代也是一个充满机会的时代，尽管它一开始看上去好像是所有时代的终结。人们必须抓住机会，不能忽视了时刻逡巡在门外的危机。"

哈默尔对《非理性时代》点评

"在当代的管理思想家中，还没有哪一位拥有超过查尔斯·汉迪的创造性思想。查尔斯是为数不多的、能够完全跳出管理世界的圈子，并且从外部来审视这个世界的管理学作家。这种从外部向内部审视是一种不妥协的、反传统的看问题方法。这将使得每一个关心未来管理形式和组织发展的人感到阵阵的不安，但也从中深受启发。当大多数的管理学作家热衷于告诉你'如何去做(How)'的时候，汉迪则将自己的眼光聚焦在'为什么要这么做(Why)'的研究上。"

注　释

① Handy, Charles, The Age of Unreason, Business Books, London, 1989

查尔斯·汉迪，《非理性时代》

弗雷克·赫兹伯格(Frederick Herzberg)

激励因素(The Motivation to Work)

1959

弗雷克·赫兹伯格在担任匹兹堡心理学服务中心主任一职时,承担了研究人们工作态度的任务。起初,文献资料的研究结果让赫兹伯格大为困惑。他后来回忆道:我们得不出任何结论,看似人们永远都不能理性地明白他们为什么去工作。但当我们再一次研究了人们希望从工作中获得些什么的资料后,发现一些隐藏在背后的东西。我们发现人们对工作所抱有的一些积极看法与对工作的消极看法并不完全对立;将那些在工作中使人们高兴的因素颠倒过来,他们不一定就会变得不高兴。当你的研究陷于含糊不清的境地时,在科学上你将会如何反应呢?你将开始怀疑自己的假设。在我所研究的公共关系学,当我认为与精神健康相反的并不是精神疾病、与精神健康的人相对立的并不是精神病人的时候,我找到了能够证明精神疾病的对立面不是精神健康的理论基础,随之而来就是发现了新的概念。"①

在研究《激励因素》②的过程中,赫兹伯格和该书的合著者莫斯勒(Mausner)与辛德曼(Snyderman),向匹兹堡的203位工程师和会计师问询了他们的工作情况,调查了各种促使他们变得高兴或不高兴的因素。

最终,赫兹伯格将工作中的激励因素划分为两种类型——一类是服务于人类动物性需求的保健因素(hygiene factors),另一类则是满足个人独特需要的激励因素(motivation factors)。在《激励因素》一书中,赫兹伯格和他的合著者写道:"保健因素排除了人类环境中有害健康的东西,它所起的作用与其说是救治性的,不如说是防疫性的……与此相近的是,当工作中含有这种有害因素的时候,保健因素的作用会使人们产生消极的工作态度。清除这些有害因素,将会带来积极的工作态度。"

作者简介

弗雷克·赫兹伯格(生于1923年)曾参加过第二次世界大战,并被派往解放后的达豪(Dachu)集中营。这一经历对他来说受益非浅。战后,他回到美国。从匹兹堡大学毕业后,他作为临床心理学专家,在美国公共卫生部门工作。

他和马斯洛(Maslow)、麦格雷戈(McGregor)一同被视为20世纪50年代人类关系学派的代表者。他最为著名的作品是1968年刊登在《哈佛商业评论》的文章"再问一遍,你是如何激励你的员工的?"这是《哈佛商业评论》有史以来最为畅销的文章,重印后累计销售了100万份以上。文章首创了缩写词KITA(Kick in the Ass的首写字母,意为踢某人屁股)。同时,他提出,"如果你需要某人做某项工作,那么就利用他。如果用不上,那就一脚踹开他。"赫兹伯格还创造了一个时下非常流行的词"工作丰富化"(job enrichment)。他认为,商业组织是一股推动向好的方面发展的巨大力量,它将使自己和员工从数字束缚中解放出来,给予员工更多的创造性扩展机会。

赫兹伯格最终成为尤他州大学的管理学教授。他的同事莫斯勒·辛德曼参与了《激励因素》的写作。

保健因素—又称维持因素—包括监督、人际关系、工作条件、薪金、企业政策、行政、津贴、工作稳定性等。赫兹伯格发现"当这些因素恶化到员工认为不能接受的程度时，员工们就会对工作产生不满。”仅仅依靠保健因素，并不能完全促成工作中的激励。实际上，该书提出那些使员工感到满意的因素与那些导致不满的因素是截然不同的。

赫兹伯格认为，真正的激励机制来自于成就、个人发展、工作满意度和被赏识。我们的目标是通过工作本身、而不是奖励或施压来激励员工。

赫兹伯格后来进一步拓宽了自己的研究基础。这些研究更加证实了他的结论，即保健因素是工作不满意的首要因素，而激励因素则使人感到满意。

赫兹伯格的著作对于企业有关奖励和报酬的一揽子计划产生了重要影响。使人能够在一定范围内、自由选择利益获取的“自助”型趋势已经越来越明显。这种方法使人们能够自由选择那些对自己有充分激励作用的利益选项。

哈默尔对《激励因素》点评

“太多的组织似乎都相信，惟一的激励因素就是按劳取酬、职工持股计划和年终分红等等经济手段。用对待斯金纳试验中的老鼠的方法（这个试验主要研究操作性条件反射——译者注）来对待知识财富是行不通的。赫兹伯格向我们提供了一套更为精妙的方法——也是一种在许多方面仍有待探索的方法。当下一次，你碰到一位口口声声‘人是我们最重要财富’，而仍将人看做是一种可变成本的管理者的时候，你可以找出一本《激励因素》，并建议他利用一些时间好好读一读这本书。”

与此相似的是，当今社会强调的自我发展、职业生涯管理和自我学习是从赫兹伯格独具眼光的观点演变过来的。最终,激励因素来源于个人,而不是组织按照某种定式创造出来的。

注 释

① "An interview with Frederick Herzberg: Managers or Animal Trainers?" Management Review ,1971, pp.2～5

摘自《管理回顾》中"对弗雷克·赫兹伯格的采访:管理者还是动物训练者"

② Herzberg, Frederick (with Mausner, B., & Snyderman, B.), Motivation to Work, John Wiley, New York, 1958

弗雷克·赫兹伯格,《激励因素》

艾略特·雅克(Elliot Jacques)

企业中的文化变革

(The Changing Culture of a Factory)

1951

1948～1965年间,艾略特·雅克在英国格雷谢尔金属公司中进行了一系列有关工业化民主实践的研究。他最终也因这项研究闻名于世。这个实验是由该公司董事局主席和总经理威尔弗莱德·布朗先生(Wilfred Brown)根据自己独到的眼光和政治思想发起的。布朗当时在威尔逊(Harold Wilson)领导的工党政府中任职,后来被授予公爵头衔。他于1985年辞世。

在当时,格雷谢尔公司引入了一系列极具革命性的变革措施。在公司内部成立了劳资协议会(works council)。它使工人代表真正获得了权力。每一位劳资协议会的成员都拥有一份表决权。实际上,如果没有获得劳资协议会中所有成员的首肯,公司内任何政策的改变都是不可能的。令大部分专家和研究者大跌眼镜的是,公司在运行中并没有遇到太大的阻力,项目也并没有为此而停顿下来。其他在格雷谢尔公司实施的变革还包括如废除了上班打卡制——一种传统的纪录员工是否上班工作的方式。

这个实验的核心就是赋予人们更多的职责,并且意识到团队工作的动态性。雅克说道:“我坚信,应鼓励每一个人去承担他们所能承受的最大责任,允许他们参与有可能提供问题解决方案的每一项工作,这种做法是完全必要的。"作为一位积极的鼓动者,他推动了整个项目的实施。当然,他的作用还不仅仅如此。雅克是这么回忆当时是如何启动项目的:"在第一个月里,我们只是在全公司上下展开广泛的讨论,随后,我们才逐步展开了工作。"①

在格雷谢尔的研究促使雅克在1951年出版了著作《企业中的文化变革》。埃里克·彻斯特(Eric Trist)曾说:"就项目自身而言,并没有取得我们预期的效果。它超前于当时的组织发展整整一个时代。"实验所取得的最大成就,就是成功地揭示出传统组织架构的臃肿;企业文化的潜在力量(在当时仅仅是一个概念)和运用公平与双赢策略运营公司所带来的潜在收益。

后来,在《官僚架构的一般原理》(The General Theory of Bureaucracy)(1976)中,雅克提出了他的有关工作价值的理论。它看起来华丽无比,但目标就是进一步澄清自己在研究中观察所得:"如果清晰描绘出整个官僚架构组织的图景后,我们会感到相当困惑。这些搭建起来的架构,无论从层级数、称谓、还是维系上下级关系的方法,都让人感到零乱和毫无意义。"

在被称为"判断力时间跨度"的解决方案中,他提出衡量管理水平的高低应该看管理者做出的决策在多长时间后才需要修正。管理者所取得的报酬也应取决于这段时间的长短。这意味着,以决策的长期效果来衡量管理者的效率。

位于Alperton的格雷谢尔公司早已变成大型超市的停车场。而雅克仍对格雷谢尔方法的价值深信不疑,而且他全面否定了当今的管理时尚。"那些所谓的咨询专家和大师们继续把玩着那些空想的把戏;过去提出的是授权和自我管理队伍,现在则是能力理论,只有上帝才知道这究竟是些什么东西?然而,这种状况还一直存在下去。我想这与17世纪前,现代自然科学在发展过程中所遇到的种种障碍相似。

解决问题并不能依靠所谓的炼金术。对于这一点,我想威尔弗莱德·布朗也非常明白。答案就是采用那些我们还从没有用过的科学方法。那些咨询师与大师们有点像那些所谓点石成金的术士;既不能提出概念,也没有严格的定义,他们只能胡扯,或是对一些旁支末梢说三道四。"②

作者简介

艾略特·雅克(生于1917)生于加拿大,是一位心理学家。他的整个职业生涯中都贯穿着艰辛和努力。他的作品都是根据自己不遗余力的研究而创作的,但被大多数的管理者所忽视。他还参与创建了位于伦敦的塔维斯托克人类关系研究所(Tavistock Institute of Human Relations)。雅克先是在英国的布鲁乃尔大学(Brunel university)、后在乔治华盛顿大学(George Washington University)工作。

注 释

① "Here comese to Boss",BBC Radio Four, August 1, 1997

② "Here comese to Boss",BBC Radio Four, August 1, 1997

约瑟夫 M·朱兰（Joseph M. Juran）

质量计划 (Planning for Quality)

1988

20 世纪 50 年代，当约瑟夫·朱兰对台下日本听众娓娓道来自己思想的时候，日本高级企管人员热切吸收着他的思想精华。而在西方，朱兰的听众主要是一些工程师和质量监督人员。因此，朱兰认为问题就出在这里。日本人将质量看做是组织的头等大事，而西方则将质量向下推委，使这个问题成为一个操作层面上的问题，而不是管理层面的问题。

朱兰认为，美国的工业界在战后不知不觉被其他国家赶上，主要是以下两方面原因：他们一厢情愿地将亚洲竞争对手假设为模仿者而不是创新者；他们的核心领导层迷恋于财务指标而忽视了其他警示信号。

在朱兰的《质量计划》[1] 和其他著作中，他给我们展现了质量哲学，这是建立在质量三部曲上——质量计划、质量管理和质量实施。朱兰批评了戴明（Deming）对统计数字的过分依赖，他的方法是以拥有唬人名字的“全公司质量管理”（Company-Wide Quality Management）

(CWQM)为基础的。CWQM旨在创造一种能向所有人传播质量观念的方式。

朱兰坚持质量是不能委托给他人的。质量就是我们现在所说授权的最初部分:无论是从个人还是从组织角度看,质量就是每一个雇员的目标,它是通过自我监督来实现的。朱兰的方法与戴明的方法相比少了一些机械论观点,更侧重强调人的关系(尽管戴明的追随者否认这种说法)。

朱兰以历史的眼光看待质量问题。他指出:根据设计需求生产产品,并且剔除残次品以保护顾客。这在5000多年前,埃及人建造金字塔的时候就开始这么做了。同样的是,古代的中国中央政府已经建立起了独立的部门去制定和维护质量标准。朱兰在《质量计划》说明了质量并不是什么新课题。这听起来虽然简单,但细想起来却是一个令人感到恐惧的问题。如果质量是这么一个自然的、基本的问题,那么西方为什么会将它忽略了呢?朱兰不愿意将他直来直去的言词修饰得如何美妙以吸引人,但这确实影响了他的思想与他人成功地交流。

朱兰的创造性在于他坚信质量的范畴远比规格说明和严格次品检验大得多。与质量有关人的方面才是关键性问题。朱兰的这种思想可以追溯到他在西部电子公司工作时发生的一件事情。当时,朱兰分析了公司扔掉大量小型电路断位器的原因。朱兰将整个生产过程看成是一个整体,而不是被动地坐在生产线的末端数着产生了多少次品。他找出了解决办法,并递交给他的老板。但老板反应冷淡,并告诉朱兰这不是他份内应做的工作:“我们拥有监控部门,我们的工作就是从成品中找出残次品。如果要使产品一开始就合格,那是生产部门的事。”

对此,朱兰发展了他的有关质量的包容万项的理论:“从广义上讲,质量计划包括产品开发和为了满足客户需要而设定工序。更专业

一点的话,质量计划应该包含以下方面的活动:

- 认清顾客和他们的需求
- 针对这种需求开发产品
- 开发能够生产这种产品的程序”

作者简介

生于罗马尼亚的约瑟夫·朱兰与爱德华·戴明一起推动了战后日本对于质量的发现进程。朱兰生于1904年,在20年代的时候曾在美国的西部电子公司任电子工程师,后来又到美国电话电报公司。1953年,他到了日本,当时戴明的质量管理哲学已经在日本掀起了波澜。应日本联邦经济协会和日本科学家及工程师联谊会的邀请,朱兰花了2个月的时间分析了日本的质量管理方法。

根据他的经验,朱兰相信日本的成功是建立在高质量产品的基础上的。这一点一直被西方商业界所忽视。他们错误地认为,日本之所以成功完全是依靠低价格策略。在20世纪60年代,朱兰试图去唤醒美国的管理者日本已经崛起了。

在20世纪80年代,当世人重新“发现”质量时,通过朱兰研究所,朱兰和他的作品的地位日渐上升——尽管还难以摆脱戴明的阴影。朱兰的长篇巨著《质量控制手册》(Quality Control Handbook)出版于1951年。为表彰“他对推动日本的质量控制和促进日美友谊的贡献”,日本天皇曾授予朱兰“二等旭保勋章”——这是日本对非本国国民的最高奖赏。

朱兰认为,质量计划能够通过“一种步骤图……一些不可变更顺序的步骤”来指导生产。它们是:

- 分清顾客是谁
- 确定这些顾客的需求是什么

- 用我们的语言描绘出他们的需求
- 开发能够响应这种需求的产品
- 对产品尽可能地优化,同时满足客户和我们的需求
- 开发一种能生产产品的程序
- 优化程序
- 证明在操作状态下,这种程序是能够生产产品的
- 将程序移交给操作部门

在众多有关质量的方案中,朱兰的方法比起那些言简意赅的其他方法,有更深远的意义,但也更难实现。

哈默尔对《质量计划》点评

"美国一家汽车公司的高级主管曾告诉我,他们公司刚刚开完了学习丰田公司的二十届年会。我问到,经过了 20 多年,你们仍能从它们身上学到新的东西吗? 回答是极具启发性的。这位美国经理回答道:'在第一个五年里,我们认为是自己的数据出了毛病,没有哪家企业会做得这么好。在第二个五年内,我们认为质量与日本人存在着某种联系——听话的工人、集体主义精神等。后来的五年内,我们认为这肯定是技术的原因——机器人、支持系统等等。只有在最近五年内,我们才开始意识到他们对于顾客和工人的哲学与我们有着天壤之别。'朱兰还有戴明,他们影响的领域远远超过了质量的范畴,使得西方的管理者关注日本的成功,他们强迫西方的管理者对于自己一贯遵守的有关员工能力和顾客期望的基本信条发起挑战"。

注 释

① Juran, Joseph M., Planning for Quality, Free Press, New York, 1988

约瑟夫·朱兰,《质量计划》

34

罗沙白·默丝·坎特（Rosabeth Moss Kanter）

变革大师（The Change Masters）

1983

罗沙白·默丝·坎特的《变革大师》被人们授予《追求卓越》（In Search of Excellence）中的“思想者”这一赞誉。《变革大师》也是当时的畅销书，但还是不能与彼得斯（Peters）和沃特曼（Waterman）的作品相提并论〔实际上，权威的《斯隆管理评论》（Sloan Management Review）曾断言“与彼得斯和沃特曼最畅销的《追求卓越》相比，这本书的质量好得出奇”〕。坎特对于“工作中的企业家”的分析是纯学术性的。该书行文节奏缓慢、略显臃垄，注释资料复杂庞大，使全文处处渗透着一种权威感。

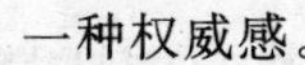

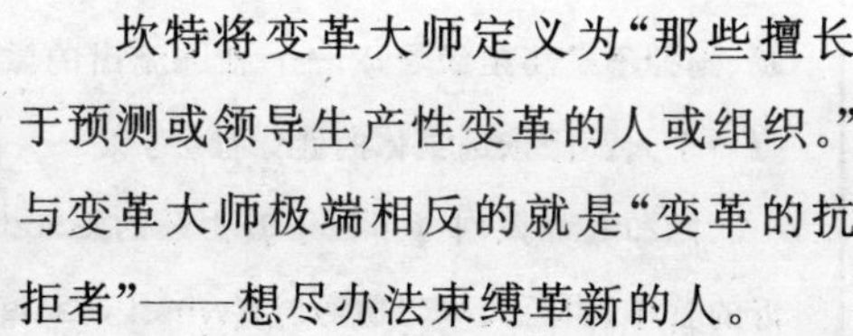

坎特将变革大师定义为“那些擅长于预测或领导生产性变革的人或组织。”与变革大师极端相反的就是“变革的抗拒者”——想尽办法束缚革新的人。

在与65位大公司人力资源部的副总裁座谈后，坎特开始了她的研究。她让他们列举出那些具有“前瞻性思维，努力革新和在实践中尊重人的”公司名字。其中的47家公司以行业领导者的身分出现在名单中。然后，坎特将它们与同行业的公司进行比较。那些在人力资源方面能够承担更多责任的公司在“长期收益和财务增长方面远远超过其他公司。”这告诉我们一个信息,如果你能够很好地管理你的人,那么你将有可能很好地管理你的企业。

作者简介

罗沙白·默丝·坎特生于 1943 年。她获得密执安大学博士学位后,在布兰蒂斯 (Brandeis)大学当过一段时间的副教授。1978 年,她参加了哈佛大学的研究组织行为的项目。她也曾在耶鲁大学和麻省理工工作过,现在是哈佛大学的教授。她是《哈佛商业评论》的前主编(1989～1992)。

罗沙白·默丝·坎特是作为一名社会学者开始她的职业生涯的,但最终却转行成为了一位国际管理大师。前期,她研究了乌托邦社会,在 1977 年出版的《公司中的男人女人》(Men and Women of the Corporation)中,她考察了组织中最深层的活动。这是在裁员和新技术将员工赶回家风潮之前,为美国企业和企业人提前写好的墓志铭。《经济学家》评论道“坎特这位大师仍然以社会学家的眼光看待这些问题,她并不是将组织看成一个流进流出的微观经济实体,而是一个使每一个人都皈依进集体的迷你社会。”

她和其他人创办了位于波士顿的 Goodmeasure 咨询公司。她最近的著作《当巨人学习跳舞时》(When Giants Learn to Dance)(1989)、《世界级》(World Class)(1995)进一步提高了她本来就已十分稳固的声望。在坎特身上,有浓厚的社会学家的气息。她曾预言:“我想我们将会看到跨国公司的作用将发生根本性变化,这些公司必须成为一位好的市民,因为它们的分布将使得它们得以采取更广泛的活动。”

该书副标题为“美国企业创新和企业家精神”。坎特认为创新是未来发展的关键;而发展和保持创新的关键则是"一体化"(integrative),而不是各自为政。美国公司的可悲在于,在各自为政的公司内,企业家精神正在一点一点地被扼杀。

坎特提出:"在这种一体化的创新层出不穷的环境中,需要三种新的技能。第一类是'权力技能'(power skill)——就是能够说服别人在企业家进行新的创新活动伊始,就能投入知识、给予支持和配备资源的技能。第二类就是管理那些因大量使用团队和众多雇员而涌现出问题的能力。第三种就是能够明白在一个组织中,如何设想和实现变革——单个创新者引入的微小变革如何与宏观变化或是战略方向的调整联系起来。"

通过《变革大师》和后续著作《当巨人学习跳舞的时候》(When Giant Learn to Dance),坎特对正在兴起的授权做出了一定的回应,尽管没有在实际运作上(在《变革大师》中,授权一词还没有被添加到管理词典当中去,甚至没有列入索引当中,但列出的有关参考书目却是相当长)。人被置于舞台的中心——"停滞不前的企业和创新企业之间的差距之一,就在于人们是被授权还是被剥夺权利。"

哈默尔对《变革大师》点评

"在一个喧嚣而又不太友好的世界里,企业的生命力是一件易碎的东西。昨天工业界的挑战者,今天就可能变成落伍者。衰减是它的通病。《变革大师》肯定是关于变革和转型最为仔细、最有说服力的著作。或许罗沙白还没有发现企业生命力的恒久源泉,但是她给我们指出了大的方向。"

"在这种意义上,坎特的作品促成了50、60年代人类关系学派的发展。《经济学家》在概括坎特的作品时说:"最重要的是,坎特小姐有关'对人敏感的战略'就是'促进发展'的战略论断下得太快了。过去

10 年最为突出的不是工人之间的友情，而是瘟疫般流行开来的裁员。”[①]

在《变革大师》一书中，坎特认为人们对于机构精简和持续裁员的迷恋正好说明了人们对于革新的需求同过去一样强烈。

注 释

① “Moss Kanter, Corporate sociologist,” The Economist, October 15, 1994

摘自《经济学家》中“默丝·坎特，企业社会学家”一文

35

菲利普·科特勒（Philip Kotler）

营销管理 (Marketing Management)

1967

在一个有关菲利普·科特勒研讨会的广告词中，摘用了他的四句经典格言用以概括当代营销学："公司太注重做事情花费的成本，它们实际应该考虑的是如果不做这件事会付出多大的代价"；"每一个企业应该赶在竞争对手之前淘汰掉自己的生产线"；"你的公司不会没有可能成为行业中最好的"；"一天之内就可学会营销学，但是要真正掌握它，需要付出一生的时间"。

这就是在科特勒众多作品中提炼出的让人经久难忘的话语。但这还远没有代表性，科特勒的著作是教科书所能达到的最高境界。《营销管理》[1]绝对是我们这个时代有关营销的经典教程。现在它已经是第八版了。

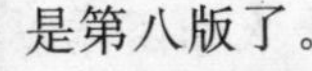

《营销管理》论述紧凑，涉及全面。在不同的版本中，它的内容被不断扩充以跟上时代的发展潮流。在 1994 年出版的第八版中，科特勒有力地描绘出所有从事营销工作的人所面临的已初见端倪的挑战。科特勒写道"为了做出准确的营销决策，营销规则中的假设、概念、技能、工具和系统都将获得重新发展。从事营销的人必须明白什么时候去培育巨大的市场，而什么时候去培育存在机会的市场；什么时候推出新品牌，而什么时候拓展现有品牌；什么时候推动产品在销售渠道中分发，什么时候采取保持策略；什么时候采取措施保护当地市场，什么时候出击打入国外市场；什么时候提高收益，什么时候降低售价；什么时候增加销售人员、广告和其他市场工具的预算，又该在什么时候缩减预算。”近年来，营销所涉及的领域呈几何级数般增长，这在《营销管理》迅速庞大的页数和内容上充分显现出来——内容涉及从工业和竞争分析到全球市场战略设计，从管理产品的生命周期战略到零售、批发和其他物流系统。

科特勒研究重点从“面向事务”(transaction oriented)的营销转移到了“关系营销”(relationship marketing)。科特勒说道：“好的顾客是一种财富，当这种财富被妥善管理和服务的时候，回报就是获得长达人的一生的收入，就像涓涓细流，源源不断地流入公司。在竞争激烈的市场中，公司商业活动的首要原则就是，通过出众的办法持续满足顾客的需求，以保持他们的忠诚度。”

对于那些志向远大或者正在实践着的营销者，《营销管理》吸引人的地方在于它对关键词句和作用的清晰定义。它将营销定义为“一种社会和管理过程。通过它，个人和团体以创造、提供和与其他人交换产品价值的方式，满足需求和欲望。”科特勒又解释了市场概念“由那些有特定需求和欲望的、并且愿意通过交换来实现这种需求和欲望的所有潜在顾客组成。”因此，营销管理“就是创造与目标群体交换以满足顾客和组织目标，而进行计划和实施这种概念、定价、促销、配送、服务和想法的过程。”

《营销管理》清晰地描述了使得科特勒能够探寻事物的本质。他的关于产品构成成分的研究是极具典型性的。科特勒将产品定义为“能够提供给市场进行留意、获得、使用和消费以满足某种需求和欲望的任何东西。"他说产品可以分为五个层次：核心利益（营销者将自己看作是利益的提供者）；一般产品；期望产品（顾客对产品的普遍期望）；附加产品（附加在产品上的额外的服务和受益）；最后一层为潜在产品（产品在未来最终将经历附加和转移）。

科特勒还进一步探究了被他称为"顾客交付价值"（customer delivered value）的概念。他将其定义为"顾客总价值 （Total Customer Value）与顾客总成本 （Total Customer Cost）之间的差额。顾客总价值就是顾客对购买某一产品或服务所期望获得的所有价值的总和。"顾客总价值是由产品价值、服务价值、人员价值和形象价值组成。顾客总成本是指顾客为购买某一产品所耗费的时间、精神、体力以及所支付的货币资金等。顾客总成本包括货币成本、时间成本、精神成本和体力成本等。两者合起来构成顾客交付价值。

科特勒描绘出了现代营销的规模和所遇到的挑战。人们一点也不奇怪他哀叹只有如此少的企业才真正执著于营销。他的成功实施营销的企业名单以简短而出名。在美国有宝洁公司（Procter & Gamble）、苹果（Apple）、迪斯尼（Disney）、诺茨罗姆百货（Nordstrom）、沃玛特（Wal－mart）、米利肯（Milliken）、麦当劳（McDonald's）、马丽奥酒店（Marriott Hotels）和三角航空（Delta Airlines）。在其他国家，这样的企业更少。在欧洲有宜家（IKEA）、曼德俱乐部（Club Med）、爱立信（Ericsson）、班和奥洛生公司（Bang & Olufsen）、马狮公司（Marks & Spencer）。在日本有索尼（Sony）、丰田（Toyota）和佳能（Cannon）。

要想成为以市场营销为导向，组织必须要克服三种通病：

1．组织抵触

因为营销观念动摇了管理权力的基础。那些成型的管理行为势必要阻止不断加强的市场营销。

2．缓慢学习

大多数企业只能缓慢地接受这些管理概念。对于银行业，科特勒认为营销经历了五个阶段。在第一个阶段；营销仅仅被看作是促销或是公开宣传；然后转变到微笑和提供友好氛围；接着就是市场细分和革新；然后把营销看作是定位；最后他们将营销看作是营销分析、计划和控制。

3．快速遗忘

那些接受营销概念的公司却总是时常做出违背营销核心原则的事情。众多的美国公司在并不了解欧洲市场到底有哪些不同的情况下，草率地经它们的产品引入该市场。

作者简介

菲利普·科特勒为美国西北大学 JL Kellogg 管理研究生院教授营销学的著名教授。科特勒是营销学的主要权威之一。他获得过美国芝加哥大学硕士学位，麻省理工博士学位，都是在经济学专业。他后来到了哈佛大学，在那里作为博士后研究数学，然后在芝加哥大学进行行为科学的研究。

他是一位高产作家。除了《营销管理：分析、计划、实施和控制》(Marketing Management: Analysis, Planning, Implementation and Control)，除了这本在各类商学院中广泛使用的营销学课本外，他还创作了《营销原理》(Principles of Marketing)、《营销模型》(Marketing Models)、《非营利性组织营销战略》(Non-Profit Organization)、《新竞争和高度可见性》(The New Competition and High Visibility)、《社会营销：改变公众行为和营销地点的战略》(Social Marketing: Strategies for Changing public Behavior and Marketing Places)。

科特勒将所有实践难题和营销概念缺陷看作是商业活动中的本质。他写道："好的公司满足人们的需求，伟大的公司创造市场需求。

要想成为市场的领导者,就必须创造新产品、服务、生活方式,以技能提高生活标准的一切方式。那些生产'我也有产品'的企业与那些创造出别人没想到过的产品和服务的公司存在着天壤之别。最终营销就是创造价值和提高世界人民的生活水平。"

哈默尔对《营销管理》点评

"当今 MBA 毕业生中没有什么人没有钻研过科特勒有关营销的大百科全书式的著作,也没有什么人不从中受益。在我所认识的人中,还没有什么商业作家能像科特勒一样在自己的研究领域进行如此全面、清晰和权威的研究。在我所知道的书里,即使是大吹大擂的书也没有像《营销管理》一样对企业如此有益。"

注 释

① Kotler, Philip, Marketing Management: Analysis, Planning, Implementation and Control, Prentice Hall, Englewood Cliffs, NJ, 1967

菲利普·科特勒,《营销管理:分析、计划、控制》

36

泰德·李维特(Ted Levitt)

营销中的创新(Innovation in Marketing)

1962

在《哈佛商业评论》中发表的“营销中的近视病”① 一文,使泰德·李维特在职业生涯早期就享有盛誉。这篇文章获得了难以想象的成功,并引起了世人广泛关注,重印册数超过了50万册。每一种重要的营销教科书都收录了该文——其中包括李维特1962年出版的《营销中的创新》(Innovation in Marketing)。②

在“营销中的近视病”中,李维特提出,企业的当务之急是使客户满意,而不是简简单单地生产产品。企业应该做到市场导向而不是产品导向。而且这种信念应来自于企业的首席执行官和相应高层管理人员——“管理当局应这么看待自己,他们向顾客提供了一种价值,而不是什么产品。这种价值能够吸引顾客并让他们感到满足。”(李维特创造管理新术语的能力和他的思想一样超前于时代)李维特后来承认“营销中的近视病”与其说是一篇思想深邃的学术文章,还不如说是一篇宣言。文中包含许多前人已经探寻过的思想——李维特也坦诚这一点。比如,有些思想来自于彼得·杜拉克(Peter Drucker)的《管理实践》(The Practice of Management)。

在李维特的文章发表的时候,企业认为产品导向是无可置疑的。亨利·福特在大规模生产上的成功,进一步加强了人们对于低成本产品是商业成功关键的坚信。即使在人们的需求发生变化很久以后,福特还固执地认为自己是明白顾客的需求的(尽管如此,李维特对福特在营销上的成就大加赞赏。他提出,福特所使用的大生产技术是实现营销目标,而不是技术目标的一种手段)。

李维特发现,以产品为导向的思想不可避免地都是从狭隘的角度看问题。他提出,企业必须开拓自身有关经营本质的视野。否则,他们将很快忘掉自己的客户。"造成当今的铁路系统困难重重的原因在于,不是人们没有这种需求,……而是铁路系统不能满足人们的这种需求。它使得原有顾客被其他运输途径所吸引走,因为他们将自己设定在经营铁路上,而不是运输上。他们对自己行业的错误定义,来源于他们是以铁路为导向、而不是运输为导向的;他们这是产品导向,而不是顾客导向。"从李维特的观点来看,铁路系统之所以停滞不前,是因为他们不愿意打开自己的视野。

李维特对其他行业也提出了类似的批评。电影业没有对快速发展的电视业做出反应,因为他们认为自己是经营电影而不是提供娱乐的(令人感兴趣的是,这也适用于解释近年来不断复苏的迪斯尼公司——该公司终于认识到自己是通过不同形式提供家庭娱乐的公司,而不是一个儿童电影生产商,因此,它获得了非凡的成功)。

李维特认为,从来都不应该以想当然的角度看待增长——"实际上,从来没有什么成长性行业"应该局限于某一特定行业,成长并不意味着什么,而只是充分理解并发现未来成长可能产生的地方。李维特说到,在历史上,充斥着企业因以下原因而不知不觉地陷入倒退的例子。首先,它们假定只要人口和财富增长,它们的特定市场还将继续增长。其次,它们坚信自己的产品是不会被赶超的。第三,它们总是倾向于认为自己能够提高生产技术以降低成本和获得更高的利润。"大批量生产的工业被一股强大力量左右着,即尽可能地生产。这种单位成本直线下降和产量大幅提升的美好前景,对大多数公司是不可抗拒的。利润看上去是如此可观,所有的精力都放在了生产上,招致的结果就是营销被忽视了。”最终,人们之所以专注于产品,是因为产品是能够被衡量和分析的。

令人沮丧的是,这些观察已经被证明是准确无误的了。实际上,当今许多最为著名的思想家,如帕斯卡和彼得斯,都在不断地强调李维特的观点,即没有什么成长性行业。成功产生了自满,自满招致了失败。这是无论 90 年代还是 60 年代商业生活的真实写照。

在“营销中的近视病”中,李维特对于销售任务和营销做了生动描述。“销售关注的是运用何种方法和技术,使别人用现金交换你的货物。它完全不考虑交换过程中的价值。它与营销完全不同,营销是看作由一系列诸如发现、创造、唤醒、满足顾客需求等紧密联系的活动组成的完整商业过程。”在 80 年代,当营销学再度兴起时,众多企业开始关注并重新回味李维特的观点——它们以产品为导向的做法做得太过分了。

作者简介

1925 年生于德国的泰德·李维特是过去 30 年间的营销学大师。他是哈佛商学院的教授,而且任《哈佛商业评论》编辑。

李维特是《营销模式》(Marketing Mode)(1969)、《营销想象》(Marketing Imagination)和对于《对于管理的思考》(Thinking About Management)等书的作者。他近年来的作品分析了全球品牌化的出现。

李维特的文章和他的另外一些著作将营销推到了舞台的中央。实际上,在一些情况下,还产生了李维特称之为“营销狂”的现象,即对顾客的所有行为,哪怕是一时冲动的行为,都要做出某种反应。这篇文章所提出的基本信条经受住了时间的考验(1975 年,李维特说我会以同样的方式,再做一遍)。

李维特对于企业以产品为导向的问题分析精确，尽管他预测出的可能解决方案并没有那么准确。如果铁路系统将自己定位在运输业上，也许他们也不见得就会成功。但是如果他们当时看到了顾客的这种需求和愿望的话，或许会做得更好一些。

哈默尔对《营销中的创新》点评

“假如李维特在他的职业生涯后期什么也不做——当然，实际上他做了很多——那么，他也将凭着“营销中的近视病”而在我们这个星球上占有一席之地。管理者被他们的产品(铁路)紧紧束缚着，放弃了顾客苦苦追寻的基本利益(运输)。同样引起轰动的还有李维特在1983年《哈佛商业评论》刊登的文章‘全球化市场’(The Globalization of Markets)。虽然有人极力争辩市场永远不可能实现真正的全球化，但没有什么企业会对此下赌注支持这种说法。”

注　释

① Levitt, Ted, “Marketing myopia,” Harvard Business Review, July- August,1960
泰德·李维特，“营销中的近视病”，《哈佛商业评论》

② Levitt, Ted, Innovation in Marketing, McGraw Hill,New York, 1962.
泰德·李维特，《营销中的创新》

37

伦西斯·利克特(Rensis Likert)

管理新模式

(New Patterns of Management)

1961

在哥伦比亚大学攻读博士学位时，伦西斯·利克特在1932年就发表了名为“衡量态度的一种技术”的博士论文。该文直截了当地引入了能够衡量人们态度的五种尺度(即现在众所周知的从强烈同意到强烈不同意)。这被人们称为利克特尺度。随后，利克特对保险业中的管理情况进行了研究，并且走访了农场主以获得有关他们对于政府实施的项目的态度。在第二次世界大战中，利克特积极投身与战争有关的工作。其中最为出名的是他参与了对美军实施的战略轰炸效果的调查工作。他仔细研究了这种新的空中轰炸战略对敌方士气的影响(研究得出的结论对战后美国政府的一系列政策产生了显著影响——利克特小组发现，小型炸弹对消减敌方士气比重磅炸弹更有效。这一结论在1999年科索沃冲突等一系列战役中得到了证实)。

利克特对商业的研究主要集中在如何提升团队的管理、如何完善组织这个由人组成的系统上。他写道：“如果团队成员越忠于团队，就越能激励成员去实现团队目标，那么这个团队就越可能实现目标。”利克特提出四种完全不同的管理风格——系统1～4。第一种是完全强迫性的独裁；第二种是带有某种仁慈意义的专制；第三种是具有咨询、建议型的管理风格；第四种则是完全参与型。利克特认为最后一种类型无论是从商业、还是个人角度，才是最佳管理风格。他后来还提出了第五种类型即没有任何正式的权威形式。利克特在他最重要的著作《管理新模式》[①]一书中写道："每一个系统都将按照自己的模式去塑造人。"权威型组织总是使人依赖于少数几个领导；而参与型组织会促使人们在心里和社交方面变得更为成熟，使得他们能够有效互动，发挥创造性和领导力。

《管理新模式》(1961)彻底摒弃了那些盲目的服从和企业人的固有模式。在60年代，利己主义思潮席卷全球，利克特的著作也深深打上了这种思想的烙印。利克特在该书开篇中写道："那些拥有辉煌历史的美国企业和政府部门中的经理们，现在正处在一个阶段中，在这个阶段就是要探索出一条比当今系统更能有效运作的道路。在社会学研究的帮助下，我们现在能够根据这些行业中佼佼者的管理实践经验，总结出有关组织的一般性原理。"

利克特为我们勾画出了一幅提高人们工作参与性和更富个性化的场景。他坚持认为，这是竞争加剧和技术加速更新的必然后果——"昔日是一个技术简单，组织核心人物掌握着所有技术的时代，而如今在组织管理方面需要比那时更加密切的合作和更进一步的参与。"

以今天的眼光来看，利克特在当时提出的解决办法即使是现在也不为过时。他提出管理是可以存在不同的，只有不断深入透彻的理解管理实践才能提高衡量管理的方法。弗莱德里克·泰勒衡量了人的行动，而利克特则是衡量了人的思想。

伦西斯·利克特曾勾画出过一个有关理想组织的蓝图，这个设想经受住了长期时间的检验——但也有个别的例子没能实现。在新经济杂志《快速企业》(Fast Company)的某一期中，利克特是这么描述理想组织的："如果企业能够聚拢一批能干的人、具有有效组织团队的能力和组织中跨团队的领导力、能够实现有效的沟通、决策制定能够真正做到有影响的、分权化和合作化的，企业目标是创新和高标准的，那么这个企业就能够杰出运作。”在《管理新模式》中，利克特建立起了一个标准，一个直到今天各类组织仍在执著追求的标准。

作者简介

美国的心理学家伦西斯·利克特(1903～1981)是有关态度问题的研究先驱。他是怀俄明州夏安族后裔，曾在密执安州立大学学习土木工程学。后来，利克特改学社会学和经济学。并最终获得哥伦比亚大学的心理学博士学位。

利克特早年在纽约大学教授心理学。后来，他离开学术界，在康涅狄格州的寿险销售研究局担任主任一职，主管研究工作。再后来，他还在美国农业部做过统计工作。最终，他又回到学术界，组建了密执安大学测量研究中心——这是一个社会学研究所。利克特同时还是该大学的心理学和社会学教授。

注释

① Likert, Rensis, New Patterns of Management, McGraw Hill, New York, 1961
伦西斯·利克特，《管理新模式》

尼科罗·马基雅维利(Nicolo Machiavelli)

君主论(The Prince)

1513

在20世纪后期,论述如何自我修养的书蜂拥而出。那些书商所宣称的所谓时间管理秘籍、如何完美展现自我和如何应付面试的著作充斥着大大小小的书架。其实这类书并不是什么新玩艺,早在500多年前,这类书就已经出现了。16世纪,尼科罗·马基雅维利创作的《君主论》[①]就是一本可以与本世纪戴尔·卡耐基(Dale Carnegie)的《如何赢得朋友和影响他人》相媲美的著作。在这本详细描绘亚力山大六世(Alexander VI)所受苦难的著作中,我们在字里行间能发现大量的警句和格言。而且更令现代某些人感到沮丧的是,尽管出版于500年前,但书中许多内容对于今天的管理者和企业来说,仍具有针砭时弊的意义(安东尼·杰伊(Antony Jay)1970年的著作《管理与马基雅维利》(Management and Machiavelli)进一步对古今这类著作进行了比较)。

YSC咨询公司的心理学家罗伯特·夏洛克(Robert Sharrock)说道:"就像是一位真正的领导者,马基雅维利总是努力去寻求保护自己,而一些管理者总是将自己看做是天生的统治者,自认为自己的管理万无一失。无论是对于失败所采取的防御性措施,还是为实现预期目标而实施完全控制,前者的动机更富有理论性。那些用马基雅维利思想武装起来的管理者所起到的作用能为人们清楚地看到。"

马基雅维利曾提到:"一个君主拥有我列举出的所有优秀品质是

不必要的，但他必须在表面上表现出拥有这些品质。”他又补充说道：做“一名伟大的假装者和伪君子”有时是十分有用的。但《君主论》所包含的远远不止这些。像许多杰出著作一样，该书也包含了一些对所有人都具有实用价值的东西。马基雅维利对于试图改变管理方法的人的看法：“在这个世上，没有什么人会比引入新秩序的开创者遇到更棘手、更危险、更未知的问题了。”对于维持住人们的动机，他说：“他要做的最重要的事情是组织和训练好他的手下，使他们从不放弃对目标的追求。”

作者简介

尼科罗·马基雅维利(1469～1527)是佛罗伦萨政府的一位官员。在他任第二大臣秘书 14 年的时间内，他被人们誉为“佛罗伦萨的秘书”。他主持了 30 次外交使命。他的工作使得他能够结识当时欧洲的一些最有影响力的大臣和政府代表。他的最重要的外交胜利是比萨政权向佛罗伦萨政府的投降。

1512 年，随着 Medicis 重新掌权，马基雅维利的外交生涯也就由此终结了。他被驱逐出城市，并且被控告参与策划了反对政府的阴谋。他因此锒铛入狱，期间备受折磨。出狱后，他隐居在佛罗伦萨郊外的一个大农场，并且开始了他的写作生涯，且取得了成功。他的作品涉及政治、戏剧和佛罗伦萨的历史等等。

马基雅维利甚至建议管理者应该收购其他国家的公司：“在一个国家中，将那些有着不同语言、风俗、法律的州府合并在一起，会遇到相当困难，而且需要投入可观的财富和精力，才能使它们被捏合在一起。面对这种情况，最有效的办法就是合并这些地方的人亲身到那里居住下去……因为如果他就在现场的话，那么有可能发生的混乱还在初始状态，就能被发觉。他也就能很快采取补救措施；如果远隔万里，那么只有在骚乱暴发后，他才能听到，而这时已经没有机会去补救了。”如今分布在世界各地的跨国公司的管理者一定会认同马基雅维利的这段分析。

马基雅维利有关领导能力的论述可谓是他的巅峰之作。他认为成功的基础不是运气或天才，而是“快乐的机灵”(Happy shrewdness)。在其他方面，他提出“君主在战争和国家法律和规则之外，不应该还有其他目标和想法，也不该学习其他任何事情。因为前者才是统治一国的君主所需要的惟一艺术。”

哈默尔对《君主论》点评

“我们需要提醒自己，领导能力和战略并不是20世纪的发明，它们早在几个世纪前就已经问世了。当时，只有君主才表现得更关注这个问题，而不是工业家。尽管在人类事务中权力总是恒久存在的，而且这也是马基雅维利《君主论》主题，但在当今社会，讨论权力已经变得不再时尚。但我们总是被人提醒，在知识经济时代，资本总是穿着鞋子，每天晚上都回到家里。强权政治这种朽钝的武器已经无用武之地了。但是默尔·雷德斯通(Sumner Redstone)、比尔·盖兹(Bill Gates)、鲁珀特·默多克(Rupert Murdoch)，他们都会同意这种观点吗？令人感兴趣的是，500年之后，马基雅维利的著作仍在印刷。当代关于领导能力的著作能够在2500年后仍然熠熠生辉吗？马基雅维利思想的长久生命力告诉我们，什么才是管理深远和恒久的真谛。”

《君主论》也研究了那些白手起家领导者们发展到一定高度所遇到的危险。“一个被幸运之神眷顾的爬上君主位置的小老百姓，在成为君主的过程中将不会遇到太大困难；但如何保住权位，却是困难重重。因为平步青云的机遇使他们避开了险阻，但达到巅峰之后，他们将不得不直面各种难题。”

最重要的是,马基雅维利所提倡的是一种实施阴谋诡计和强权政治的领导能力。作为鲍吉亚(Borgia)的仰慕者,马基雅维利崇尚人性恶论。非常不幸的是,历史已经多次证明,那种结合了能言善辩和狡诈的人更容易获得成功。马基雅维利认为,做个好人固然很好,但是领导者"必须懂得在必要时自己能够做个恶人"。

注 释

① Machiavelli, Nicolo, The Prince, Penguin, London, 1967
尼科罗·马基雅维利,《君主论》

道格拉斯·麦格雷戈（Douglas McGregor）

企业的人性面

(The Human Side of Enterprise)

1960

在《企业的人性面》[①]前言中，麦格雷戈写道："本文力图证明企业人性的一面是牵动全局这一道理；提出了管理中人力资源的控制将决定整个企业特征的理论性假设。"

《企业的人性面》是当时人类关系学派教科书式的经典著作。60年代中后期，大型寡头企业占据支配地位，世界正处于最困惑时期。而麦格雷戈对工作和动机的研究符合当时人们对一些敏感问题的关注。1965年，该书的销售量达到创纪录的新高达3万册，这在当时是前所未有的。

在《企业的人性面》一书中，麦格雷戈描述了两种不同的管理思想：X理论和Y理论。

X理论是传统的胡萝卜加大棒的思维模式，它是建立在"大众是庸才的假设"基础上。它假定工人生来就是懒汉，是需要监督和激励的，并认为工作是为了挣钱，是不得已而为之的邪恶事情。麦格雷戈所提出的X理论的前提条件是：

1. 一般人，与生俱来就不喜好工作，只要有可能，他就会逃避；
2. 因此，需要采取强迫、控制、指挥、威胁等手段，驱使人们付出足够的努力以实现组织的最终目标；

3. 一般人情愿被指挥而不愿承担责任，他们缺乏进取心，把个人安全看得比什么都重要。

麦格雷戈哀叹：X 理论"在美国工业界相当广泛的范围内，对它们的管理战略产生了确确实实的影响。"而且他认为"如果所有传统组织理论存在着惟一的假设，那么它的核心就是权威，这是管理控制必不可少的手段。"

"当今有关企业人性方面的观念是根据以上的主张和信条形成的。"麦格雷戈得出结论"这种行为并不是由人的天性造成的，而是由工业组织、管理哲学、政策和实践等原因造成的。"并不是人创造了组织，而是组织改变了人的思想、欲望和行为。

麦格雷格所描述的另一种极端就是 Y 理论。这个理论是根据人们不仅想要、而且确实需要工作的原理制定的。如果是这样的话，组织的工作就是进一步加强了个人对目标的投入，并且彻底解放他们的能力。Y 理论的假设如下：

1. 在工作中，对体力和精神的消耗正如游戏和休息一样平常——一般人本质上并不厌恶工作；
2. 外部的控制和惩罚性威胁并不是促使人们完成企业目标的惟一手段；
3. 承担起完成某项工作的义务，必须将奖赏与所取得的业绩联系起来——其中最重要的奖赏是为完成组织目标而付出的努力和自我满足；
4. 在合适条件下，一般人不仅能够被动地接受、而且能够主动地寻求职责；
5. 在解决组织问题时，大多数人是具有高度想象、机智和创造能力的。

X、Y 理论可不是什么简单的陈词滥调。麦格雷戈是极具现实主义的:“要想在当前建立一个能够充分、有效运用这些理论的组织,比起在1945年时就建立起原子能发电厂(原子能发电在50年代才实现,译者注)更不可能实现。即使是今天,仍有许多难以逾越的障碍需要克服。”

作者简介

道格拉斯·麦格雷戈(1906～1964)曾在城市大学和哈佛大学学习。他曾任 Antioch 学院的校长(1948～1954),后来成为麻省理工管理学教授。尽管他所创作的作品不多,而且寿命也不长,但麦格雷戈的工作极具成效。他是50年代末期出现的人类关系学派的核心人物(还包括马斯洛(Maslow)、赫兹伯格(Herzberg)等人)。

华仑·贝尼斯(Warren Bennis)曾盛赞道:“麦格雷戈起到了一个榜样的作用,在某种程度上,我在事业上一直仿效他。道格拉斯很有天赋,他能够明白哪些东西能够对相关人员产生真正的影响。他并不是纯粹的学术家,但是他具有能够澄清那些困扰着的日后被称为‘行为科学研究发展’的问题、并在相关人员中产生真正共鸣的品质。”

《企业的人性面》还揭示了许多其他方面。譬如,麦格雷戈研究了获得新技能的过程,并列举了经理应该具备的四种学识:智力知识、操作技能、解决问题的能力和社会交往能力。麦格雷格认为,最后一种技能超出了一般教和学的范畴之外。“通常我们很少得到有关自己行为对他人产生何种影响的、真正有价值的信息反馈。如果反馈所得到的信息表示他们的所作所为与我们预期不一样。我们最简单的反应就是责骂他们愚笨、缺少应变力、怪僻。但最重要的是,在大多数社会场合下,这样的指责是于事无补的。而且,这往往也只是背后的闲言碎语,当事人并没有机会来参与有关自己的讨论。”麦格雷戈建议使用T形小组。早期,通过小组成员的交流,可以帮助大家更好地了解自己和他人的行为。

通常，对于麦格雷戈 X、Y 理论的抱怨主要是说它们是两种互为排斥、水火不容的极端情况。为了回击这种言论，麦格雷戈在 1964 年去世前，发展了 Z 理论。这个理论组合了有关组织和个人的规则。威廉·伍奇(William Ouchi)进一步继承和发扬了 Z 理论。在同名著作中，他分析了日本的工作方式，发现，麦格雷戈 Z 理论中的许多思想——终生雇用、关注雇员的社会生活、非正式控制、全体通过的决议、缓慢晋升、借助中间管理层，使信息在公司上下层间双向流动、公司责任感、关注质量——都能在这里找到丰沃的土地。

麦格雷戈的两位最初支持者约翰·莫斯(John Morse)和杰·劳奇(Jay Lorsch)将该理论作了进一步的发展。"适当的组织形式应视工作性质和实际参与者的情况而定。"[②]他们把自己的理论称之为"偶然性理论"(contingency theory)，一种与 X、Y 理论平行的实用型理论。

哈默尔对《企业的人性面》点评

"过去的 40 年间，我们已经缓慢地放弃了那种认为人只是工业机器中一个满怀热血的齿轮的观点。人是可以被信赖的；人们是希望把事情做好的；人是有想象力和聪明才智的——这些，都是麦格雷戈的基本假设前提。而且它们构成了现代管理思想家——无论是杜拉克(Drucker)、戴明(Deming)，还是彼得斯(Peters)——的思想基础和全球最成功企业的人力资源管理的实践基础。"

Y 理论不仅仅是一个纸面上说说而已的理论。早在 20 世纪 50 年代，麦格雷戈就帮助设计了 P&G 在乔治亚州的工厂。该厂是建立在 Y 理论基础上，进行自我管理。它的业绩很快超过了 P&G 的其他厂家。这表明，Y 理论的确是行之有效的，尽管它现在仍过多地停留在书本上、而不是生产实践中。

注 释

① McGregor, Douglas, The Human Side of Enterprise, McGraw Hill, New York, 1960

道格拉斯·麦格雷戈，《企业的人性面》

② Morse, Hohn, and Lorsch, Jay, "Beyond Theory Y," Harvard Business Review, May-June 1970

约翰·莫斯、杰·劳奇，《Y 理论之外》

亚伯拉罕·马斯洛(Abraham Maslow)

动机与人格 (Motivation and Personality)

1954

亚伯拉罕·马斯洛是20世纪50年代末人类关系学派的重要成员,《动机与人格》[①]一书以“需求层次理论”闻名天下——马斯洛在他1943年出版的著作中曾首次提出了这个概念。马斯洛指出:“人类的需求是逐渐提高的,如果想要激发一个人就必须理解人的这种需求结构。”

首先是最基本的生理需要,诸如穿着温暖、拥有住所和食物等。马斯洛说到:“这些需求是非常实际的。人们必须依靠面包而生存,如果没有面包那会怎样呢?但是,当一个人已经衣食无忧了,他的欲望又会发生什么变化呢?”

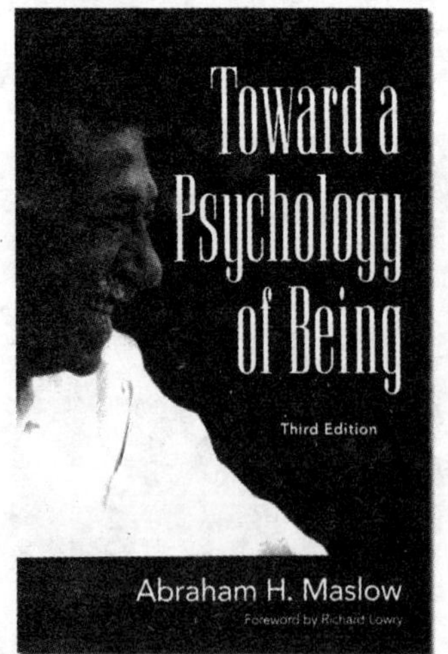

当一个人的最基本的生理需求获得满足后,其他需求就会成为主导:“如果人的生理需求能够得到很好的满足,那么就会出现新的需求,这种需求我们可笼统称之为对安全的需要。”马斯洛继续写道,“如果一个人能够处于这种状态足够长的时间,那么他就可以被称之为了安全而生活的人。”

下一个更高层次的需求是为社会或

情爱的需求,尊重的需求。最终随着这些需求的满足,人们需求将趋向更高的层次,这被马斯洛冠以"自我实现"———个人实现自己潜能的需求(稍后,马斯洛创造了 Eupsychian 一词来形容由 1000 名实现了自我实现的个人,栖身在受庇护的小岛上,不受任何干扰而形成的文化)。

马斯洛的需求层次理论向我们提供了一个研究人类动机的理性框架。这个理论的缺点在于忽视了人性本质。人们总是欲壑难填的(是不会拘泥于寥寥几个需求)。例如,当人们被问及多少薪水会使他们感到满意的时候,无论他们现在的收入是多是少,人们报出预期的数目总是现在实际收入的两倍左右。

作者简介

亚伯拉罕·马斯洛(1908～1970)是美国的一位行为心理学家。生于布鲁克林,曾在威斯康星大学学习。他既从事管理实践,又从事学术研究。作为学者,他最感兴趣的是灵长类动物的社会行为,并先后在哥伦比亚大学、布鲁克林大学、西方行为科学研究所和马萨诸塞州的布兰迪斯大学(Brandeis University)工作。在布兰迪斯大学期间,他写作了《动机与人格》一书。他的其他著作还包括《走向人类心理学》(1962)(Towards a Psychology of Being)、《Eupsychian 管理》(1965)(Eupsychian Management)、《心理学》(1967)(The Psychology of Science)、《人性研究》(1971)(The Further Research of Human Nature)。

尽管如此,马斯洛的需求层次理论促成了人际关系学的出现,为它制定了规范,并且使人们对动机有了新的理解。马斯洛的学说代替了过去人们简单地认为只有惩罚和免职才是推动力。现在,影响人们发展的动机也能与奖励机制联系在一起。马斯洛的有关"自我实现"的概念极大地扩展了管理学的内容。

哈默尔对《动机与人格》点评

“理论的原型无论是如何的精妙和多样，悠悠时光总是将它们浓缩到最可沟通的本质。如马斯洛的需求层次理论，帕斯卡的7S理论，迈克尔·波特的5F理论和波士顿咨询公司的成长/共享模式，但还没有任何一个理论能够像马斯洛的需求层次理论那样如此深入到组织生活的实际。或许是它直截了当地道出了我们每个人的渴望。”

注释

① Maslow, Abraham, Motivation and Personality, Harper & Row, New York, 1954
亚伯拉罕·马斯洛，《动机与人格》

41

松下幸之助 (Konosuke Matsushita)

寻求繁荣 (Quest for Prosperity)

1988

松下幸之助曾经说过:“在东西方的工业竞争中,我们将赢得胜利,而西方工业界将会输掉这场竞争。对此,西方工业界将毫无办法,因为失败的根源就在他们自己身上。”当松下幸之助以高高在上的姿态讲述这番话、毫不留情地揭示出西方工业界注定失败的原因时,西方的管理者莫不感到阵阵寒意。松下和他的公司故事是20世纪中如何取得非凡工业成就的一个耐人寻味的故事。

松下公司生产的第一种产品是插头匹配器。松下幸之助曾经向原先的老板提到过这种产品,但他们表示不感兴趣。这其实不足为怪,因为松下公司在当时并不知道生产该产品的工艺。松下幸之助和他的4位同事花了整整4个月的时间才彻底搞清工艺。但结局却是悲剧性的,产品生产出来后无人问津。

松下公司在业务上的首次突破是接到了一笔制作绝缘盘的订单,并且按时、保质、保量地完成了任务。从此,松下公司开始赢利了。接着,松下幸之助又开发了一种极具创新的自行车灯,但零售商们纷纷表示顾客对该产品反应冷淡。松下幸之助让销售人员为每一家经销店铺安装了一个连接有开关的自行车灯。这种简单的产品展示给顾客留下深刻的印象,松下公司的业务由此取得了突飞猛进的发展。

松下公司的成功故事屡屡出现在各类管理教程中(其中最有影响

的要数约翰·科特(John Kotter)于1997年所著的《松下的领导能力》(Matsushita Leadership)一书。首先,松下公司很早就认识到了客户服务这一点。而当时在西方,还没有一家企业认识到这一点。松下幸之助提出:"向顾客销售的不应是那些吸引他们的东西,而是那些使顾客真正受益的东西。售后服务远比售前辅导重要。企业通过这种服务能够获得长久稳定的顾客。"

第二,松下幸之助对亨利·福特极其敬仰,他自己也一贯强调生产效率和产品质量。"造成产品缺货的原因就是疏忽,如果发生了这种事情,那么就应该立刻向顾客道歉,询问他们的住址并承诺尽可能快地向他们提供产品。"

松下幸之助成功的第三个原因是他真正的企业家意识。他敢于承担风险,在每一阶段都会坚持自己的信念。最典型的例子莫过于录像带格式的发明风波。当时,松下公司发明了VHS格式,并对该项技术进行了注册;而索尼公司发明了贝塔(Beta)模式,尽管该模式拥有VHS不可比拟的优势,但技术注册失败。最后VHS成为世界范围内采用的标准格式,而贝塔模式却湮灭在时光的河流中。

最后,松下幸之助提倡进行商业活动必须有德,这已在他颇有家长作风的管理实践中表现出来。即使在公司发展早期,遇到世界性经济危机的时候,松下也没有裁减过一位工人。这大大增强了员工对企业的忠诚度。松下幸之助说到:"我们还远没有达到让人发自内心去工作的程度。无论是什么工作,你应该确信自己就是全权负责这件事,并对它负有全部的责任。"松下幸之助又描述了他的工作方法,"我主要负责那些大的事情和小的事情。而不大不小的事情则授权其他人去完成。"他还略显神秘地解释了领导的作用。"小兵们从来都是紧盯着头头的,如果头头走得快一些,小兵们自然也就会跟上节奏;但如果头头行动迟缓,那么小兵们做事也会拖拉下来。"

松下幸之助同时也描绘出了一个他所深信不疑的信条，就是，一个商业企业应该具有更广博的精神目标，仅仅盯住利润是远远不够的。企业所担负的一个重要责任就是战胜贫困，使社会远离贫困而变得富足。松下幸之助的这种"基本管理目标"形成于 1929 年，他说："认识到了作为工业家应肩负的责任。通过我们的商业活动，我们将献身于社会的进步和致力于人民康乐的发展，进而促进世界人民生活质量的提高。"

作者简介

松下幸之助(1894～1989) 生于日本歌山农村的一个贫苦家庭。他有 7 位兄弟姐妹。松下家曾经相当富有，但因父亲赌博，而终致倾家荡产。松下幸之助于 1904 年离开学校，并成为一家制作木炭烤架铺子的学徒。后来他逐步成为大阪电灯泡公司的检查员。并在 1917 年建立了自己的公司——松下电子。在 1932 年的时候，他已经雇佣了超过 1000 名工人，拥有 10 家工厂和 280 项专利。

二战期间，尽管他在其他领域并没有任何实际经验，但他仍为日本军阀建造军舰和飞机。1958 年，松下电子公司因其高质量的运作获得褒奖。1990 年，在索尼公司收购了哥伦比亚广播公司一年后，松下收购了美国电影制作公司 MCA。松下公司从白手起家，最终成为年收入 420 亿美元的大公司。松下幸之助本人也亲手创造出了一个世界上最为著名的品牌 Panasonic，同时，他个人的资产也达到 30 亿美元。

松下幸之助将不能创造利润看作是一种危害社会的罪行。"我们占用了社会的资金、人力资源和其他各类资源，如果不能获得相应的利润，那么我们就是浪费了社会的宝贵资源财富，而这些资源本可以用在其他更有益的地方。"

松下幸之助认为商业活动就是充满需求的、严肃的和至关重要的:“我们明白现代商业活动已经变得如此复杂和困难,在一个不可预知的充满竞争和危险的社会环境中,企业的生存遇到了如此多的危险。如果它们想要继续生存下去,就必须在平时充分发挥每一位员工的聪明才智。”

42

埃尔顿·梅奥 (Elton Mayo)

工业文明中人的问题(The Human Problems of an Industrial Civilization)

1933

1927～1932 年间，在芝加哥西部电力公司（Western Electrics Chicago）工厂内，一直进行着霍索恩研究。这项研究向人们提供了一些有关工人工作动机的、具有深远意义的看法。研究发现，诸如工作环境变化等因素都将会提高产量——即使这种变化是极其细微的。

霍索恩的试验引起了人们广泛的重视。该实验最显著的影响并不是来自于公布的调查结果或研究发现——当然这也是十分重要的，而是人们通过这项研究所表明出的态度。无论是指导大规模生产，还是科学管理，人以及影响人的动机才是任何企业成功的关键。这种影响延续和发展的结果，就是促成 20 世纪 40、50 年代，人类关系学派的思想家们正式登上了历史舞台。

霍索恩试验是在西部电力公司霍恩斯工厂的继电器装配检验车间进行的。梅奥并不是参与该项目的惟一学者，对于该项目的记述也是出自多家，如哈佛大学的弗里茨·罗特利斯伯格（Fritz Roethlisberger）和威廉·迪克森（William Dickson）都曾做过试验的记录（坦率地讲，这些记述大同小异。选择梅奥的著作，与其说是该书存在着一定的文学价值，不如说是因他在霍恩斯试验中所担当的领导角色)。

霍恩斯试验主要研究的是士气和产出之间的联系。根据要求,5位女工被转移到测试车间,她们的工作受到研究者的仔细观测。最初的测试仅限于身体和技术上的变化。研究者并不认为社会学因素会造成显著的影响,但结果却使他们大跌眼镜。就像从众多同类中被挑选出来后,豚鼠的士气会高涨起来。由于被挑选出来,这些妇女觉得自己受到了更多的关注。她们认为自己是被精心挑选出来的,并对此产生了积极的反应。在实验中,发现的另外一个重要事实是,那种认为隶属于一个紧密联系团队的归属感将有效地促进生产。梅奥评论:"那种希望获得他人好感的意愿,即所谓与人协作的本能,远远胜过仅仅关注个人利益和只进行逻辑性思考的意愿,而后者是当今不少虚假管理思想的理论依据。"

梅奥坚信,在毫无人情味可言的大批量生产方式开始大行其道的时候,在工人的工作场所弹奏背景音乐,将唤起人的天性。梅奥记述道:"在如此长的时间内,商业精英们在他们的商业模式中根本没有考虑到人的天性和社会动机问题。他们一致认为,罢工和怠工是工业化进程所带来的必然产物。"梅奥积极拥护那些团队紧密合作,以及管理者与工人之间改善沟通的事情。霍恩斯的研究揭示出在各种正式团队之间还存在着一种蕴含有极大能量的非正式组织。公司绝对不能忽视这种组织形式,而且应该善于利用它。

梅奥是以一种人文主义视角去看待工厂的。这是一种静止的方法,它的假设前提是工人的行为完全由"情感逻辑"所支配,而老板们则完全受"成本、效率逻辑"所支配。理查德·帕斯卡在他的《边缘管理》引用了一位日本经理的重要发现"霍恩斯试验的研究结果本身并没有什么不对,问题在于,霍恩斯试验是从一个错误的角度对人的行为进行了观察。你的想法应该建立在如何赋予工人权利,使最适合的人担负起职责，通过采用被全体人员一致尊崇的价值观，将分散的个体团结起来。在霍恩斯试验背后，我们感到隐藏着一种自以为是的优越感，这就像是父母对于自己孩子的一种假想，而并不是一种真正的理解。”

作者简介

尽管澳大利亚人埃尔顿·梅奥(1880～1949)从事过不同的职业，但使他闻名于世的还是他对霍索恩试验所做的贡献。

梅奥在参加霍索恩试验前走过了一条曲折的道路。他早年一直在不同地方从事着不同的工作。他在伦敦和爱丁堡受过医疗培训；在非洲待过一段时间；在 Adelaide 印刷公司工作并在昆士兰大学教过书。第一次世界大战后，他研究过战争对人们的心理影响。[①] 梅奥在 1923 年到达美国并在宾夕法尼亚州(Pennsylvania)大学工作，之后到了哈佛大学。就是在哈佛大学的时期内，梅奥做出了对于商业思想的重要贡献。

尽管如此，梅奥的工作以及他的霍恩斯试验纠正了管理思想理论化过程中的失衡。纠正了早期研究人员过度沉溺于科学管理理论的倾向。这是管理理论的探索从注重科学回归到关注人性和艺术的重要一步。就像事物阴、阳两个方面，从来都是水火不容的。人文主义者(从玛丽·帕克·弗洛特(Mary Parker Follett)、埃尔顿·梅奥、道格拉斯·麦格雷戈(Douglas McGregor)，和亚伯拉罕·马斯洛(Abraham Maslow)到查尔斯·汉迪(Charles Handy)和汤姆·彼得斯(Tom Peters)的观点与科学管理学派(佛莱德莱克·泰勒(Frederick Taylor)，阿尔弗莱德·斯隆(Alfred P. Sloan)，伊戈尔·安索夫(Igor Ansoff)，阿尔弗莱德· 钱德勒(Alfred Chandler)，迈克尔·波特(Michael Porter)和当今那些企业再造大师们)的观点很少或从没有过一致。梅奥的工作为人文主义学派的所有后续者们打下了坚实的基础。

注 释

① 战争本身也往往对一些管理思想家们产生了深刻的影响，赫兹伯格(Frederick Herzberg)深受达豪(Dachau)集中营经历的影响，艾德佳·沙因(Ed Schein)也曾在朝鲜战争中的战俘营中重新思考许多事情，汤姆·彼得斯也曾在越战中服役

亨利·明茨伯格(Henry Mintzberg)

管理工作的本质

(The Nature of Managerial Work)

1973

管理者实际上都做些什么?他们是怎么做的,以及为什么这样做?这都是一些最基本不过的问题了。对于这些问题,有一些被大众普遍接受的答案。而经理们对于什么是管理者也有着自己的看法,并对此深信不疑:他们孤独地凝思着重大战略问题,并且花费大量时间去寻求做出最好的决定;他们召开的会议也往往是这样的,一群大权在握的人热烈地讨论着一些表象上的事情,而不是去探究事物的本质。

直到亨利·明茨伯格《管理工作的本质》[1]出版以前,管理领域仍存在着大量空白。明茨伯格没有接受对这些问题的通行看法,他努力探寻事物的本质。他观察并记录了实际生活中相当多的经理言行。结果,他一举打破了长期存在着的有关管理的种种神话。

明茨伯格发现管理者通常会成为眼前事物的奴隶,他们总是疲于奔命,被不断发生的事情牵着鼻子走。他们处理一件事情的平均时间仅为9分钟。在《管理工作的本质》一书中，明茨伯格提出，经理人在工作中应表现出来的主要品质是：

- 以一种不屈不挠精神，处理纷纭复杂的事务
- 他们的活动是多样的、短暂的和琐碎的
- 喜欢当前的、特别的和不合常规的事情
- 喜欢用语言而非文字进行交流
- 在一个内外部联系的网络中活动
- 服从于严格的限制，但能控制工作的一些方面。

从这些观察中，明茨伯格提出了“管理者”应扮演的不同“工作角色”：

人际关系方面的角色

- 领袖形象：对外代表企业或组织
- 领导人：鼓舞下属、团结集体力量
- 联络：保持与外部的联系。

信息方面的角色

- 监控：监控信息的流动
- 传播：将信息传递给下属
- 发言人：将信息传递给外界。

决策方面的角色

- 企业家：产生和设计变革
- 问题处理：处理非常规事务
- 资源分配：分配资源和指派工作
- 谈判：谈判。

明茨伯格提到：“所有管理者的工作都跳不出这些范畴。但对不同的管理岗位，侧重点会有所不同。”

令人奇怪的是，在《管理工作的本质》出版后，并没有出现什么有

价值的相关论述。普通研究者已满足于那些整洁干净的案例。这些案例往往充斥着事后诸葛亮似的智慧和蜻蜓点水般的谈话。对于前

作者简介

“亨利·明茨伯格或许是世界上第一位管理思想家。”汤姆·彼得斯②是这么说的。明茨伯格是位于加拿大蒙特利尔的麦吉尔大学(McGill University)和位于法国枫丹白露的 INSEAD 大学的教授。他最近监督由加拿大、英国、法国、印度和日本五所商学院参与的活动,该活动是以创造出培养新一代管理精英的程序为目标。明茨伯格最早学习的是机械工程学,后来他从麻省理工学院获得了管理学博士。他还从以下大学获得过荣誉学位,维也纳大学、LUND 大学、Lausanne 大学和蒙特利尔大学。

明茨伯格并不是因为推广新技术而获得声誉,而是在于他对战略、结构、管理和计划基础的再思考。他对管理生活的每一个方面进行了审视,观察独到,甚至有些反常规,但富含幽默。特别是他有关“紧急战略”(emergent strategy)和“基层战略”(Grass-root strategy making)的思想,影响极大。

他曾因在《哈佛管理评论》上的文章获得过麦肯锡奖。他是《明茨伯格管理理论:我们奇怪的组织世界内部》(Mintzberg on Management: Inside our Strange World of Organization)(1989),《结构五种形式》(Structure in Five)(1983),《管理工作本质》(The Nature of Managerial Work)(1973),《战略计划的兴衰》(The Rise and Fall of Strategic Planning)(1994)的作者。

者,在它们被记录下来的时候,就已经显得过时了;而后者只不过泛泛而谈,没有涉及任何实质性细节。管理企业的实际工作经常被掩盖在时髦和虚化的背后,而不为人所注意。

哈默尔对《管理工作的本质》点评

“有5条理由使我喜欢明茨伯格:他是打破旧习的世界级人物;他喜欢纷繁复杂、活生生的公司世界(见《管理工作的本质》);他是讲故事的大师;他既注重理论、又注重实践;他从不相信简单答案。”

注 释

① Mintzberg, Henry, The Nature of Managerial Work, Harper & Row, New York, 1973

亨利·明茨伯格,《管理工作的本质》

② Peters, Tom,“Strategic Planning, RIP,”March 25, 1994

汤姆·彼得斯,“战略计划,RIP”

亨利·明茨伯格（Henry Mintzberg）

战略计划的兴衰

(The Rise and Fall of Strategic Planning)

1944

亨利·明茨伯格的《战略计划的兴衰》[①]反映出人们对战略计划方法的普遍不满。“美国计划论坛”所进行的研究表明，只有25%的企业认为自己制定的计划是行之有效的。OC&C战略咨询公司在一本小册子中写道：“对于大多数的战略计划，最人道的方法就是将它们剔除干净。”

明茨伯格长期以来一直对那种参照公式或偏重分析的战略计划进行抨击，在《战略计划的兴衰》一书中，他冷酷无情地摧毁了许多我们认为是理所当然的传统东西，并提出了自己的见解。

他将计划描述为：“对公司既有战略进行整理、推敲和实用化的程式化系统。与此相反，战略是一个轮廓刚刚显现或只是一个经过深思熟虑后的观点。”明茨伯格认为战略是不可能被计划的。因为计划制定所关注的是分析，而战略制定所关注的是综合。今天，计划的制定者并不是多余的。但是他们只具备有限的价值，他们主要是作为战略的发现者、分析者和鼓动者。他们是各级经理们的支持者，但他们总是永远不停地提出质疑，而不是提供解答问题的答案。他们最有效的作用就是挖掘那些“在企业不可预料地方出现的战略萌芽，并考虑如何将它们推广开来。”

明茨伯格提出在我们当今的战略计划实践过程，存在着三种主要缺陷：

第一，假设不连续的事情能够被预测出来。人们总是设想未来还将照搬过去的模式，因此在预测未来的技术上存在着很大的局限性。因为忽视了偶然事件的可能，使得战略很容易分崩离析。

他还指出，在相对平稳的时期如20世纪60年代，人们对于制定计划的热情空前高涨。而当面临世界新秩序的时候，就只剩下计划的制定者还在苦苦挣扎，以求再现往日辉煌。

第二，假设计划制定者可以游离于组织现实之外。明茨伯格严厉地批评了这种“截然分开的假设”。他写道“如果认为想法必须与实际行动脱离，战略必须与实际运作脱离，思想家必须与实干家脱离的话……这种将思想与实际行动截然分开是战略计划出现问题的根源。”

传统上，计划的制定者经常执迷于收集一些关于行业、市场、竞争等方面的所谓硬数据，而忽略了那些软数据——关系网络、与顾客交谈、供货商和雇员、直觉和小道消息等等。

明茨伯格指出，许多被我们称之为硬数据的资料远不是那么回事。这些硬数据都存在着缺陷。其中最典型莫过于“衡量那些可以衡量东西”的谬论，所以最终结果是有局限性的。比如，大家都明显倾向于一种以成本为导向的战略（强调运作效率，这通常是可以被衡量的），而不愿采用以产品为导向的战略（强调创新设计或高质量，这些都难以衡量）。

如果想要真实、有效地理解企业的竞争态势，在制定计划过程中，就必须考虑那些所谓的软数据。“战略制定是一个非常复杂的过程，涉及到人类认知能力和社会过程的方方面面，需要深于谋算、感觉敏锐，还要具备某些潜意识，”明茨伯格继续写道，“硬数据告诉了我们知识，而软数据则在很大程度上培育了我们的智慧。软数据或许更难被‘分析’，但它们对于‘综合’是必不可少的——是战略抉择的关键。”

明茨伯格认为，第三种（也是最后一种缺陷）是假设战略制定可以被模式化。人的左脑主要担负分析和逻辑功能，所以它主导着战略模式的形成。当过度结构化时，会造成选择的狭隘，那些不符合预先注定结构的方案将会被忽略。侧重于直觉和创新的人的右脑，是应该参与战略制定。明茨伯格断言道“制定计划的实质就是对分类进行定义和维护，创造的本质就是设立新的分类或对旧有分类重新排列”。这就是为什么战略计划既不能产生创造力，也不能妥善处理那些通过其他途径所产生的创造力。那种冲破既有模式的战略“就应该像杂草一样生长，它们可不是温室里培育的西红柿……它们能够扎根在任何一块地方。”

明茨伯格所描述的战略制定应包括以下几点：

- 由综合而发展出来的
- 非正式和带有幻想色彩，而不是程序化的或正式的
- 依靠不同思想、直觉和潜意识，这就会促使创新的迸发
- 不规则和不可预见的、是一种本能。将打破以往的稳定局面
- 管理者不是一位孤零零的领导者，而是合适的信息管理者和机会主义者
- 在不连续变化所造成的非稳定时间内完成
- 最终结果就是提供了一个更广阔的视角，具有某些想象色彩，由众多富有经验和整合能力的人员参与其中。

《战略计划的兴衰》引起了广泛的关注，并引发了一场言辞激烈地争论。“从许多方面来说，本书的标题应该倒过来——战略计划的衰败和兴起更为贴切。”克里斯多弗·洛仑兹（Christopher Lorenz）在

《金融时报》上如是说，并提出该书代表着“明茨伯格的过于成熟”。[2]

明茨伯格的作品受到战略拥护者们极其猛烈的反击。安德鲁·坎贝尔(Andrew Campell)，《企业层战略》(Corporate－Level Strategy)的作者之一，曾写道：“战略计划并不是毫无用处的，通过对部分大型企业联合体和业务集中的集团研究表明，在这些企业中，战略计划确实增加了企业的价值。”坎贝尔所提出的结论是，不要相信计划是一个不适当的企业行为。但这只有在以下情况，战略计划才会生效，“那就是企业核心发展了一种能够增加价值的、在企业级层面上的战略，还有就是为计划的实施建立起一套完整的管理流程。”[3]

这场争论仍将轰轰烈烈地持续下去，但许多人认为《战略计划的兴衰》是战略思想上一个划时代的突破。

哈默尔对《战略计划的兴衰》点评

“亨利·明茨伯格将战略计划看作仅仅是表面形式、缺乏创造以及没有什么真正含义。他的计划不可能产生战略的论断无疑是完全正确的。但他不应该在本书的最后一章为计划的制定者们又创立了一个新的章程，他更应该将自己的注意力放在如何探索战略的真正来源上。”

注　释

① Mintzberg, Henry, The Rise and Fall of Strategic Planning, Prentice Hall International, Hemel Hempstead, 1994
亨利·明茨伯格，《战略计划的兴衰》

② Lorenz, Christopher,“The mellowing of Mintzberg”,Financial Times, March 15, 1994
克里斯多弗·洛仑兹，《金融时报》“明茨伯格的过于成熟”一文

③ Campbell, Andrew,“The point is to raise the game”, Financial Times, September 14,1994
安德鲁·坎贝尔，《金融时报》“支持这项游戏的观点”一文

詹姆斯·穆尼 & 阿兰·雷里
(James Mooney & Alan Reiley)
前进中的工业 (Onward Industry)
1931

《前进中的工业》[①] (Onward Industry)稍后被重新命名为《组织原理》(The Principles of Organization),该书向我们提供了一个组织模型。[①] 在当时,这个模型有着非常坚实的基础。它是在一个更加广阔的组织论题范畴内,深入探究了弗莱德里克·泰勒(Frederick Taylor)的科学管理原理。

穆尼和雷里的著作因以下内容而出名:第一,提出了组织是一个普遍现象。他们写道"组织与人类社会的历史一样悠久"。穆尼认为,社会中充斥着各式各样的组织,这无论是天主教社团、政府性组织、古罗马时代和中世纪各种形式的组织,还是不断演化直至在 20 世纪初形成规模的企业。他们的结论非常简单明了就是"人们喜欢组织",并以此作为该书第一章标题。

穆尼提出的第二条非常重要的意见是,商业性组织对于整个社会生活水平的发展至关重要。这些组织直接促成了工业繁荣,并创造出现代管理技术,并最终影响了整个社会。"即使产品和流通技术发展到最高境界,也无法满足那些因为贫穷而无力购买的人们的需要。"他继续写道“工业界的最终任务，就是组织参与者们进行工作，使得仅仅依靠它就能创造和扩展大众的购买力，即使是那些开历史倒车的社团和国家亦是如此。”

作者简介

詹姆斯·穆尼(1884～1957)学的是工程专业，后来成为通用汽车公司的高级经理。穆尼从采矿和冶金应用科学学校毕业后，就在金矿工作。后来又换了多家公司，最终成为通用汽车公司下属企业 Remy 电气公司的总裁。1922 年，他被任命为通用汽车公司副总裁和海外公司总裁。二战期间，他参与了一系列政治活动——包括与德国高级官员会晤以寻求实现和平，后来穆尼成为威利斯-欧弗兰特(Willys-Overland)汽车公司的董事会主席和总裁。

阿兰·雷里是穆尼的合著者。在书的开篇，穆尼曾介绍他们是如何走到一起写作该书的：“当我将自己有关组织的概念向雷里陈述时，我发现他两眼放光……该书很大部分都应该归功于雷里所做的研究工作。”

穆尼的第三条建议就是，如果产品没有经过流通，就一文不值。这从某种意义上说是一个分水岭。在 20 世纪 30 年代以前，产量是绝对的推动性因素。二次世界大战后，重点逐步转移到寻求新的市场和扩大流通渠道以进入新市场。穆尼提醒我们：企业的大小并不是决定一切——“一提起现代商业领导能力，人们会自然而然地联系到创建一个大型企业的能力，但不知道如何利用它？”

穆尼和雷里组织理论包括了三条核心组织原理——协作原理

(coordinative principle)、分级处理(scalar process)和功能性效果(functional effect)。

	原理	过程	作用
协作原理	本身的权威或合作	合作前进	有效合作
分级处理	领导能力	授权	功能性定义
功能性效果	绝对的功能主义	实用的机能主义	机能主义的解释

注 释

① 该书的副标题为"组织原理及它们对现代工业的显著影响"

盛田昭夫（Akio Morita）

日本制造 (Made in Japan)

1986

《日本制造》[①]记述了日本索尼公司的故事。从更宽广的范围来看，该书也可以说是一段战后日本的商业发展史。

索尼公司最早的名字为东京电信工程株式会社。该名称放在产品标牌上显得并不太合适，所以盛田昭夫后来下决心将它换掉。当时公司的主要经营者，和井深大(Ibuka)是一位资深技术专家，而盛田昭夫则是一位推销员。公司最早生产的都是些收音机部件和电饭煲之类的产品，顾客对产品的反映也并不太好，像电饭煲就被顾客认为是很不可靠的。

1949 年，公司开发出一种磁介质录音带，并于 1950 年销售了日本第一台磁带录音机。1957 年，公司生产出一种收音机，尺寸只有衣服口袋大小。一年后，公司改名为索尼(Sonus 在拉丁语中为声音)。随后，在 1960 年推出了世界上第一台晶体管电视机。

随着索尼公司全球市场不断扩大，它的这种在现代科技帮助下生产越来越小产品的策略被证明是完全正确的。1961 年，索尼设在美国的公司成为在华尔街上市的第一家日本公司。1989 年，索尼收购了哥伦比亚广播公司。截至 1991 年，在索尼公司 135,000 名雇员中，外国雇员占了大半。盛田昭夫也以日本企业家代表的形象而闻名于世。他久经世故、极富企业家精神，与西方传统的企业家标准格格不入(他在与日本政客石原慎太郎(Ishihara Shintaro)合著的《日本可以说不》

(The Japan That Can Say No)一书中,大肆宣扬一种更为狂妄、自负的日本方式)。1993 年,盛田昭夫在打网球时引发脑溢血,随后他辞去了公司主席的职务。在同一年,公司遭受了自创建以来最大的挫折。它在电影业务上损失了整整 32 亿美元。尽管如此,索尼公司仍是一家拥有 370 亿美元资产的公司。

盛田昭夫和索尼的故事与日本工业复兴是同步发展的。盛田曾说到:“我们处在一个能做伟大事情的自由世界里。我们证明了世人对标有日本制造产品印象的转变,从意味质量低劣到代表品质卓越。”当索尼第一次尝试进入西方市场的时候,它永远不会忘记日本产品被讥讽为粗制滥造的。如今日本产品已完全克服了这个障碍,这实在是商业史上的一个巨人成就。

盛田昭夫和索尼故事最发人深省的地方就是要不断地去挖掘新市场。这就是被盛田昭夫所称索尼的“先驱精神”。盛田昭夫说道:“索尼是一位先驱者,它永远不会跟在别人的屁股后面。通过创新,索尼希望能服务于整个世界。它将执著地探索人们未知的领域——索尼有一个重要原则,那就是尊重和鼓励发挥个人能力——并且总是尽量使每一个人都能充分发挥出自己的优点。这是索尼最重要的力量。”当松下这样的公司还在沿着索尼的道路走下去的时候,索尼已经迈出了新的步子,一项产品紧跟着一项产品,一项创新紧跟着一项创新。

索尼给世界带来了手持式摄像机、家用录像机和软盘,当然也有走麦城的时候,如贝塔录像制式未被大众所接受,还有就是彩色电视机系统开发失败。

索尼公司最著名的成功案例要数开发随身听,这种产品的开发始于盛田昭夫的某一灵感闪现。这种今天司空见惯的产品背后有着一个充满传奇色彩的故事。一次盛田昭夫偶然注意到年轻人行走时喜欢听音乐。他综合考虑这两种因素,并由此创造了随身听。“我相信任何市场研究都不能告诉我们，这样做会获得成功。因为大众并不知道这会怎么样，而我们知道。”

“获得如此辉煌的市场开发成果可不是仅仅依靠什么偶然因素。如果你一生都坚信你所选择的道路是最好的，那么在你身上就会迸发出世界上最好的主意。”盛田昭夫一直认为分析和教育对制定最有效的商业选择并不是必不可少的。“你可以完全理性地操作机器，但如果与人打交道，那么有时理解可远比逻辑思想重要得多”。盛田昭夫也是《永远不要在意在校成绩》(Never Mind School Records)一书的作者。

盛田昭夫一直强调日本人除了具有很强的市场本领外，还在工作态度上表现出不同的文化背景。“永远不要打破别人的饭碗。”他提议，“日本人拥有令人敬服的工作态度，而且能够适应任何工作。”盛田昭夫将管理看作既是起点又是终点。“如果我们遇到衰退，我们不应该裁减工人。这个时候，公司应该牺牲它的部分利润。这本应是管理者承担的风险和肩负的职责，员工是不承担任何罪过的；那么为什么要让他们来承担这种苦痛呢？”

作者简介

盛田昭夫(1921—1999)是索尼公司的创作者之一，并成为在80年代广为西方世界所赞誉的、最著名的日本新一代企业家。

二战期间，盛田昭夫在日本海军服役。作为一个物理学家，盛田昭夫本可以继承家族衣钵，继续从事米酒生意(他曾提及自己是日本最好和最悠久的米酒酿制家族的长子和第十五代继承人)。实际上，盛田昭夫与和井深大(Masaru Ibuka)(1908～1997)在二战结束后，就创建了索尼公司。

注 释

1. MoRita, Akio, Made in Japan, Dutton, New York, 1986

盛田昭夫，《日本制造》

约翰·奈斯比(John Naisbitt)

大趋势 (Megatrends)

1982

出版于1982年的《大趋势》一书确立了约翰·奈斯比作为一位伟大预言家的无可撼动的地位。该书销量超过了800万册。后来约翰·奈斯比又创作了《亚洲大趋势》(Megatrends Asia)。

奈斯比在《大趋势》中写道:“想要预测未来最可靠的办法就是明白现在的状况。”奈斯比提出将要发生的十大关键性结构重组。其中一些预测,在以后的岁月里被证明是完全准确的,而另外一些则显得不太精确。

□“尽管我们自认为是生活在一个工业化社会中,但实际上我们正在将其逐步转变为一个以信息创新和发送为基础的经济社会中。”这种观点现已被广泛接受,并被认为是一条显而易见的真理。但在80年代初期,传统事物如传统的生产理论仍占据着主导地位。约翰·奈斯比无疑走在了时代的前列。最终,信息传递和交换技术是在西海岸实验室内的一个规模很小的团队实现的。

□“我们的发展方向是高科技(high tech)和高接触(high touch)二者并存。每一项新科技的诞生,都会伴随着人类相应的反应。”这一点成为约翰·奈斯比近年来继续研究和发展的主题。“科技进步的加速发展已经促成了一种对于紧密接触的急切需求。心脏移植术使人们对家庭医生和社区医院产生了新的兴趣,发明喷气机的结果使人们获得了更多面对面的接触。高接触就是回归到人的本质。所有的变化都是产生于局部，并且是自下而上的。如果你能明白一个局部事物，那么你就会观察到一个正在变动的状态。牢记这一点，高科技和高接触不是二者只能选其一。你不能阻止科技的进步，但在同一环节中，如果拥有高接触那么你将不会犯错误。告诉别人你的住址电话号码，给别人寄你亲笔书写的信。联邦快递拥有所有可靠与高效的现代通信设备，但它的成功还是建立在一种高接触的形式上：亲手传递。"

□"我们不再拥有在一个封闭的、自给自足的国家经济体系内运作的奢侈权利。我们必须明白，我们是整个全球经济的一部分。我们必须放弃那种认为美国就必须保持世界工业化领导地位的想法，因为我们要迈向新的目标。"奈斯比准确地判断出当时正显现出来的全球一体化具有很强的力量，但他关于美国变化的感觉却引发争议。奈斯比还深入研究过被他称为"全球诡论"的思想，他坚信随着全球经济的增长，那些小企业所显示出的能量也将越来越大。

□"我们将重建社会，从注重短期利益和财务回报转变到注重长远利益、并从多个角度处理问题。"已有证据表明，在过去的16年间，这种趋势正逐步变为现实。

□"无论是城市还是乡村，无论是小企业还是附属企业，我们又重新发现了能自下而上采取创新措施，并就此获得成果的能力。"约翰·奈斯比预计20世纪80年代晚期和90年代早期时兴的"赋权承责"(empowerment with responsibility)将不再仅仅局限于经理层这个圈子里，而是遍布于企业内各层。

□"我们生活的各个方面也正在从倚重于机构帮助转变为偏重自我依靠。"某些工作方式的发展趋势，比如"可雇性"(employability)，已经表现出企业只要挑选少数几位拥有销售技巧的专家就足已。

□“我们发现，自己是处在一个信息能被迅速共享的时代，那种昔日象征了民主政治的框架已经变得过时。”埃尔文·托弗勒在他1970年所著的《未来的震撼》(Future Shock)一书中曾这么说道，尽管现在还没有迹象表明存在着这种变革。

□约翰·奈斯比说道：“为了适应信息网络的发展，我们正摒弃昔日那种依赖等级制度的组织架构形式。这一点对商业团体来说尤为重要。”网络的发展已成为过去十年中最伟大的趋势之一。它是在供货商、竞争者、企业内部和全球范围内，以人始料未及的各种方式发展。科技的进步使得网络这种以前没有人预想到的东西成为现实，并带来了巨大冲击。“在同一时刻，每一个人都可以了解某一事情，即你知、我知、他知，大家都知道。但我们现在还采用与原来一样的旧系统……所以我们将要经历一个相当长的修正期。”[①]与此相关的是有关速度的问题，约翰·奈斯比早就将它看作是一种竞争武器。他在《全球诡论》(The Global Paradox)一文中说道：“随着适合协作的规模变化，市场更具灵活性，以及最重要的是更快的速度，规模经济(economies of scale)已为范围经济(economies of scope)让道。”

□越来越多的美国人将告别那些以传统工业为主导的北方城市而移居到美国的南部和西部。在当今硅谷时代，这种现象表现得非常明显，但上溯到20世纪80年代却完全不是这个样子。

□“从一个只存在着非常有限的几种个人选择的、狭隘的、非此即彼的社会，我们正在发展成为一个更为自由的、能够提供多种选择的社会。”对于这点，约翰·奈斯比进一步告诫到，现代社会也确实能提供多种选择机会，但那只是限于少数人。

在这些趋势以外，约翰·奈斯比大力支持未来小企业创造价值的作用。他说：“小企业，对个人有无限的机会，能100%击败那些充斥官僚气息的大企业。除非大企业能重新将自己改造成为一系列小企业的组合,否则大企业终将会被清除出局。正是小企业创造了全球性公司。”②

作者简介

约翰·奈斯比(生于 1930 年)曾在 IBM 公司和柯达公司做过主管。并成为马来西亚吉隆坡的战略和国际问题研究所的著名国际问题专家。他是一位未来主义者,他的著作销售量在百万册以上。实际上,康奈尔大学曾经评选出三位著作销售量最大的校友。他们分别是奈斯比的《大趋势》(Megatrends),布兰卡特(Kenneth Blanchard)的《一分钟经理》(The One Minute Manager),汤姆·彼得斯 (Tom Peters)《追求卓越》(In Search of Excellence)。

注　释

① Interview with John Naisbitt, Star Tribune, November 1996
对约翰·奈斯比的采访

② Gibson, Rowan (ed.),Rethinking the future,Nicholas Brealey, London, 1996
罗温·吉布森,《预思未来》

48

大前研一(Kenichi Ohmae)

战略家的思想 (The Mind of the Strategist)

1982

大前研一所著的《战略家的思想》[1]一书早在1975年就在日本出版了。但该书直到1982年才进入美国市场。《哈佛商业评论》曾俨然以恩人般口吻发表评述:"作者有所欠缺的英语再加上他本人简洁的个人风格,都使该书充满了一种迷人魅力。"

本书第一版的副标题为"日本商业艺术"。当该书1982年在西方出版的时候,正赶上当时西方管理界对日本管理思想的热情和兴趣都处于巅峰状态。而1975年,该书在日本首次出版的时候,西方对于向日本学习某些最好的管理实践经验仍是嗤之以鼻。

在《战略家的思想》一书中,大前研一批判了当时被大家广为接受的观点,即认为日式管理就是企业赞歌和终生雇佣制。大前研一提出,日本企业的成功应归功于日本战略思想的本质特点。大前研一说道,"这基本上就是一种创新、直觉和理性"——尽管在西方有关日本管理的陈词滥调中,并不认为日式管理拥有以上品质。就好像是要给与那些日显迟钝和越来越缺乏竞争力的西方同行少许安慰,大前研一提出至关重要的创新能力是可以后天学到的。

大前研一指出,与美国大企业所不同的是,日本企业并不总是雇佣庞大数量的战略计划人员。代替这些人的只是一位极具天赋的战略家。他拥有一套独特的思维模式,该模式能充分考虑公司、顾客和竞争对手动态的相互作用,并准确制订出指导行动的一系列全面的目标和计划。

大前研一发现的另外一个东、西方根本差异就是有关顾客的作用,这是日本企业战略计划制定的核心和企业价值观所在。而当时,西方企业战略计划的制定和企业价值观通常都忽略了顾客这一方面。'在构架任何企业战略计划时,都必须充分考虑到企业自身(Corporation)、顾客(Customer)和竞争(Competition)这三种主要参与者。这些'战略3S'中的每一个都是拥有各自的利益和目标实体。我们将它们整体称呼为'战略三角'。"大前研一认为:"根据战略三角内容,战略家的作用就是使企业在商业成功关键因素上做得比竞争对手更好。同时,战略家必须确保他所制定的战略能使企业自身优势完全符合明确界定的市场需求。这两方面的需求和目标的合理匹配是建立一种长久的良好关系所必需的。没有它,企业的长期生存能力将会遇到危险。"

本书最具震撼力的就是指出日式战略特点可概括为非理性和非线性的(过去,日本人给西方人的印象是他们的理性和不屈不挠、极富远见的思想)。大前研一写道:"在战略思想形成过程中,首先要非常清晰地明白在某一形势下,每一个因素的特征。然后完全利用人脑的所有潜能,以一种最有力的方式将这些因素重新构架起来。"

'现实世界中的现象和事件并不都能与线性模型吻合一致。因此,将特定情形分解为各部分,并按理想架构将它们重新装配起来的最可靠的办法,可不是按系统分析那样一步一步地向前推进。实际上,人类大脑是一种非线性思维的终极工具。真正的战略思想与基于线性思维的传统机械式系统解决方法是截然不同。但它也与那种完全凭直觉、不经过任何剖析的方法大相径庭。"

《战略家的思想》并不是一本对日本战略方式盲目大唱赞歌的书

籍。实际上，大前研一指出无论在日本还是在西方国家，那种真正意义上的战略思想家正在减少。他认为，东、西方两个系统都鼓励那种所谓的正统方式。在这种情况下，创新的战略思想既不受鼓励，也不会成为可能。

作者简介

大前研一生于 1934 年，他最先是美国化（美国同事称其为凯恩），其后是世界化。他拥有极高天赋，他的长笛演奏水平，简直可以参加音乐会，而且他也是核物理学家、作家、政治家和麦肯锡公司的咨询明星。当 1995 年，他离开麦肯锡参加东京市长竞选时，他被公司称为"一位伟大的咨询师、引人注目的演讲者、不可思议的高产作家、音乐家和摩托车手。"其实他的最后一项成就并不明显。

大前研一毕业于东京理工大学，后在麻省理工获核工程学博士学位。1972 年加入麦肯锡公司，并成为东京办事处总经理。他也做过日本首相中曾根康弘的顾问。

《金融时报》将他描述为："在一个鲜有直言坦率的国度里的一位风云人物。当大部分日本人还在为如何不冒犯别人费心的时候，他却非常直率，还经常显出粗暴无礼……他是日本惟一的一位管理学大师。"

他的有名著作，最起码在西方，还有《日本商业：障碍与机会》(Japan Business: Obstacles and Opportunities)、《三位一体力量：环球竞争将要到来的形态》(Triad Power: The Coming Shape of Global Competition)、《超越国界》(Beyond National Borders)、《民族国家的尽头》(The End of the Nation State)。

大前研一认为："一种有效的商业战略"就是能使企业以自己可接受的代价而显著接近于自己的竞争对手。"存在着四种达到此目的的方式。大前研一认为"每种方式的核心原则就是避免在同一战场上，做竞争对手同样的事。”

第一种方法是将注意力放在关键成功因素上(KFCs，Key Factors for Success)。在特别的商业环境中，某一项商业活动都存在着一些比其他方面对于成功显得更为关键的功能和实际操作。如果你将注意力集中到这些方面，而你的竞争对手却没有，那么你就获得了竞争优势。问题在于如何发现这些关系成败的关键成功因素。“获得成功的最有效的捷径是早早就将主要资源集中于对战略有重大意义的单个功能上，从而使公司跃升为第一流公司。”大前研一说道：“今天所有的工业巨头们，都毫无例外地起家于大胆发展一种基于关键成功因素的战略。”

第二种方法就是建立起一种相对优越性。当所有竞争对手都致力于在关键成功因素上进行竞争的时候，一个公司应该能够在这种竞争环境中挖掘出一些与众不同的地方。例如，它能够利用科技和销售网络，而不是与竞争对手面对面的直接对抗。

哈默尔对《战略家的思想》点评

“我喜欢这本书。当大多数的战略家们将他们的注意力要么聚焦于计划制定过程(安索夫和他的同事就是如此)，要么寻找成功战略的决定性因素(迈克尔·波特)，如盈利。而大前研一却提出了新的挑战，要求管理者们用新的方法思考。由日程安排所控制的过程是产生不了战略的；为寻求超过平均利润而进行的系统搜索也不会产生战略；战略来源于用新的方法看世界；战略来源于以全新的、非传统性思考的能力。”

第三种方法就是可以采取主动精神。通常要击败比自己实力强并严阵以待的竞争对手，惟一途径就是彻底改变竞争环境，破坏竞争对手关键成功因素的价值。通过引入新的关键成功因素，来改变游戏规则。

最后一种通向有效战略的方法是自由地运用战略。这就是说，公司应该关注那些没有被竞争对手触及的领域，并进行创新。

通过说明战略不应束缚于文化传统和行为习惯，《战略家的思想》对当时普遍流行的日式方法论提出了一系列质疑。在大前研一的后续著作中，他更加拓宽和发展了《战略家的思想》所提出的观点。

注释

① Ohmae, Kenichi, The Mind of the Strategist, McGraw Hill, New York, 1982

大前研一，《战略家的思想》

大前研一(Kenichi Ohmae)

没有国界的世界 (The Borderless World)

1990

《没有国界的世界》[1] 是一本雄心勃勃的书，它探究了“全球市场的新逻辑”和大前研一所称的“在一个联系紧密的经济环境里的力量和战略”。

在他以前提出的3C研究的基础上沟通、创造力、战略(Communication, Creative, Strategy)，大前研一又增加了两个C——国家(Country)(他的颇费思量的定义是“由各个政府所创造的、全球性企业置身其间进行运作的环境”)和货币流动(Currency)(“是全球化企业所必须面对的外币汇率的波动”)。这两条附加因素现已成为制定任何战略计划的关键。当贸易政策和汇率发生了突然变动时，能使一个在其他方面都显得非常优秀的战略，在资金上遭受难以挽救的惨重损失。因此安排好措施以应付上述变动成为战略的核心。

大前研一将战略定义为“与其他竞争对手相比，为顾客创造持久的、更好的价值”。因此，这意味着首先要发明，然后将发明商业化。在大公司内工作的许多人已淡忘了如何发明。所以，大前研一提出："现在正是到了大公司重新学习发明这门艺术的时候了。但这一次他们必须学习管理发明，在一种全球化的工商业环境中。在这里，你将面对世界范围内的经济力量，并为某一关键市场生产产品。"

大前研一认为战略不仅仅是比竞争对手做得更出色。因此在制定战略时，企业应关注竞争情况，因为自身战略的制定必定会受竞争对手实施的战略影响。"是竞争的实际情况检验战略的可行性，而这种竞争现实是以顾客的需求来界定的。根据竞争对手的举措做出针锋相对的反应或许是合适的，但这只是被动、消极的反应。对于实际战略来说，是应该放在第二位的。在战略开始实施前，必须确信它已经包含了为顾客创造价值的决心。"

大前研一认为国家仅仅是政府炮制出来的产物，在紧密相联的经济环境中(美国、欧洲和日本组成)顾客购买产品时不再受国家主义情感左右，也不管政客们的说辞有多么美妙。大前研一写道："在收款台前，你不必关心是本地产品还是舶来品，你也不用考虑就业率和贸易赤字。"他还认为，以上情况也适用于工业化国家。

《没有国界的世界》的结尾是由大前研一和麦肯锡公司的弗莱德·克拉克(Fred Gluck)和赫伯特·亨茨勒(Herbert Henzler)共同起草的"世界互相依赖趋势宣言"。在这段话之下，大前研一毫不客气地写道："这个宣言……是我们每一个人都极力赞成并深信不疑的宣言，我们相信这是所有国家和政府所能找到的最好前进道路。"

在宣言中，他们三人主张中央政府的角色应该转变到"允许个人能获得最好的和最廉价的产品与服务；帮助来自于世界任何地方的企业，使它们能提供稳定的报酬与合理的工作，而不计较这个企业到底是属于哪一国；与其他政府协作，减少因为狭隘利益观而引发的冲突；防止经济和社会结构发生巨变。这就需要各政府统一处理那些传统上被认为地方性的事物，如税收制度。”

这个针对未来的宣言所涉及内容之广泛程度足可以和它在政治上的不可能媲美。《没有国界的世界》推动了对政府所应扮演的角色以及政府和商业社会之间关系的争论。尽管这些问题，直到今天也还没有得到解决。从那时起，大前研一一直致力于进一步探寻民族的作用。并预言了一个“民族国家终结时期”的到来。

哈默尔对《没有国界的世界》点评

“世界已经变得越来越相互依靠。这对 Dow 化学公司、IBM、福特还是雀巢等公司都不算是什么新闻。但在 1990 年，对于日本公司(和政治家)确实是个新闻。他们一直以为‘全球化’就是一个巨大的、开放的出口市场，或者在田纳西建立工厂。大前研一要求日本企业和其他患近视病的主管们，发展一种更为久经世故的全球观。但是在全球化力量、国家力量和部落文化之间形成的最终平衡是什么，我们仍不知道。”

注 释

① Ohmae, Kenichi, The Borderless World, William Collins, London, 1990
大前研一,《战略家的思想》

大原太一（TAIICHI OHNO）

丰田的生产系统

(Toyota Production System)

1978

在过去的40年里，西方国家的汽车厂商遭受到接踵而至的危机。在市场竞争中，他们一直被自己苦苦追赶的日本企业巨人丰田汽车公司远远落在身后。对于造成这种情况的原因，在《丰田的生产系统》（又名《超越大规模生产》）一书中有着简洁的描述。

丰田汽车公司的生产系统是在第二次世界大战结束后的短短几年里创立起来的。当初，丰田公司的总裁丰田（Toyota Kiichiro）希望公司能赶上美国的同行们。他给自己的公司定下了用三年时间去完成这个目标。否则的话，他认为日本的汽车工业将会消失。而当时的差距是美国汽车工业每个工人的平均生产效率是同期日本工人的9倍。

大原太一所创造的丰田生产系统与西方业界惯用的方法大相径庭。这两种方法的基本目标是完全不同的。在西方，产品销售价格通常是这么确定的——实际成本再加上企业相应利润。而丰田认为,价格实际上应由消费者设定,企业利润是由销售价格减去成本得来的,因此关注的重点在于如何减少成本,而不是怎样提高产品售价。

丰田生产系统包含三项基本原则。第一,准时生产(Just-in-time Production)。如果盲目相信顾客会购买生产出来的产品,而结果不是这样的话,那么生产出来的汽车或其他产品就没有任何意义。浪费就是一种恶习,生产应该与市场需求紧密结合在一起。第二,质量是每一个人都应肩负的神圣职责,任何质量的瑕疵一经发现就必须立刻予以纠正。第三,这也是更让人难以理解的价值流程(Value Stream)的概念。这就是将企业看作是一个持续、统一的整体。价值流程既涵盖了顾客也包括了供应商,而不是将企业看成是生产一系列不相关的产品和这种生产过程的简单堆砌。

大原太一所设计的系统另一个核心是“问 5 次为什么”的方法。这就是在每一个阶段,问 5 次为什么并找出相应的答案。通过这种方法,找出问题的根本所在并且加以解决。

西方读者最终接触到这些理念应归功于麻省理工学院参加的“国际汽车项目”所做的工作。该学院用了整整 5 年的时间,走遍了 14 个国家,独家考察了全世界汽车工业的现状。

这项研究得出的最终结论是:当美国的汽车制造商们仍执迷于昔日的大批量生产技术的时候,日本的汽车制造商们却想方设法去完善制造环节:无论是管理者、工人还是供应商都在一致的目标下工作;结果是一方面增加了产量,另一方面提高了产品质量,愉悦了顾客,并降低了成本。根据这项研究,詹姆斯·沃马克(James Womack)、丹尼尔·琼斯(Daniel Jones)、丹尼尔·露丝(Daniel Roos)创作了荣登 1990 年畅销书排行榜的《机器改变了世界》一书(The Machine That Changed the World)〔沃马克和露丝来自于 MIT,而琼斯当时在卡迪夫商业学校(Cardiff Business School)〕。沃马克和琼斯做了进一步发展,提出从"精益生产"(lean production)发展到"精益企业"(the lean enterprise)(根据覆盖美国、日本和德国的25家企业的调查)和"精益管理"(Lean management)。

精益生产已经流行起来。作为一种最受欢迎的管理时尚,它被任意地曲解了。管理者将它与企业再造和机构精简联系起来,这是非常令人担忧的。

事实上,大原太一的丰田的精益生产是一个高度有效的概念。沃马克和琼斯提出:"精益生产是一种人们在较高层面做事的方法。"他们的这种论点无疑是正确的。如果丰田能够大部分做到,那你就可以拿过来用。精益生产在每一方面都呈现出最好的——它享有大批量生产的规模经济,拥有那种通常只有在小企业身上才能看到的对市场和顾客的敏感度,并且丰富了员工工作。

如何正确运用精益生产被证明是一件相当困难的事情,在许多情况下,西方的组织太执著于它们自己不同的工作方法,使得进行彻底的改变几乎不可能。一位臃肿不堪的老太太是不可能在一夜间变为伶俐的小姑娘的。

但并不只是精益生产才需要行动和态度上的大规模转变。西方世界仍将精益等同于数字,将精益生产看做是从更少的几个人身上,压榨出更多的产量。这是犯了一个原则上的错误。减少员工数量与其说是有意义的,不如说是玩火。西方企业致力于减少员工数量,并自豪地宣布这就是精益型组织。它们完全忽视了精益生产的三个原则(准时生产、对质量负责、将企业看作价值流程)。沃马克提出,当精益生产不需要那么多人的时候,企业应该加快产品开发以进入新市场,使得人们继续有活可做。

当然,如果没有缩减工人,也就不会产生精益生产。最明显的莫过于精益生产起源于实行大批量生产的汽车市场。现在,它也被引入到其他工业领域——像零售业。但在一些领域,精益生产难于实施。因此,它并不是包治百病的灵丹妙药。

有关精益生产的第二个问题就是,它不适于进行创新和产品开发。它只能更有效地生产某种产品,但为什么它会在一开始就让你产生了巨大的兴趣,并生产出被市场所接受的产品呢?沃马克和琼斯提出:"精益生产的关键出发点就是价值,"这是最初思想形成阶段之外一个非常有益的阶段。

尽管如此,精益生产使得有关质量的争论进一步深化。对大众来说,它引起了人们的关注,提供了一个新的标杆尺度,并带来有效运作。哈佛商学院的迈克尔·波特说道:"组织在引入最先进的机械、信息技术以及管理技能来杜绝浪费、缺陷和延误方面做得很好。可以说,他们在运作方面已经做得相当棒了。但对于为了取得更丰厚的盈利而必须提高效率来说,这还是远远不够的。"

作者简介

大原太一最初是作为纺纱机械专家在丰田工作的,后来他成为丰田生产系统的设计者,最后成为一名管理咨询专家。

大卫·帕卡德(David Packard)

惠普之道(The H—P Way)

1995

1937年,比尔·惠勒特(Bill Hewlett)和大卫·帕卡德(David Packard)以区区538美元,在帕洛阿图市(Palo Alto)一座租来的车库里创建了一家日后全球最著名的公司——惠普公司。惠勒特和帕卡德二人是上学时在斯坦福认识的。在开创他们自己事业的时候,二人所能想到的与当时建立企业的许多年轻人没有什么两样。帕卡德说:"我们当时所想的就是给自己找点活干,这就是我们在刚开始时所能想到的。我们可根本没有想到过创立一个大公司。"事实上,这个车库成为硅谷的发源地。

70年代末期,当他们还在为公司成为"杰出"企业而奋斗的时候,汤姆·彼得斯(Tom Peters)和罗伯特·沃特曼(Robert Waterman)就在他们的著作中例举了惠普公司,对此没有招致任何异议。

同样,在詹姆斯·柯林斯(James Collins)和杰瑞·波拉斯(Jerry Porras)创作的《企业精神,贯彻始终》(Built to Last)一书,在他们所赞颂的长久存在的企业名单中就有惠普公司的名字。在1985年,惠普荣登为《财富》杂志评选的美国最受人尊敬的两家公司之一。惠普公司在每一方面都被评为最佳管理企业以及最值得为之工作的企业。惠普赢得了不同寻常的双丰收:既受人敬仰,又获得了商业成功。

在公司成立的第一年,惠普公司实现了销售额5100美元,利润1300美元。惠普公司的第一个商业成功是生产出一种测量声波的装置,并将它转卖给了迪斯尼公司。公司还研制出了一种莴笋稀释剂自动播撒器和一种能帮助人们减肥的震动器械。他们也还研究过生产冲洗小便池的自动机械、保龄球壁灯传感器和空调设备的市场可能。1940年时,他们搬出了车库,并永远告别了它。

二战期间,他们的事业获得空前发展。在高峰时,惠普聘用了144个人。但战后,销售直线下降,仅1946年一年就下跌了50%。但他们没有就此被吓倒,惠勒特和帕卡德以他们的技术天赋,扭转了销售下滑的趋势,到1948年,企业销售额已达到210万美元。

惠勒特和帕卡德曾提到他们的秘诀就在于想法简单。惠勒特曾说道,"我们之所以会获得成功完全是因为没有什么计划,我们只是在做一些零星片段的工作而已。管理学的教授们一直对此耿耿于怀、口诛笔伐。"但惠勒特和帕卡德给我们留下的最有价值的东西,可不是什么高效的莴笋稀释剂播撒器,也不是什么高质量的小便冲洗器,而是他们所创造的企业文化和管理风格——即惠普之道。

创建伊始,惠普就是依靠几个基本信条来运作的。它坚信不能依赖长期贷款来支持企业的扩张。在企业发展方面,它的信条更是简单明了,就是惠普的产品应该是市场的领导者,并以自己努力工作来实现。1961年,帕卡德曾在备忘录中对员工写道:"我们的工作就是为科学的进步和人类的幸福,去设计、开发和制造最好的(电子设备)。我们愿意将我们一生奉献给这个事业。"

惠勒特和帕卡德对当时时兴的管理理论敬而远之。1974 年,帕卡德在一次讲话中是这么说的:“如果我听到谁谈论市场份额有多么大或致力于增加市场份额的话,那么从我个人角度,我将在他个人工作记录表上打上负面评价。”

惠普相信人应该被信任,而且应该永远受到尊重和体面的对待。帕卡德说道:“我们能感觉到人本质上都有做好某一项工作的意愿,只需要告诉他们如何做事。”

惠普坚信管理应该是触手可及的和实实在在的。那种漫无目的的管理只是一种座右铭。实际上,惠普更倾向于个人的领导能力,而不仅仅是管理。惠普认为,如果发生冲突,双方应该通过交流和讨论协商解决,而不是对质。

当《金融时报》刊登出帕卡德讣告的时候,路易斯·柯侯(Louise Kehoe)① 是如此评价的:“惠勒特和帕卡德所留下的,也是惠普公司最引以为自豪的成就,就是建立在开放的和尊重个人基础上的管理方式。”

惠普是一个建立在简单想法上的企业。当其他企业纷纷转变成集团的时候,惠列特和帕卡德继续埋头苦干,并坚持自己的方法。当某些部门变得过于庞大,如达到 1500 人时,他们就将这些部门拆分,以免失控。

他们简单明了,就是好的人建立好的公司。他们从不做任何风险太大或是怪癖的事情(尽管帕卡德对便携式计算器心存芥蒂,但最终惠普还是最早进入该市场的公司)。惠勒特和帕卡德从不以公司的命运去博取某一大额订单或使公司背上债务。实际上,理查德·帕斯卡在他的一项研究中提出“极致完美”是惠普公司潜在的问题。也只有在商界才存在着对极致完美进行批评。根据简单标准幸福地生活,惠普获得了普遍认同。

实际上,在困难时期,惠普的价值观很好地起到了保护企业的作用。在 20 世纪 70 年代经济大衰退时期,惠普员工工资下调 10%,工作时间缩短了 10%。如果惠普公司没有一个职工长期入托基金去承担义务的话，那么，工人们也不可能会做出如此大的牺牲。

正是对人的承诺培育出对公司的承诺。彼得斯和沃特曼在《追求卓越》一书中写道："惠普公司最显著的特征，就是它所承诺的一致性、方法和态度的连续性。无论你走进分布在世界任何一地的惠普王国，你都会发现，人们总是在讨论产品质量，充满着对部门在所属区域内取得辉煌成就的自豪感。惠普人无论是总裁还是最低层员工都表现出一种没有界限的能量和热情。"

帕卡德也同时进入了政界。他在尼克松执政期（1969～1971）出任了防卫部秘书长，并且担任政府部门的不同职务。作为一位忠诚的共和党人，在总统竞选中支持乔治·布什，并告诫布什要警惕克林顿急速上升的支持率。

惠勒特和帕卡德认为，斯坦福大学工程学专家弗雷德里克·特曼(Frederick Terman)已经能够接替他们的事业了。他们二人给予斯坦福大学的捐赠前后超过了 3 亿美元。帕卡德也向蒙特利尔海湾的水族馆捐赠了 4 千万美元。据估计，帕卡德的私人家族基金为各项事由提供了超过 4 亿 8 千万美元的捐助。

帕卡德在 1993 年作为主席退休。截至到帕卡德 1996 年逝世的时候，惠普公司在 120 个国家中拥有超过 10 万的雇员，年收入达到 310 亿美元。惠普之道正在极其有效地发挥着作用。

作者简介

大卫·帕卡德(1912～1996)是创造了 20 世纪一个堪称商业和管理典范的企业——惠普公司的两个合伙人之一。

注 释

① Kehoe, Louise, "Ridical who built group with open management style", Financial Times, March 28,1996

路易斯·柯侯，"用开放式管理建立集团的理查德"，《金融时报》

52

帕金森(C. N. Parkinson)

帕金森定律 (Parkinson's Law)

1958

《帕金森定律》[①]算得上是诸多有关管理宏篇巨著中一个有趣插曲。该书由诺斯克特·帕金森(C. Northcote Parkinson)创作于20世纪50年代末期。当时人类关系学派已经在美国开始兴起,思想家们对伴随着工业化大生产所出现的官僚架构不断地发出挑战。马克思·韦伯(Max Weber)所倡导的文字生成形式的官僚机器模式看起来已经过于成熟,企业内层层的管理架构拥塞了企业的血管。

帕金森定律是相当简单的,就是一项工作总是可以填满为完成它所获得的任意长工作时间。这样一来,企业在规模扩大的过程中,根本不需要考虑产量。甚至员工数量上的增长,也不会给企业带来更多的收益。企业规模在扩大,而人们也变得越来越忙。帕金森发现"官员总是希望增加下属的人数,而不考虑竞争对手"以及"官员们总是为彼此创造工作"。

如果弗莱德里克·泰勒(Fredrick Taylor)能够遇到帕金森的话,那么管理思想的历史就可能会发生翻天覆地的变化。帕金森辛辣挖苦并准确抨击了泰勒所认为的对于特定工作总是存在着最佳完成时间的观念。这本身是没有什么法则可遵循的——这完全依赖于什么人去做和当时的特定情形。"一位悠闲的老妇能将整整一天时间,都用在给住在波格纳奇的外甥女寄明信片这件事上。"帕金森写到:"她会用1个小时寻找明信片，另外1个小时寻找合适的图案，半个小时找出地址，再用1小时15分写留言，用20分钟的时间决定去临近街道邮箱寄信是否应带上雨伞。而这些努力对于一个忙忙碌碌的人来说只需要3分钟。如果完全按照老太太的方式去做，会使这个人度过充满疑惑、焦虑和倍感精疲力竭的一天。”

帕金森最擅长于描述那些谦卑的管理者。帕金森发现，当这些人面对衰老所造成的精力下降和感觉工作过度的时候，通常会面对三种选择：申请退职；让一位同僚协助自己工作；要求增加两位或更多下属。帕金森写道：“在整个公务员发展的历史上，没有什么人会挑选第三条以外的选择。”

作者简介

帕金森(1909～1993)在剑桥大学学习历史学，后获得伦敦皇家学院博士。随后，他在美国和英国两地担当了多个学术职位。他最后的职业生涯是在马来亚大学担任历史学教授。在第二次世界大战的五年服兵役期间，他发展了他的有关政治生活和阴谋诡计的理论。

《帕金森定律》的后续著作是《定律和利益》(The Law and the Profits)，介绍了帕金森的第二条定律：花费总是与收入呈正比。

帕金森理论并不是什么玩世不恭的例子，他用统计数字支持了自己的论点。他以英国皇家海军为例，在1914到1928年间，海军上将的数量增加了78%，而同期军舰数量却减少了67%，一般官员和海员人数降低了31%。帕金森论断道：“即使真正的海员一个也没有了，上将的人数仍将以这个速度递增”。(20世纪90年代，帕金森定律或许更适用于海军中泛滥的时髦管理行话，尽管这些术语越来越多，而使用它们的人却在大幅减少)。

在《帕金森定律》中令人难以忘怀的一幕是帕金森对于那些别无选择、谦卑的管理者们所表达出的同情之心。他充满感情地描述了行政人员"A"离开办公室的情景:"当暮色沉沉,办公室内最后一盏灯熄灭,在最后离开办公室的人群中,A苦笑着耸耸肩,每天起早贪黑的工作和满头白发是事业获得成功的代价。"

但帕金森并没有提出如何解决问题的办法。"植物学家的工作可不是亲自去拔除杂草,如果他能告诉我们这些草长得多快,这就足够了。"《帕金森定律》就是商业世界的第22条军规,表面上看起来愤世嫉俗,幽默风趣,但实际上深含敏锐洞察力。

帕金森还警告说,在商业领域过分依靠任何书籍是极其有害的。"上帝是禁止学生阅读任何关于公共科学或商业管理类的书籍,除非它们被归为科幻类小说。"

哈默尔对《帕金森定律》点评

"是的,我知道官僚制度已经死亡。我们不再是管理者,我们是领导者。我们再也不是自己工作的奴隶,我们已经获得了解放。那些在首席执行官和实施者之间文件满天飞的管理层已经销声匿迹了,是这样么?如果是这样的话,为什么重读帕金森在1958年,官僚制度达到高峰时期所写的《帕金森定律》仍有实际意义呢?《帕金森定律》对于五十年代的意义,就如《戴比特定律》(Dilbert Principle)对九十年代的意义一样。"

注 释

① Parkinson, C.Northcote, Parkinson's Law, John Murray, London, 1958

帕金森,《帕金森定律》

理查德·帕斯卡 & 安东尼·艾索思

(Richard Pascale & Anthony Athos)

日本的管理艺术

(The Art of Japanese Management)

1981

理查德·帕斯卡与哈佛大学的安东尼·艾索思合著的《日本的管理艺术》[①]是最早的商业类畅销书之一。该书对于揭示日本管理技巧发挥了重要作用,帕斯卡和艾索思深入探究了一个地域面积与蒙大拿州相仿的国家是如何能够冲击美国工业神话的。帕斯卡和艾索思曾经警告道:"在1980年,日本的国民生产总值(GNP)排在全世界第三。如果他们能保持这种发展速度的话,到2000年,日本的国民生产总值将会名列世界第一。"

该书内容最早来自于帕斯卡在美国国家生产力委员会所做的工作。尽管最初帕斯卡认为由于文化差异,日本的经验会有一定的局限性。但后来通过对日本企业的研究,他渐渐认识到美国企业可以学到很多有益的东西。为了写作该书,帕斯卡在6年的时间里,调查了34家企业。

对于美国读者,《日本的管理艺术》揭示出一个令他们倍感刺耳的事实——"在工业竞争力方面,日本优越于美国的程度被低估了。"帕斯卡和艾索思发现:"日本拥有这种优越性的重要原因来自于他们的管理技术。"《日本的管理艺术》对日美企业进行了比较,并对日本管理艺术神话背后的事实和西方实践中的不足提出罕有的见解。

在帕斯卡和艾索思发现的日本管理重要组成部分之一是"远景"(vision),而这是西方明显缺乏的。帕斯卡和艾索思写道:"我们当今问题在于我们拥有全部的工具,但我们的远景却极其有限。众多美国的管理者受到管理信条、假想和感觉的左右,这些东西过度束缚了他们的能力。"关于本书,他们写道:"不是对于那些已经存在的管理工具的攻击,而是对于限制了我们有效性的西方管理远景的抨击。"

帕斯卡和艾索思所大力倡导的远景拥有很高的影响力。帕斯卡认为这主要应该归功于他的合作者,"是艾索思本人在美国真正开创了远景学。回溯到70年代,可没有什么人想到过这个问题。"在《日本的管理艺术》出版后不久,涌现了一大批谈论远景的书籍。今天,企业远景已经成为生活中的一个事实,但是许多企业还是没有达到帕斯卡和艾索思所描述的日本实践状况。在那里,远景是一种动态的,充满活力的惯用方法,而不是那些苍白的和笼统的企业目标陈述。

不过《日本的管理艺术》最为出名的就是它的核心概念,7S结构。这个概念最初在1978年6月帕斯卡、艾索思和《追求卓越》一书的作者汤姆·彼得斯和罗伯特·沃特曼所召开的一系列会议中形成。当时后两位作家已经开始对那些成功的企业进行调查。在《日本的管理艺术》中对这个框架的形成过程进行了描述。

最初,这种会议是在4个人中进行的。艾索思提出"我们需要一个未来5天的会程安排,否则,我们将会被精力旺盛、喜欢涉足众多问题的彼得斯搞得晕头转向。不这样做的话,我们都不可能活过这5天。"帕斯卡继续回忆道:"艾索思说他对此已经有了一些想法。他提到哈佛有一个叫查克·吉布森(Chuck Gibson)的人曾经建立过一种由战略(strategy)、结构(structure)和系统(system)组成的架构。在他所负责的哈佛大学 PMD 项目中曾进一步发展过这种 3S 架构。那我们为什么不在星期一开始讨论战略；星期二讨论结构；星期三讨论系统呢？艾索思说他自己也有一些个人的想法需要添加进框架，最高目标(super-ordinate goals)和共享价值观(shared values)。我因写作《日本管理艺术》所做的研究，使得我对共享价值观产生了浓厚的兴趣。阿索思坚持最高目标，而我提出了方式(style)。于是，我们在讨论开始时就有了 7S 结构中的 5 种。”

艾索思和帕斯卡劝说沃特曼和彼得斯使用头韵法。后来彼得斯和帕斯卡建议需要增加另一个变量，这个变量关注的是时机选择和具体实施。阿索思和帕斯卡建议称为“次序”(sequencing)。

作者简介

理查德·帕斯卡生于 1938 年，是当今最杰出的商业咨询专家。他在斯坦福大学商业研究院任教授职务已有 20 多年，他教授的是“组织生存学”——MBA 项目中最受欢迎的一门课程。帕斯卡也是《边缘管理》(Managing on the Edge)(1990)一书的作者，他曾经担任劳工部特别助理，并且在为重组总统行政办公室而组建的工作力量委员会中担任高级职务。

安东尼·艾索思在哈佛管理研究院任职多年。

麦肯锡公司的朱丽安·菲利浦(Julian Phillips)也参加进讨论。他言辞激烈地要求用“人员”(staff)来代替“次序”。“因为每一个人都不太喜欢次序这一说法，因此它很容易就被放弃了。”艾索思和帕斯卡说道：“彼得斯建议应该将人(people)和权力(power)包含进来(艾索思在哈佛的时候，曾经提出‘人的聚集’(aggregate of people)，所以这就使我们有可能达成共识——人员是解决众多问题的一种因素。于是 7S 架构形成了。”

这种 7S 架构(strategy, structure, skills, staff, shared values, systems and style)就像一本备忘录,非常有用地提示了哪些是组织应该关心的问题。7S 架构获得了人们极大的关注,尽管它只是一般性陈述了企业所面临的问题,并没有什么过人之处(汤姆·彼得斯最初认为它土气十足——尽管一年后在他和沃特曼合著的《追求卓越》中也使用了这种架构)。帕斯卡也在稍后出版的《边缘管理》一书中写道:"这种框架除了列举出管理者应该关注的 7 种重要因素以外,没有什么特别地方。关于数字 7 也没有什么神圣之处。它也可能是 6S 或者是 8S 架构。像 7S 这种框架的价值在于尽可能地使研究者对研究富有兴趣。"

7S 架构提供了一种比较美、日管理差别的方法。帕斯卡和艾索思得出,日本之所以成功主要归功于他们对于 7S 架构中所谓"软 S"的关注——风格、共享价值观、技术和人员。而与之鲜明对照的是,西方则将注意力放在所谓"硬 S"上——战略、架构和系统。

哈默尔对《日本管理艺术》点评

"日元强劲势头,不当的宏观经济调控政策以及众多西方企业为重建它们的竞争力而付出的不懈努力,都使得对于日本的恐慌症已经淡弱。毫无疑问,帕斯卡和阿索思对日本管理的独特能力有所夸大(是否松下在管理方面就真的胜过惠普),但他们成功地向一个过去大家都心照不宣的论断,即美国是所有管理智慧的源泉提出了挑战。自从《日本管理艺术》出现在书架上,美国企业从日本那里学到了许多东西。帕斯卡和艾索思因为这些管理者设定了学习日程表而享有崇高荣誉。"

自《日本管理艺术》出版以来,西方管理思想的发展趋势直接转移到对"软 S"的研究。而这是否能够引领西方企业界纠正帕斯卡和艾索思所发现的这种不平衡，仍是一个具有争论的话题。

注 释

① Pascale, Richard T., & Athos, Anthony, The Art of Japanese Management,Penguin, London, 1981

理查德·帕斯卡，安东尼·艾索思，《日本管理艺术》

理查德·帕斯卡(Richard Pascale)

边缘管理 (Managing on the Edge)

1990

理查德·帕斯卡《边缘管理》[1]始于“没有什么像成功那样的失败了。”帕斯卡写道:“伟大的力量总是不可避免地成为孱弱的根基。”然后他略一停顿,指出,在 1985 年“财富 500 强”企业中,有 143 家在 5 年后就解体了。

《边缘管理》通过大量的调查和研究,向自满和胆怯提出了挑战。帕斯卡写道:“美国的管理历史主要是关注内部和沾沾自喜。”这一说法与他 9 年前在《日本管理艺术》中首次提出的批评遥相呼应。

帕斯卡认为,变化是商业生活中的一个事实。问题在于,我们没有对付它的有效工具,我们传统的那些方法对于管理的变化已经不再适用了。“如果你所想要得到的只是更多你已有的东西,对变化采取简单增量的方法还是显得有效的。从历史上讲,这种办法处理问题显得绰绰有余,因为我们有充沛的资源、地理的隔绝和缺乏全球竞争都促成了一种联盟。在这个联盟里,我们只和自己竞争,每个人都受同样规则的约束。”

帕斯卡没有采用这种简单的选择。他言辞激烈地批评了彼得斯和沃特曼在《追求卓越》中“简单地鉴别那些有益的成功特性,就像在一个鼠疫横行的年代里评定一个人的健康特性一样。”他还指出,激情和执迷往往会使人坠入简单化模式,比如 KIS 之类的缩写词(Keep It Simple)。《边缘管理》提倡“面对更加复杂的情况,应保持睿智和冷静。”

在帕斯卡著作中，最为出名的章节是有关管理时尚是如何泛滥的描述。他统计自 20 世纪 50 年代以来，涌现出的管理思潮不下两打——其中有一半是在 1990 年以前的 5 年间出现的。

帕斯卡又进一步检验了管理中的不当之处："他认为，有 4 种因素使得组织停滞不前或获得复兴：

1. 适合——适合于组织内部已存在的一致性；
2. 分裂——描述为一系列的技巧，用来将较大的组织分拆为较小的单位，并且使它们拥有更加强烈的主人翁意识和自身特性（多样性）；
3. 竞争——指那些管理过程，该过程是利用（而不是抑制）组织内不可避免出现的矛盾（两重性）；
4. 超越——提醒我们注意更高程度的复杂性，这是成功管理复兴过程所必需的。

帕斯卡要求对观察事物的观点做根本性的调整。"那种建立在人们是以理性进行管理的、认为管理行为是可以预见的理论受到了挑战。"他写道："整齐划一的答案再也不适用了。取而代之的是，新的重点应该放在提问上（该书的最后一章被冠以'问题就是答案'）。"帕斯卡曾经建议："战略计划，最理想的状态也就是提出问题，而不是试图找出答案。"

帕斯卡提出，成功的企业一直经历着一个连续不断的复新过程（后来，他又发展了这个论点，称之为"企业改造"）。实现它的核心就是愿意不断地提出问题，通过鼓励提问的系统性方式，来对那些有益于公司的冲突加以利用。公司必须成为探寻问题解决方案的发动机。

问题在于，管理者并不拥有那些能够处理因关键问题而引发争论的工具。"如果我们想要成功地在刀口上管理的话，那么争论管理就成为缓解这种紧张压力的关键。"该书的副标题是"最聪明的企业是如何利用冲突以保持领先地位。"帕斯卡估计有 50％的争论是被回避或消除掉。帕斯卡写道:“传统上,反对方背后所隐含的力量(通过不同的思维模式和范例)看上去不能引发探索或产生适合的反应。这主要是因为每一个视点都代表了实际中的某一方面,这些事实相互间会产生冲突,并引发问题。如果我们重新定义经理们的工作,将它看做是一种维持建设性争论的工作。那么我们就能有效掌握问题中的企业。这就使得我们能够确定出盲点区域和消除工作中障碍。”真相——无论是在个人方面还是组织方面——都会通过激烈的争论,使得真相大白于天下。正如帕斯卡所写:“通过极端分析,组织就是一群人之间的互相作用。”

《边缘管理》为那个时代的许多管理思想打下了基础。帕斯卡进一步发展了需要持续变化的思想。他认为,我们现在管理方式的变化是一种能力,而不是一种间歇式必需。根据自身的权力,变化的能力就是一种核心竞争力。

哈默尔对《边缘管理》点评

“在《边缘管理》一书中,理查德·帕斯卡向我们提供了一些有关公司活力的有益观察,有一件事使我一直对帕斯卡肃然起敬,就是他将自己的研究重点放在原理和范例上,而不是工具和技术上。当存放管理类图书的书架被如此众多的、过于简单化的如何做之类的书籍(如《一分钟经理》)压得吱吱作响的时候,帕斯卡却极具挑战性地要求管理者去思考,并且是深层次的思考。帕斯卡迫使管理者打破那些正统化模式,而这些模式正是管理者的信条和行为所依靠的。”

注　释

① Pascale, Richard, Managing on the Edge, Viking, London, 1990
理查德·帕斯卡,《边缘管理》

55

劳伦斯·彼得(Laurence Peter)

彼得法则 (The Peter Principle)

1969

当今最畅销管理类图书可不是那些时下流行的咨询专家们所描述的杰出管理经验的大部头,而是斯科特·亚当(Scott Adams)的《戴比特法则》(The Dilbert Principle)这一类著作。亚当通过诙谐、人性的笔触,活灵活现地向读者描绘出了管理的风貌。实际上,该书自发行以来一直获得管理类最畅销图书的美誉。

实际上,犬儒主义者在管理方法和企业运作方面没有任何创新,《戴比特法则》仅仅是对于发生在20世纪90年代的企业犬儒主义做了准确而令人惊异的描述。从《墨菲定律》(Murphy's Law)到《帕金森定律》(Parkinson's Law),从蒲海德·威尔胜(Pudd'nhead Wilson)到斯坦利·宾(Stanley Bing),这些有关管理的经典著作,都表现出一种令人略感滑稽的怀疑论调。《彼得法则》或许是一部恒久的愤世嫉俗的制作。该书由劳伦斯·彼得和雷蒙德·赫尔(Raymond Hull)创作,并于1969年出版。彼得法则是基于以下简单而浅显的假设,即"在一个等级制度的组织中,每个职工趋向于提升到他所不能胜任的职务。"根据彼得的说法,每一个职位最终都将被一个不能胜任其工作的职工所占据。层级组织的工作任务多半是由那些还算胜任本职工作的员工完成——这可以扩大到任何拥有层级制度的职业("这没有任何例外")。

书中这么解释的:“对于你、我、他,我们每一个人,最终的结局都将是从一个原本胜任的职位提升到自己并不胜任的岗位上。因此,只要时间足够长,层级制度中有足够多的级别,每一位员工都将会被不断晋升,直到他不能胜任的职位。”这必然会引出彼得法则:“随着时间的推移,公司内每一个职位都将被那些不胜任的人占据。”

《彼得法则》对当时60年代许多富含幽默的杰作进行了回应。书中不时有令人开怀大笑或是顿感绝望的地方。该书所有令人感到疯狂的地方来自于它的令人不安的真实。一些愤世嫉俗的机敏话语时时点缀着该书。——“如果从一开始你就不能获得成功,那么你就可能不胜任现在的职务。”该书预告和涉猎了所有管理者应关心的问题,无论他是否看到——“如果你不知道要往哪里走,或许你就应该在某处停下来。”而对于经济学家,他认为——“经济学家就是这样一位专家,他能够知道为什么昨天预测的事情第二天没有发生。”对于任何在组织内工作的人,彼得的发现好像是正确无误的——或是给他们敲响了警钟。他们或许会对“懒惰”产生负罪感——讲一些笑话而不是去工作——或者成为过度恐惧(当下属展现出更强的能力时,恐惧会产生自傲)。所有的企业生活都是如此。

当该书出版的时候,商业世界毫无疑问深受过度层级制度的困扰,企业已经不堪重负了。管理者塞满了整个办公区域。最经典的例子就是英国钢铁公司对于其复杂结构的描述就占据了整整一面墙。这种迷宫性的架构图已司空见惯。然而,这并不意味着《彼得法则》就只是一些尘封的历史笑话。《彼得法则》的美丽在于——如果能称其为美丽的话——它是永恒的。人性的不足是普遍存在的——就像人们能够创建这种空洞的权力架构。无论是企业在处于精干还是略显冗余时期内,层级架构都占据了显赫地位。不同的是,我们只是更加熟练地掩饰它们。

但是除了纯粹的娱乐方面,《彼得法则》仍是一部起着重要作用的管理经典,因为它赞美了失败。它的主题是,不足也是光荣的。在该书的术语表中,失败被标为“见成功解释”——成功,顾名思义,就是“最终被安置到不可胜任的职位。”在书中,他写道:“存在着两类失败者:一种是思考了但没有做,另一种是做了但从不思考。”后来,他又写道:“运气只会敲一次门,但不幸总是逡巡在门外;存在着两种失败者——一种是好的失败者,另外一种是从不尝试的失败者。”

《彼得法则》对于那些充斥盲目乐观和甜美现实的大部分商业书籍具有醍醐灌顶的作用。它时刻提醒人们,企业实际运作并不都是伟大的设计和重大的决策,更多的是平凡和挫折。人们对这些平凡或挫折太不经意了。《彼得法则》删减了管理者和管理组织规模。我们不可能都成为百折不挠的、什么事都能做对的领导者。既然如此,我们为什么还要去幻想呢?

彼得法则继续存在下去,《呆伯特法则》的制定者斯科特提出:“现在,那些不合格的工人被直接提升到管理岗位,甚至没有经过临时性的考察阶段去看看他们是否胜任。在1979年,我还是工人的时候,《彼得法则》所描述的管理层真是太棒了。我想我们每一个人都会希望能够回到那个自己的老板做得不错的黄金岁月。”

作者简介

劳伦斯·彼得(1919～1990)加拿大学者。1957年获美国华盛顿州立大学学士学位,6年后又获得该校教育哲学博士学位,他阅历丰富、博学多才、著述颇丰。

这就是令人惊奇的《彼得法则》直到今天仍具有生命力的原因。当彼得提到“codophilia”时(指用字母和数字代替词语来讲话),他可能指的就是当今社会咨询师。这证明了这些法则是恒久不变的,有很强的适用性。在书中也提及"无计算机能力:没有计算机技术应用能力或是本身就不懂计算机。"微软公司的比尔·盖茨可能会不同意这个观点,他很可能是一个狂热的爱好者。但最为重要的是,盖茨提出了《彼得法则》中一个最为著名的论调:"管理的艺术就是促进人们工作,而不是每个人都成为经理。"

汤姆·彼得斯 & 罗伯特·沃特曼
(Tom Peters & Robert Waterman)

追求卓越 (In Search of Excellence)

1982

汤姆·彼得斯与罗伯特·沃特曼合著的《追求卓越》[1]是当今最畅销的管理类图书。它的全球销量已经突破了6百万册。

全世界的各类报刊媒体都曾长篇累牍地报道和分析过《追求卓越》所获得的巨大成功。彼得·杜拉克曾经指出,言简意赅是本书最吸引人的地方。"它的最大强项在于促使你去思考事物的实质。这本书最大的弱点、但同时从成功的角度来说又是它的强项是大大简化了管理,使管理听起来是不可思议地简单,就像今天,你只要把书放在枕头底下,然后明天就万事大吉了。"[2]

汤姆·彼得斯曾从一个能较为人理解而又不流于一般的角度回顾此书:"《追求卓越》是第一本揭示管理工作中那些行之有效方法的著作。此书是非常有针对性的。海斯(Hayes)和艾伯纳斯(Abernathy)曾对美式管理方法大加鞭挞,并且将其写进哈佛的手册中。而本书的宗旨也是明白无误地指出美式管理方法已经被严重扭曲了。它对美式管理方法和麦肯锡思维方式进行了粗暴的、直截了当的抨击。当然，本书的绝大部分内容还是讲述了企业好的、充满希望的方面，但理所当然地，它们之所以有希望是因为它们是'例外'。我个人认为，《追求卓越》对某些人来说是一本传达了某种坏消息的书。"③

对于这样一本极具开拓性的专著，《追求卓越》竟然没有引起任何争论，至少在过去的岁月是如此，这真是太不可思议了。彼得斯和沃特曼都坦承，书中的许多观点并不是他们首创的，但是他们深刻洞察、并发展了这些他们所拥护的、但被所谓的管理理论家们视而不见、完全忽视了的观点。

本书形成始于彼得斯和沃特曼在麦肯锡工作期间所实施的一个研究项目。这个项目旨在找出并分析那些所谓成功的企业，并且力求对它们的企业行为和运作进行升华和概括。样本由经过筛选的 62 家企业组成（在附件中，他们承认当初并没有太在意这些样本是否有充分的代表性）。

看看这些样本的名字，就知道入选企业大体上是无可置疑和顺理成章的。它们包括 IBM、惠普、沃尔玛、通用电器等公司。无一例外，样本都偏重于那些大企业。

在《追求卓越》一书中，彼得斯和沃特曼不遗余力地抨击了当时泛滥的所谓"理性模型"和"商务战略范例"。这两种思潮在当时西方管理思想界都占据着主导地位。他给我们的忠告是回到最基本的原则上来。彼得斯在稍后《管理的解放》一书中阐述道："关注你的顾客（紧紧依靠他们），并给与他们持久的关心（以人促产），注重实验和失败（贵在行动）。不管我和沃特曼是置身于这些管理案例之中，还是仅仅作为一个旁观者，我们其实都有更重要的事去做。如果你聪明的话，你可以在《追求卓越》的字里行间发现许多问题。当它在声讨现代管理实践过度压抑了人们激情的同时,又浓墨重彩地大肆宣扬大企业所取得的成就。当我们在啧啧赞叹 IBM 所取得的成就、或是对通用电器也并不是简简单单地点头称道时,都含蓄地表达了对美国技术企业成功的总体认同。这些技术企业正是被经济学家和商业历史学家在不久前称为是促使美国经济取得万众瞩目成就的近乎完美的工具。不要误会的是,若论岁数,我和沃特曼都是 50、60 岁的人了,我们都袭承了盖伯瑞斯(Galbraith)、钱德勒(Chandler)的衣钵。"④

该书在庆贺那些成功技术应用于大型企业的同时,也指明了其中有许多技术更易在小企业中推广,而且成功机率也将更大。这也是本书能长盛不衰的原因。

彼得斯和沃特曼在研究过程中得到了《日本的管理艺术》的两位作家理查德·帕斯卡(Richard Pascale)和安东尼·艾索思(Anthony Athos)的鼎力相助。他们发展了一种称之为 7S 的架构,而且这种架构被证明有深远的影响力(在《日本的管理艺术》一书中将做详细阐述)。

而更为有用的是,彼得斯和沃特曼将他们的观点概括为八条至关重要的品质,并且它们都经过时间的验证。

贵在行动:彼得斯和沃特曼曾经写到"去做、去干、去试,这是我们推崇备至的法则。"

与顾客紧密地联系在一起:最优秀的企业会与顾客紧紧地联系在一起。当其他企业还仅仅停留在口头上时,优秀的企业确确实实是这么做的。晚些时候,他们又加进了"聪明与沉默规则",当今企业中部分受过 MBA 教育或类似培训的经理对自身利益得失有时显得精明过头了。我们这些所谓"聪明"的朋友会根据个人的小算盘适时调整着自己的小九九。他们会熟练地炫耀着有上百个变量的方程式,他们会设计一系列复杂的激励系统,他们会建立一连串矩阵组织架构,他们会为产品发展中的一个步骤而编纂出 200 页的战略发展计划或是

500 页的市场需求文件。而我们的那些沉默的朋友则是更加专注于如何向顾客提供个性化的服务，即使在薯条业这样的行业中。

自治与企业家精神：优秀的企业在员工中鼓励、培养企业家精神。

以人为本，提高生产率：彼得斯和沃特曼曾质疑通用汽车公司解雇了一个生产了邦迪克汽车 16 年的工人："我猜想，我之所以被解雇是因为生产了有毛病的汽车，但是在如此长的时间内，我没有得到任何有关使我能做得更好的建议。"

价值观取向：企业内部首席执行官的真正职责是管理好企业的价值观。彼得斯和沃特曼断言："企业的管理者需要培育和维护企业的价值观。他们不应仅仅站在远处指手划脚，而应亲自在现场以保证企业的正常运行。对于那些仅仅注重口惠的企业，经理就是意味着可以雇佣助手去做事，而不用再到一线亲力亲为。"

不离本行：优秀的企业总是做那些它们最擅长的事，从不轻易分心。

精兵简政：优秀企业最吸引人的地方是他们清楚地认识到保持事物简单的重要性，即使面临着某些复杂问题的巨大压力也是如此。

有张有弛：这一点或许是彼得斯和沃特曼著作中最薄弱和最模糊的一点。关于如何能有张有弛，一直是以后商业著作的争论焦点。而最近这已被倾向于描述为其实质是管理学的一个悖论。他们在《追求卓越》中写道："我们需要考虑在我们管理学的词汇库里加入新的词条。其中的一些会是临时组织、特别小组、动态架构、小即是美、积少成多、试验主义、行动主导、模仿、大量尝试、不合理变更、内部竞争、乐趣、傻瓜技术、产品冠军、夹带私活、无聊工作、有线通讯以及影子公司等等。每一项都对传统智慧产生了极大的震撼，每一项都意味了缺乏明确的方向，但又不得不采取行动。"

《追求卓越》一书所揭示的道理不断招致批评。就像其他标准一样。本文所选择的样本标准受到了广泛批评，特别是在彼得斯和沃特曼所称的那些优秀企业头顶上的光环开始黯淡的时候。这种情况的出现比他们所预计的要快得多。1984年《商务周刊》的封面故事(标题为Oops)兴高采烈地透露出一些所谓的优秀企业已经快速下滑到非常平庸的地步,有些已经彻头彻尾地失败了。这个好消息成为了本书的软肋,尽管彼得斯和沃特曼曾经警告过:"我们曾经被问及是否知道我们所认定的具有企业创新文化的公司能一如既往地获得成绩的时候,我的回答是我们并不知道。"

作者简介

在写作《追求卓越》的时候,彼得斯与沃特曼都是麦肯锡公司的咨询师。彼得斯在该书出版前离职,而沃特曼则是在两年以后。

自那时起,他们两个人的道路完全不同。彼得斯(生于1942)成为一位著作颇丰的大师,他总是在周游着世界,不断地发表着拥有神奇魅力,轰动世界的专著。他的著作包括《卓越的激情》(A Passion For Excellence) (1992)、《混乱中壮大》(Thriving on Chaos) (1987)、《管理的解放》(Liberration Management)(1992),以及最近的著作包括《汤姆·彼得斯言谈录》(The Tom Peters Seminar) (1994)、《追求巨大成功》(The Pursuit of Wow) (1994)。彼得斯在Palo Alto拥有自己的公司,汤姆·彼得斯集团,但现在他的大部分时间都是在位于佛蒙特州(Vermont)的农场中度过。

沃特曼(生于1936年)以后鲜见作品,只是偶尔出版一两部极具思想性的著作。沃特曼更愿意将时间花在油画创作上,而不是各地的巡回演讲。他在加利福尼亚拥有一家咨询公司。在《追求卓越》后,沃特曼写作了《复兴的因素》(The Renewal Factor)(1987)、《卓越的边界》(The Frontiers of Excellence)(1994)。

《追求卓越》一书所包含的价值现在还很难衡量。此书的声望和成功已远远超出了仅仅衡量这本书自身的优缺点。我们所能说的是，它极大地促进了商务书刊的出版发行，确立了客户服务是企业保持差异性和优势性的关键。

哈默尔对《追求卓越》点评

“我们从来不应低估人们对于市场的渴求。《追求卓越》晚于《日本的管理艺术》一年出版。当时西方工业界的自信心降到了有史以来的最低点。‘你也能做得很好’就是这本书所传递的信息，因此也获得了大量的听众。但是简单的事实和简单化的处方之间的界限很难划分。沃特曼和彼得斯避免了简单重复或避重就轻。实际上，他们关注于运作研究、精细的计划和严密的财务分析使得许多公司的经理失去了对事情的把握，放弃了对顾客的关注。彼得斯和沃特曼提醒管理者，成功总是来自于将普通的事做得非同寻常地好。”

注　释

① Peters, Tom, and Waterman, Robert, In Search of Excellence, Harper & Row, New York, 1982

汤姆·彼得斯，罗伯特·沃特曼，《追求卓越》

② Drucker, Pter F., The Frontiers of Management, Heinemann, Oxford, 1987

彼得·杜拉克，《管理前沿》

③ Interview with Author

对作者的采访

④ Peter, Tom, Liberation Management, Alfred P Knopf, New York, 1992

汤姆·彼得斯，《管理的解放》

汤姆·彼得斯(Tom Peters)

管理的解放 (Liberation Management)

1992

《管理的解放》[1]这本篇幅巨大、散漫而又充满激情的轶事集是汤姆·彼得斯对于“90 年代”管理思想的一篇涉及广泛的纲要。

最初的手稿有 1900 页之多,通过删剪掉 1/3,才使本书缩减到合适的篇幅。卡尔·维克(Karl Weick)认为本书是用一种“超文本”写成的。语言极富色彩:“中层经理,就像我们所知道的那样,是一群被煮熟了的鸭子。”“每一种对于产品和服务的描述都是上吊行为,他们会变得软、很软、非常软。变得易变、短命、时尚化。”在彼得斯所著的六本书中,《管理的解放》同时获得了最好和最坏的评价。

《管理的解放》被标识为彼得斯职业生涯中的一个重要里程碑。本书起源于他在一个时期内集中阅读了钱德勒(Chandler)和海斯(Hayes)的著作,并且,这是他自《追求卓越》后的第一本深入检验单个企业的著作。

《管理的解放》的核心信息反映出与他的早期作品(《追求卓越》、《卓越的激情》、《混乱中壮大》)相比,彼得斯的强调重心已经发生了巨大转变,在《追求卓越》出版的整整 10 年后,彼得斯承认,他以前的作品对长期存在着的组织架构问题关注得实在是太少了。

彼得斯想要的并不是建立在传统阶层制和职能化观点上的组织架构。实际上,他的新组织架构范例都是以没有明显结构而著称。这是彼得斯的基本观点。像 CNN、ABB 这样的企业,通过高度灵活的架构,随时调整,适应了商业需求。自由流动、不受限制、无规则化、简单但复杂,这些都是未来看似自相矛盾的架构。彼得斯说道:“明天,卓有成效的组织在每一天都会有所不同。”

也只有如此充满活力的结构才能使公司得以实施彼得斯所推崇备至的客户服务,并且也只有具备了这样的动态组织架构,公司才能生存下去。彼得斯没有忘记客户服务:“客户如何评价自己与公司的关系,决定了你是否拥有一个终生客户。这个道理再清楚不过了,但总是被人忽略。”

彼得斯所看到的新的企业架构的关键是与顾客、供应商、任何能帮助企业商业活动的人结成的网络。他写道:“有关企业规模的旧思想必须抛弃。新的巨人——实际上会非常巨大的,是一种网络关系的巨大。这就意味着,由市场力量作为衡量的标准。也就是说,公司的功能已经扩展到了企业的外延部分,而不是企业所直接拥有和直接控制的部分。无论这个外延部分是流动的,还是处于半永久状态,都是如此。”

并且,这个网络必须快速移动。这部书中反复强调的就是“时尚”——“我们如今都身处在米兰高级时装和好莱坞电影业之中,”彼得斯写道:“这本书的全部活力都来自于一个词,那就是时尚。计算机和微处理器的生命周期已经从年压缩到月。”具有新的模式的组织快速发展,并保持下去,努力在市场上搜寻着能够显示自己独特之处的新领域。

很明显,这要求管理者拥有与以往完全不同的管理技巧。实际上,彼得斯说到他所描述的新组织形式是令人难以想象的,对于管理者来说是一种不折不扣的痛苦。现在,这种新的技术为人所熟知。彼得斯彻底告别了“命令”、“控制”,而将我们引领进一个以“好奇、主动性、想象力”为标志的新时代。他认为,这一步对于大多数企业来讲是未知的，但也是回归到最基本原则的一步。“在过去 100 年间，人们总是设想专业技术只存在一个地方，和那些所谓‘专业’人才待在一个部门、团队、小组和企业中。而工作的具体完成则是在另外一个截然不同的地方。新的组织是将这些技术回归到它们本应该待的地方——与实际运作紧密靠近——就像在工匠时代，以及工业大革命前的时代……我们并不是忽略专业技术，我们只是简单地调整它的方位，扩展研究领域，赋予它新的关系——并且认识到在一个快速发展、时尚的世界中，每一个人都必须成为专家。”

哈默尔对《管理的解放》点评

“尽管有人指责汤姆·彼得斯与其说是一位管理学家，不如说是一位记者。但在《管理的解放》中，让我们预览了许多 90 年代管理思想家们所考虑的问题。尽管一些人认为书中见解相对于数据的比例应该再高一些，而案例再少一些，概念性思想再多一些。但无论如何，该书仍然是对新时代的管理哲学做了很好的介绍，尽管略显冗长。”

在后续两本著作中——《汤姆·彼得斯演讲集》(The Tom Peters Seminar) 和《追求巨大的成功》(The Pursuit of Wow)——彼得斯进一步发展了他在《管理的解放》中的思想，提倡完完全全充满活力的、自由前进的企业。彼得斯认为，《管理的解放》是他最好的著作。它的优点、同时也是它的缺点在于它无尽的活力和无休止的例子。令人感兴趣的是，许多出现在彼得斯书中的公司后来都成为其他书引用的例子。

注　释

① Peters, Tom, Liberation Management, Alfred P Knopf, New York, 1992

汤姆·彼得斯，《管理的解放》

迈克尔·波特 (Michael Porter)

竞争战略(Competitive Strategy)

1980

迈克尔·波特《竞争战略:分析行业和竞争者的技术》[①](Competitive Strategy: Techniques for analyzing industries and competitors)提供了一种解决长期困扰人们的战略难题的理性主义办法。就像其他许多管理难题一样,这个问题也存在着两种完全对立的极端方法。一种极端方法就是实用主义者方法,主张企业对于自己所处的特定环境做出反应。对于它们来说,竞争优势来自于及时、迅速地反应。由于每一种情况都是惟一的,因此,不存在什么预定方案能使竞争优势长期保持下去。

另外一种极端方法就是以波士顿咨询公司为首的阵营。他们认为,市场知识是最为重要的,任何掌握了错综复杂特定市场的公司,都可以做到降低价格、增加市场份额。

波特提出一个极富逻辑性的折衷方案,他提出,有三种"普遍性战略"是对付竞争力量的可行方法。在波特的眼里,战略被抽象化,看作是如何应对竞争的选择(令人感兴趣的是,波特曾说过,关于普遍性战略的想法是后来才被加进书里的)。

作者简介

迈克尔·波特生于1947年,拥有商业经济学博士和MBA学位。作为一位早熟的天才,他同时还拥有普林斯顿大学航空工程学学位。他26岁就在哈佛大学执教,而且他的高尔夫球水平堪与职业选手媲美(他现在负责为总统杯设定赛程)。迈克尔·波特现在是哈佛大学商学院的教授,且是研究竞争战略的学术权威。他曾创作了12本图书,并发表了大量文章。他最有影响力的著作包括《竞争战略:分析行业和竞争者的分析》(1980)、《竞争优势,创造和保持优秀表现》(1985)(Competitive Advantage: Creating and Sustaining Superior Performance)、《全球行业竞争》(1986)(Competition in Global Industries)、《国家竞争优势》(1990) (The Competitive Advantages of Nations)。《经济学家》曾如下写道"如果有人能够将管理理论变为让人敬服的学术教条的话,那么,这个人就是迈克尔·波特"。

波特是美国许多一流企业和跨国公司的竞争战略顾问,并且,他在美国国会和商业团体中,为制定相关经济政策发挥了关键作用,同时他也被外国政府聘为顾问。他现在是竞争力委员会的执行委员。该委员会是由一批商业、劳工和学术领导人在1986年成立的民间组织。

第一个普遍性战略就是差异化,在向顾客提供额外价值的层面上进行竞争,因此,顾客也将支付额外的费用去弥补较高的成本。第二条就是成本领先,以最低成本向顾客提供产品或服务。质量和服务并不是不重要的,但削减成本成为企业的焦点。波特所指出的第三种普遍战略是聚焦点。拥有明确战略的企业会胜过那些战略含糊的企业,或是那些试图既多样化又成本领先而脚踩两只船的企业。波特说:"有些时候,企业有可能成功地做到追求不止一个基本目标,不过这种情况是微乎其微的。有效实施任何一个普遍性战略通常需要全部的投入,如果有多个基本目标,组织资源将会被稀释。”

如果一个企业不能集中在以上三个普遍战略中的任何一个,那它就很有可能会遇到问题。“一个企业不能在三个方向中选定一个作为自己的发展方向,那这个公司就困在中间状态——一种极度糟糕的战略态势。”波特继续写道:“一个企业如果缺乏市场份额,资金投入,而且决定玩低成本游戏,那么,行业范围内的差异化肯定能够避免低成本定位。因此,要么聚焦在创建差异化,要么在一个更加有限的范围内降低成本。凡是困在中间状态的企业,它们的收益率一定会很低。它们既丢失了大量追求低价位的顾客、或者为从低成本企业里夺回订单而损失利润,同时也失去了获得高毛利的生意——精华部分——这主要被那些聚焦于高毛利的企业、或已经完全实行多样化的企业所瓜分。困在中间状态企业的苦痛来自于模糊的企业文化和组织内自相矛盾的组织安排和激励机制。”

《竞争战略》是在 1980 年出版的,波特的普遍战略向企业提供了一种理性的、直截了当的方法,使得它们能够从战略困惑中脱身出来。但这种担保被证明是非常短命的。在之后不到 10 年的时间里,企业不得不在所有层面展开竞争。它们既不得不追求差异化、提高服务或加速发展,同时也必须追求成本领先,使产品比竞争对手更便宜。

波特在《竞争战略》中的其他贡献已被证明具有更强的生命力:

他写道:“在任何行业,无论是本地企业还是国际企业,无论是生产产品还是提供服务,竞争的规则总是以 5 种竞争力量的形式出现的。”这 5 种竞争力量是:

1. 竞争对手的进入(The entry of new competitors):必须对新出现的竞争对手做出反应,因为他们不可避免地会耗费你的资源,使你利润减少;

2. 替代品威胁(The threat of substitutes):如果你的产品或服务存在可替代产品,那么,你可以索要到的价格将会大打折扣;
3. 买方讨价还价力量(The bargaining power of buyers):如果买方有讨价还价的能力,那么,他们就会使用它。这将减少毛利,最终影响利润率;
4. 供应商讨价还价能力(The bargaining power of suppliers):如果拥有超过你的权利,供应商就会提高价格,使你的收益减少;
5. 现有竞争对手的对抗能力(The rivalry among the existing competitors):竞争引发对市场投入、研发和降价的需求,这些都会降低收益。

波特认为:"这5种竞争力聚集在一起而形成的力量决定了一个企业在行业内的获取收入的能力、以及获得超过资金成本的平均投资回报率的大小。在不同行业中,这5种竞争力是不同的,并随着行业的变化而变化。"

哈默尔对《竞争战略》点评

"战略,说到底就是寻找高于平均水平的回报。在《竞争战略》一书中,迈克尔·波特做了一项伟大的工作,就是将所有经济学家知道了的决定了行业和企业盈利的因素整合起来。即使《竞争战略》对于发现盈利战略没有什么太大的帮助,但它是一个有效的标准,用于判断一个特定的战略一旦形成,能否产生利润。《竞争战略》之所以大大超过当时的绝大部分商业书籍,在于它坚固的概念基础。全世界每一个 MBA 毕业生都会记住波特的五种力量,而又有几个人能够记住定义什么算是'卓越'的8条准则呢?"

《竞争战略》描绘出的5种力量提供了企业了解具体行业的方法。

最初,它们只是被动地被解释成为对竞争生活的有效陈述。但是今天,它们被更多地解释为游戏规则。如果一个组织想在一定的市场内具有影响力,它都必须改变和挑战这些规则。

注 释

① Porter, Michael, Competitive Strategy, Free Press, New York, 1980

迈克尔·波特,《竞争战略》

迈克尔·波特（Michael Porter）

国家竞争优势

(The Competitive Advantage of Nations)

1990

迈克尔·波特的《国家竞争优势》[①]是我们这个时代最雄心勃勃的著作。汤姆·彼得斯，这位与波特的极端理性主义格格不入的人，也称赞该书为一部“权威著作”。这本书的核心提出了一些有关国家存在原因和作用的新观点：一国的力量源泉不再是军力，而是经济实体。经济实体的竞争力大小是维系国家力量的关键。

波特是在为美国总统罗纳德·里根任职内的工业竞争委员会工作时构思这本书的。《经济学家》曾评论道：“该书使波特声名远扬，他的职业生涯达到了一个光辉顶点。无论是宏图大志的知识分子，还是牢骚满腹的政治家，都在阅读《国家竞争优势》。人们可以在三个层次上阅读该书：对于国家经济获得成功原因的一般性探究；对世界上 8 种主要现代经济力量详细的研究；有关政府如何改善自己国家竞争性的一系列描述。”[②]

THE COMPETITIVE ADVANTAGE OF NATIONS

with a new introduction

Michael E. Porter

实际上，波特的研究涉及了 10 个国家，包括英国、丹麦、意大利、日本、南韩、新加坡、瑞典、瑞士、美国和德国(西德)。波特努力用他以前著作的思想去审视是什么使得一国的企业或工业在全球市场上竞争,是什么促使整个国家经济发展。波特问道:"在特定领域,面对全世界最好的竞争对手,为什么特定国家内的公司能够创造和维持竞争优势?为什么一个国家会产生如此多的行业国际领先者?为什么小小的瑞士会成为制药、巧克力和贸易的世界领先者,为什么瑞典会成为载重汽车和采矿设备的领先者?"

哈默尔对《国家竞争优势》点评

"《国家竞争优势》很好地说明了为什么会出现一些特定工业聚集在某一个国家、而不是另外一国的现象。它是一本向后回顾历史的书。在一个市场开放,资金、技术和知识流动的世界中,企业不再是地域位置的产物。像德国的SAP公司,能够在软件工业取得成功;日本公司雅马哈能够占据三角钢琴市场领先地位,韩国三星公司占据了世界半导体存储器件产量的第一位。这些,都表明了地域对公司竞争力的影响已经微乎其微了。《国家竞争优势》是一本出色的历史研究著作,而且肯定能够帮助政府制定提高本土企业竞争力的政策。但该书并没有告诉我们任何有关未来竞争的信息——一个企业如何能够获得、并且运用相隔遥远地域的竞争优势。"

波特想找出首要原则。他野心勃勃,试图找出国家主义这个他所趟的雷区的实质。"国家的根本经济目标就是为它的国民创造一个高的标准,并逐步提高国民的生活水平。实现这个目标可不是靠什么有关'竞争力'的模糊想法,而是凭借这个国家运用了国家资源(劳动力和资本)后所能达到的生产力,"他继续写道,"生产力是决定一个国家保持长久生活水准的首要决定性因素。"

与大前研一(Kenichi Ohmae)提倡的"国家终结论"所不同,波特的研究推导出完全不同的结论。他揭示出了矛盾的核心。企业和行业已日渐全球化,而且它们比以往更加渴望国际化。最少在表面上看来,国家在企业获得国际成功的过程中好像已经丧失了作用。"一眼望去,企业好像已经超越了国家。但是通过研究,我的认识却正好相反。"波特说道,"全球化竞争使得国家看起来显得不再重要,而实际上却正好相反,国家的重要性与日俱增。随着为保护缺乏竞争力的本地企业与工业所设置的贸易壁垒越来越少,当地国家的作用越来越明显。因为它们是巩固竞争优势技术和科技的源泉。"

波特说道:"对于什么是竞争优势以及何种行为能够创造或摧毁这种优势,我们现在已经知道很多了;在其他方面,我们还知道,为什么公司在找寻竞争优势的根基时,都会择其善者而从之;为什么一些企业在这个过程中会采取激进措施。"

波特得出结论:激烈的国内竞争往往是国际竞争成功的动力源。

为揭示对于特定行业,某一国家或地区强势背后所隐藏的动态关系,波特发明了一种国家"钻石"(Diamond)模型,它包含四种力量:

- 要素条件(Factor conditions):曾经包括自然资源和丰富的劳动力资源。现在指的是数据通讯、大学研究水平和在某一行业中实际可用的科学家、工程师和专家。
- 需求条件(Demand conditions):如果一国对某一产品或服务存在着强烈需求,这就使它在全球工业竞争中取得领先地位。举例来说:美国在健康服务业的领先就是来自于国内惊人需求。
- 相关或支持工业(Related and supporting industries):在特定国家中某一行业很强,该国该行业的相关外围工业也往往一定很强。

- 企业战略、结构和竞争(Firm strategy，structure and rivalry)：国内竞争有助于成长和提高竞争力。

注　释

① Porter, Michael, The Competitive Advantage of Nations, Macmillian, London, 1990

迈克尔·波特,《国家竞争优势》

② "Professor Porter Phd,"The Economist, October 8

"教授波特博士",《经济学家》

60

黎文斯(Reg Revans)

行动学习(Action Learning)

1979

尽管没有人赞颂他，也没有人宣传他，但黎文斯就是一个胸怀使命的人。甚至在他 80 岁高龄时，这位行动学习的提出者和倡导者仍然具有年轻人也不能比拟的热情。他说道："没有受到所谓专家讥讽的思想是没有价值的。我谈论行动学习已有 60 年之久了。但我并不是你们应该问询的合适对象，你们应该与这个理论的实践者交谈。"

在全球各个角落，人们对黎文斯的理论产生了很高的热情。美国五角大楼就是一个热心者；ANC 已经实施行动学习；奥地利、瑞典等国家也都进行过征询。但在黎文斯自己的祖国，他的理论却没有激起任何波澜。

造成黎文斯理论在英国没有引起反响主要是文化原因。当其他国家将行动学习看作是一种动态、常识性的前进方法，英国人却好像对这种思想和含义感到特别不舒服。从理论上讲，有关行动学习的表述是十分简单的，至少看起来如此。它所关注的是通过行动来学习。黎文斯用一个简单的方程式 L＝P＋Q 描述了该过程。学习是通过综合了程序化知识(已经掌握的按照书本规定或者计算机安排的知识)(programmed knowledge)(P)和提出有见解的问题 (insightful questions)(Q)来实现的。"行动学习的核心是通过尽力观察实际发生了什么，后续会发生什么，并跟踪原因，使自己获得知识。"

程序化知识是一维的、有限定的;而提出问题的能力则展开了事物另外一些方面,而且它是自由的,不受任何限制的。黎文斯认为,现代教育机构的眼光仍拘泥于教授人们程序性知识,而不是鼓励学生提出问题和扩展思维。

有效结合这两种因素的架构是诸如小团队之类。黎文斯在《行动学习》中写道:“在所有层次、不同文化氛围、为了所有目标,这种有关人的发展方法的核心思想就是这样一种情形,一小群身处困境的组员,通过坦承失败和详述胜利,努力地进行自我学习、并从别人身上学习。”

行动学习与传统的培养管理者的方法是背道而驰的。实际上,黎文斯所受到的轻视主要来自于他对于商学院的态度:“商学院中充斥着太多这样的人,他们极力用一些肤浅的知识来掩盖他们的无知。与其遮掩我们的无知,不如大大方方地交流。”“自我欺骗的空谈”,这是黎文斯对案例教学这种奠定商学院基石的做法所做的极赋个人色彩的评述。

最近成立的黎文斯行动学习和研究中心主任大卫·伯塞姆(David Botham)说:“我们总是去解决同样的问题,因为我们总没有从中学到东西。我们总是让咨询专家们来提供解决办法或是将管理者送入学堂。在那里,他们被教授许多东西,但真正学到的东西却很少。”

尽管行动学习与传统教育学习是截然相反的,但它还是具有悠久的渊源。黎文斯认为自己的文章和讲演深受佛教、基督教等众多思想的影响。他能追溯到自己在泰坦尼克号沉没时,就开始涉及行动学习了,而当时他还只有5岁大小。黎文斯的父亲是一位海军建筑师,他当时参与了这起海难的调查。“他在一年后告诉我,这次调查证明了我们应该教会别人明白聪明和智慧的区别。而教育系统——无论是过去,还是现在——却都在鼓励聪明。”

20 世纪 20 年代，黎文斯在剑桥大学 Cavendish 实验室与五位诺贝尔奖获得者共事的时候，确定了他的一生所为之奋斗的研究方向，并且从那时起开始取得研究成果。在探寻如何分裂原子的时候，这些杰出的科学家们都倾向于从各自的领域去着手搜寻方法。为了消除这种僵局，物理学家卢瑟福公爵(Rutherford)决定研究小组每周开一次会，讨论他们遇到的困难并提出新的问题。黎文斯回忆道："尽管他们都获得过诺贝尔奖，但是他们都愿意了解事物在其他方面的进展，他们积极地提出问题。"

如果最伟大的思想家都能够这么谦卑并分享工作实践中所获得的知识，那么其他人为什么不呢？战后，黎文斯不断进取，成为国家煤炭委员会的教育和培训主任，并开始实施自己的想法。他认为，煤矿经理和矿工需要明白他们面对的问题并找出解决的办法。"当医生能够听从护士的建议，病人通常能够更快地康复；如果矿山工程师能够更注意自己的工人而不是机械，那么，工作将会更有效率。在运动和原子研究领域，管理者学习的途径既不是教科书，也不是研讨会，而是随时交换工作的进展情况。"

黎文斯以他特有的直率宣布，他认为没有必要雇佣所谓的专家指导者："成功人士的根本力量不是来自于团队中某个人的伟大才智，而是来自于全体人员能力的集合。"黎文斯花了整整两年时间在井下观察煤矿工人所遇到的实际问题。这更加坚定了他的学习来自于当问题产生后小组人员共同承担的时候("困境中的同志")(在 90 年代，纳尔逊·曼德拉(Nelson Mandela)称之为"基层的互相协作")。由于在工作面中采用了黎文斯的方法，结果增产 30%。

在煤炭委员会，黎文斯与《小即是美》(Small is Beautiful)的作者舒马赫(E. F. Schumacher)共事。他是黎文斯理论的反对者："在小团体内的工作，你必须试图去弄懂每一个人的问题，并且发展一种对于其他人的职责感。”黎文斯的方法最终并没有被管理层很好地接受，于是，他黯然离开了委员会。

20世纪60年代，黎文斯开始了他显赫的学术生涯。他成为英国的第一位工业管理教授，并在曼彻斯特大学授课，他参与了讨论城市中马上要建立的商学院的实质是什么。再一次，行动学习又受到世俗的重压，黎文斯离开英国、到了比利时去领导工业基础大学开始进行的一个研究项目。该项目是由该国最成功的商人和五所大学资助的。

在这里，黎文斯有了更广阔的天地。“将布鲁塞尔选作共同体市场的首都多少出乎人意料。他们认为，如果自己成为欧洲的管理中心，他们就必须发展国际间的理解。”比利时人对行动学习有着极其热烈的反应。不同组织间的高级经理被交换用来解决各自的问题。黎文斯解释道：“我在那里并没有教授任何人、任何东西。我们只是使每个人之间能够畅谈，提出问题。来自航空公司与化学公司的人相互交谈。他们分享着经验和知识。”并没有引起外界的任何注意，比利时的经济获得了极大的复兴。在20世纪70年代，比利时的工业产值增长了102%，而同期英国只有28%。

然而再一次，黎文斯的成功并没有引起海峡对岸的注意。当他的鸿篇巨著《行动学习》出版后，结局是无人问津，他不得不回购了大部分册数（实际上，这或许成为当时英国国内最不成功和最不出名的著作）。原因看起来很简单，行动学习对于企业来说，这个挑战太大了，以至他们难以凝视思考它。如果学习就是质问，那么，那种经理们仅仅因为自己的地位就知道比别人多的假设就不成立了。当世界都习惯于从上到下的结构，黎文斯从下向上看待问题，并且发现了一个新大陆。

黎文斯的思想在盛产稻米的印度比哈尔、互相隔绝的尼日利亚乡镇、位于伦敦的医院，以及其他许多环境和组织中采用。行动学习广泛的范畴和黎文斯电闪雷鸣般的思想都使得行动学习不能一蹴而就。它需要人们思想发生根本性的转变。位于索福德(Salford)的行动学习中心的大卫·伯塞姆曾说:"人们总是在陌生的环境中面对陌生的问题。处理后者显得相对容易一些,人们在陌生环境中通常会遇到更大的苦痛。"他对人们常常用行动学习来衡量培训结果提出过部分怀疑——"人们总是用批评来衡量和评价行动学习,实际上,行动学习应该被自己的实际所评价。"

有一些迹象表明,行动学习或许会在英国获得流行。温斯托克勋爵(Weinstock)和彼得·帕克(Peter parker)就是这个论调的支持者之一。在其他地方,通用电气的杰克·威尔奇热衷于某种形式的行动学习。通用电气使用行动小组去解决特定的问题。这类方法都存在着一定的限制、即团队并不需要真正明白他们所学到的东西。

实际上,当今的许多时髦管理思想——团队合作、企业再造和学习性组织——也都包含着某种行动学习的要素。黎文斯的理论是鼓舞人心的,但还没有使人完全信服。"我们现在所需要的,可不是救世主或是大师,而是像行动学习这样的东西。无论他们拥有怎样的文化,人们一起工作,去明白局部发生的困难。我并不是说这是最终的解决之道,任何事情都没有最终的解决之道。"

作者简介

黎文斯生于 1907 年,英国学者,也曾以运动员身份参加过奥运会。

艾德佳·沙因 (Edgar H . Schein)

组织文化与领导力

(Organizational Culture and Leadership)

1985

艾德佳·沙因写于1985年的《组织文化与领导力》[①]一书,为今后澎湃而起的企业文化研究铺平了道路。实际上,沙因在某些时候被认为是"企业文化"一词的缔造者——最起码也是创造者之一。

沙因将企业文化描述为"当特定的人群去处理适应外界或内部的整合问题时,而发明、发现,或是发展的一系列假设。这些假设是被证明行之有效的,并且能够被传授给新成员。使他们在解决相似问题时,能以同样的方式去理解、思考和感知。"沙因并不认为企业中的所有事情都能被看作是企业文化,他更是从心理学的角度来看待这个问题。沙因的基本假设被人们以不同的方式篡改和解释——或许更像阿基里斯所称谓的"实用中的理论"。

沙因所称的基本假设可以被归结为5种不同方面:

人与自然的关系:有些公司认为是自己命运的主人,而其他公司则显得更温顺一些，它们愿意接受外部环境的支配；

事实与真理的关系：组织和经理们为达到企业所接受的真理而采取的方法大相径庭，有可能是辩论、独裁或者就是干脆接受那些被认为能实现目标的正确方法；

人的本质：组织对于人性本质存在着各不相同的看法。一部分遵循麦格雷戈X理论，即如果人们能够找到逃避的方法，他们就不会主动去工作。另外一些则以更加积极的眼光看待这个问题，他们努力帮助人们发挥自己的潜能，使双方都受益；

人类活动的本质：西方传统上强调任务及其完成情况，而忽略了工作中的另外一面。成功就是一切。沙因提出一种替代方法——“形成”——强调自我实现与发展；

人际关系本质：对于人们相互之间是如何影响的这个问题，企业做出了众多截然不同的假设。一些促进了这种社会交往，而另外一些认为这是不必要的，分散了精力；

这5个方面并不是相互排斥的，而是处于一种持续发展和流动的状态，文化并不是静止不动的。

创建和发展企业文化的关键是这个组织所持有的价值观。沙因承认一个人是能够塑造这些价值观的，并且最终影响了整个企业文化（这引发了对于那些创立公司文化的英雄人物的兴趣，从亨利·福特到IBM公司的托马斯·沃特森）。沙因认为企业文化的发展分为三个阶段：

第一阶段：“诞生和早期发育”，这时的文化往往会深深打上公司创始人的个人烙印。文化被看做是如何区别企业的根源，并保护公司不屈服于外界压力。

第二个阶段：“组织的中期生活”，随着新的文化的出现和原始文化特性的减弱，公司原有文化将可能被冲淡甚至最终消亡。在这一阶段,为公司的基本文化提供了一个重新排列和改变的过程。

如果错过了这个机会,文化将会发展到最后阶段"组织成熟",此时,文化将成为一种负担。在这一阶段,人们将会极富情感地看待问题。人们将会毫无希望地执迷于以前是怎么做这件事的,而不愿意做任何改变。由于文化从一种竞争优势蜕变为一种市场上的障碍。只有通过激烈的激进性政策,它才能生存。

作者简介

艾德佳·沙因生于1928年,在斯坦福大学和哈佛大学学习社会心理学。现在,他是麻省理工的管理学教授。他的理论思想根源可以回溯到他早期生涯——曾深受麦格雷戈(Douglas McGregor)、贝尼斯(Warren Bennis)、阿基里斯(Chris Argyris)和汉迪(Charles Handy)的教导和影响。

最近他有关"心理契约"(Psychological Contract)和"生涯基准"(career anchor)的概念引起了广泛的关注。沙因坚信,我们拥有惟一的"生涯基准",即我们不会轻易改变自己的事业价值观。

每一阶段的文化发展都需要不同的改变方法。如果文化的发展可以支持企业的战略。沙因认为在以下五个方面应达成共识:

- 核心使命或根本任务
- 目标
- 完成目标的方法
- 如何衡量进度
- 如何补救或修补战略

沙因认为,改变文化是一种令人难以想象的挑战。在强有力的文化氛围中,精巧构造架构的管理者们往往发现他们远远不具备改变文化的能力。那些曾成功改变自己认同过的文化的管理者是罕见的。

他们被沙因称为文化的混血儿。

《组织文化与领导力》以前人从未探及过的方式，清晰地描述了企业文化所包含的全部领域。他认为，文化是组织生活中一个持续改变着的力量，尽管令人困惑，但仍有价值。这使人觉得文化有自己的生命，只有超凡脱俗或是特别的行动才能影响它的势头。

哈默尔对《组织文化与领导力》点评

“如果不深刻理解一个大型组织的企业文化，那么是不可能去改变它的。沙因使我们能够更深刻地了解什么造就了组织，它到底是什么。这给我们提供了一个成功进行改革或改变的基础。《组织文化与领导力》对于每一个一心想改变组织的人来说，都是一本基本读物。”

注 释

① Schein, Edgar H., Organizational culture and Leadership, Jossey-Bass, San Francisco, CA,1985

艾德佳·沙因，《组织文化与领导力》

利卡杜·索姆勒(Ricardo Semler)

独树一帜(Maverick)

1993

利卡杜·索姆勒的《独树一帜》[①]是近年来出现的最为轰动的商业畅销书。在该书出版之前,任何向巴西企业学习管理方法的想法都被认为是极其荒谬可笑的。而今天,《独树一帜》的销量已超过100,索姆勒独特的管理方法已被全世界的管理者们接受和运用。

1980年,索姆勒从父亲手中接手并掌管家族企业——赛姆科公司(Semco)。当时,这家企业无论是在运行还是管理方面都与其他企业如出一辙,毫无区别。经过2~3个星期的准备,索姆勒对公司进行了一场疾风暴雨般的革命性重组。他在一天内解雇了公司60%的高层管理人员。他的这场大刀阔斧般变革的依据是三种革命性价值观念:雇员参与、利润分享和开放式信息系统。索姆勒写道:"在当代新秩序的世界里,几乎每个人都相信自己有权去选择谁领导他们,至少在公共部门如此。尽管民主方式已经渗透到工厂里,但是集权和专制仍然遍布于世界范围内的办公室和工厂内,而且仍很得势。"

我们必须看到,索姆勒所采取一系列措施是针对剧烈动荡的时局。1990年,巴西财政部收回了该国80%的现金。随之而来,经济陷入一种混乱不堪的瘫痪状态。在赛姆科公司,销售额已下降到零。公司有价值400万美元的产品压在客户手里,但是他们无钱付款。为了生存下去,就必须削减成本。于是索姆勒将所有员工都召集起来,协商可行办法。最后,员工同意降薪30%,作为交换条件,员工享有公司利润的额度从24%提高到39%,而管理层降薪40%。该协议的最后一条是,公司开出的支票必须经工会的一位成员签字认可。

在其他任何企业,劳资双方要想签署这样的一份协议,简直是天方夜谭。索姆勒利用它,加速改革的步伐——赛姆科公司850名员工都能担当责任,发挥想象力,找寻解决问题的办法。那么还有什么理由,在平时扼杀员工的创造性呢?

作者简介

利卡杜·索姆勒是位于圣保罗赛姆科公司的最大股东。该公司主要生产航海设备和食品加工设备。1990年和1992年,索姆勒连续两年被52,000名巴西经理推选为"当年商业领袖"。他的著作《独树一帜》是一本国际性的畅销书。在巴西,该书在畅销书排行榜中整整停留了200周。

索姆勒曾就读于哈佛商学院,他现在还不时给《哈佛商业评论》投稿。他是巴西工业联合会副主席,和SOS大西洋森里组织——巴西最为重要的环保组织的董事会成员。

在赛姆科公司内,员工只划分为4个级别。首席执行官的职务由6位高级经理轮流担任,每届6个月(索姆勒也是其中一位)。经理们设定工资和奖金,但必须经过下属的审核。员工自行决定自己的工作时间、生产定额和工艺改进。索姆勒写道:"公司被很好地组织起来,用我们这个词来形容并不很贴切——这并不是过分依赖单个的个人,包括我在内。当我两次长途旅行回来后,发现自己的办公室被移到了别处,而且每次都变小了,我对此感到自豪。我所扮演的角色就是催化剂的作用。我努力去创造一种有助于其他人能够自由决策的环境。成功并不意味着就必须由我亲自去完成。"

尽管媒体对索姆勒的做法十分关注,但很少有企业能有足够的胆量仿效赛姆科公司的做法。前 BTR 公司总裁欧文·格林爵士(Sir Owen Green)是一位对此持消极态度的主流工商界领袖。他宣称,索姆勒"不是独树一帜,而是让人误入歧途!"但是,查尔斯·汉迪(Charles Handy)对此抱有更为积极的观点:"利卡杜·索姆勒运作公司方法是不太可能的,但幸运的是,它成功了,并让每个人都干得相当棒。"

《独树一帜》与过去成功企业家所著的著作完全不是一类。它所宣扬的并不是企业英雄,而是对以下观念的认可:即管理注重的不是控制别人,而是如何激发别人。

哈默尔对《独树一帜》点评

"管理类书籍中那些出自于管理实践者的著作几乎卖得都不好。为什么呢?可能因为他们没有足够的时间,或缺乏正确的眼光,将他们个人经验总结出来。而李·艾科卡(Lee lacocca)、哈罗德·杰林(Harold Geneen)等的书籍以极富娱乐色彩著称。利卡杜·索姆勒所推崇的管理方法或许不会被广泛接受,但是他把推动他独特管理理念的一系列信念清晰地表达出来,供人们根据自己的观点去评判。"

注 释

① Semler,Ricardo,Maverick Century, London, 1993

利卡杜·索姆勒,《独树一帜》

彼得·圣吉(Peter Senge)

第五项修炼(The Fifth Discipline)

1990

彼得·圣吉的《第五项修炼:学习性组织的艺术与实践》[①]一书使得学习性组织这一概念成为流行。

"随着世界越来越紧密地联系在一起,商业活动变得越来越复杂和变化多端,工作必须变得更具学习性。"圣吉继续写道:"组织再也不能依靠像福特、斯隆、还有沃特森等的个人学习。再也不可能由上层给予明确的指导,而其他人仅仅是按照伟大决策者的决定办事。能够在未来赢得辉煌的组织,就只有那些能够善于激发组织中各阶层员工学习热情和学习能力的组织。"

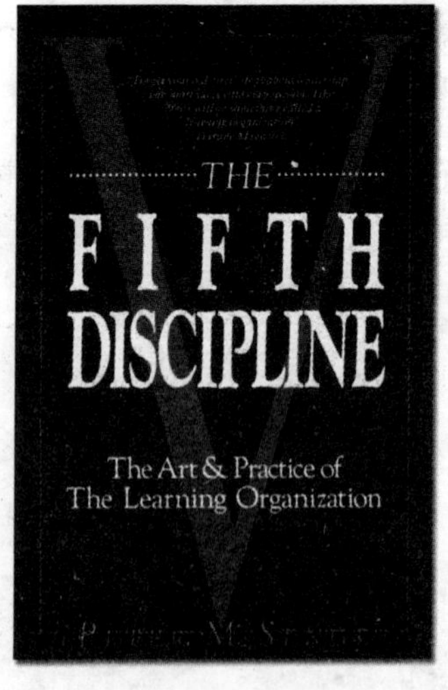

圣吉认为,管理者能够鼓励员工放开思路,相互间坦诚沟通,完全了解企业是如何运作的,通过共享的愿望和团结一致,实现大家的目标。在一个学习性组织里,管理者将更是一位研究者和设计者,而不是控制者和监督者。

圣吉的这本著作是一本畅销书,而且有关学习性组织的思想也日渐时髦。《第五项修炼》成书在大量研究的基础上,在麻省理工斯隆管理学院的组织性学习管理研究中，圣吉和他的同事们花了相当长的时间研究这个问题。在圣吉与多位合作者的后续著作《第五项修炼实用手册》(The Fifth Discipline Field-book)中写着："在过去的15年间或许更长的时间里，我们许多人正在努力地去解答'学习性组织到底意味着什么，并且如何推动组织朝这个方向发展。'经过如此的努力，我认为我们形成了一些颇有远见卓识的思想。"

在《第五项修炼》一书中，圣吉提出，学习性组织有五个主要特点。

1."系统思考"(system thinking)

圣吉引入了一种系统原型的思想——在实际中，他能够帮助管理者找出重复性的形式，一些问题的产生方式或一些限制了系统发展的内部缺陷。圣吉大力鼓吹系统化思考，事物之间是有内部联系的。他认为企业是一个复杂的系统，他的这个思想大大推动了管理理论在探索复杂性思考方向上的进展。并且由此推动产生了众多的有关这个问题的书籍，尽管它们很少能够超越圣吉的探索。(拉尔夫·斯达西(Ralph Stacey)的《组织中的复杂性与创造性》(Complexity and Creativity in Organizations)是仅有的几本能够超越圣吉思想的著作之一。斯达西提出，"创造力将是'不可避免的一团混乱'，通过激励我们沿着共同的远景前进，分享相同的文化和紧密团结，从而能够处理这种混乱。其实这就是一个对创造行为的原材料进行加工处理的过程。"[②]

2.自我超越 (personal mastery)

圣吉将此概念与管理中常见的要求和技巧联系在一起，而且还包括精神的增长——对于日益增多的更深层次的现实保持一种开放的心态——以创造的角度、而不是反应的角度看待生活。这项规则涉及到两项潜在的活动——持续的学习如何将现实看得更清晰——远景和现实之间的差距会引发创造性压力，并依此推动进一步的学习。圣吉说道："在最基本意义上，学习性组织就是一群不断提高他们未来创造力的人的集合。传统意义上的‘学习’可比简单的获取信息深远得多。其实质就是改变个人，以使他们创造自己想要的结果，完成想要做的事情。”③

3. 精神模式(Mental models)

指的是组织中最基本的、起推动作用的价值观和原则。圣吉提醒管理者注意在组织层面思考所能产生远景的力量，并对它们的本质进行主动性探索。

4. 共同远景(shared vision)

圣吉强调了共同创造的重要性，并且提出共同远景只能建立在个人远景之上。他宣称，共同远景要想成为现实，只有当团队成员不再将这种远景指导下的工作看做是与自己毫不相关的时候。

5、团队学习(Team learning)

有关团队学习的规则包含了两个方面：谈话与探讨。前者以对本质进行广泛探讨而著称；而后者，正好相反，缩小选择范围，直到获得需要进行决策的最佳选择。这两种方法互相补充。如果要想结合二者，获得收益，就必须首先将这两个方面分开考虑。大多数的团队缺乏区分这两方面的能力，并且无法做到在二者间有意识的转换。

实际上，公司习惯很难被打破。后来，圣吉承认：“我认识一些因为支持这种看法而招致丢掉饭碗的人。但他们依然如此执著。一个人告诉我接受了学习性组织模型，他做出了被自己称之为‘工作限制的选择’。他所说的意思是，他如果抛开我的理论，那么他能够沿着既有路线，在组织中向上爬得更快。但这又会给他带来什么呢？获得更高的养老退休金和持股比例。或许是这样，但这又有什么呢？”④

实践证明，一个企业转变为学习性组织会出现许多问题。根本原因在于需要管理者交出他们的传统权利和控制权。他们不得不将权力转交给那些不断学习的人。而且,如果人们愿意学习,管理者必须能够容忍试验和失败。在一个充满批评的文化氛围内,需要原有态度发生根本性转变。

圣吉所说的学习性组织理论需要信任和投入。而这些通常也并不是能轻易做到的。圣吉写道:"在今天的企业中,真正的投入是十分罕见的,我们的经验表明,90%的投入实际上是屈从。"

作者简介

彼得·圣吉生于1947年,是麻省理工学院组织性学习研究中心的主任。在他获得麻省理工社会系统模型学博士学位之前,在斯坦福大学攻读工程学专业。

圣吉研究的是企业或其他组织是如何在一个越来越复杂、变化越来越快的世界里,发展适应能力的。在《第五项修炼》中,他为管理者们提供了工具和概念原型,以便更好地帮助他们理解被掩盖在组织问题下的结构和互动问题。

"问题恐怕在于,学习性组织听起来好像是一个产品,实际上它是一个过程。过程往往并不是能一下为大众所知的。"英国的阿斯里奇管理学院的菲尔·赫吉森(Phil Hodgson)说道:"学术理论,不管是如何精确,都不能立即付诸于现实社会。经理们需要提倡学习,使得它成为公司文化中的关键部分。被学习性组织的优点所折服不可能是一种戏剧化的突然改变。"

尽管如此,《第五项修炼》被证明是非常有影响的。尽管现实中,还没有什么组织转变为学习性组织,但是这个思想有力地推动了自我管理,可雇佣性问题的讨论。而且影响了许多组织的报酬和补偿战略。

注 释

① Senge, Peter, The Fifth Discipline, doubleday, New York, 1990

彼得・圣吉,《第五项修炼》

② Stacey,Ralph, Complexity and Creativity in Organizations, Berrett Koehler,San Francisco, CA, 1996

拉尔夫・斯达西,《组织中的复杂性与创造性》

③ Napuk, K.,"Live and learn",Scottish Business Insider, January 1994

纳普克,《活着并学习》

④ Griffith,V,"Corporate fashion victim",Financial Times, April 12, 1995

格里菲思,《企业时髦的牺牲品》

赫伯特·西蒙(Herbert Simon)

管理行为(Administrative behavior)

1947

赫伯特·西蒙的杰出思想引导我们打开了通向人工智能和计算机仿真的复杂世界的大门。他近期的主要工作集中在对比专家和新手解决问题时物理性和经济性方面的不同;创造能够从浩如烟海的原始数据提炼出科学法则的计算机程序;解读人类和计算机的认知过程。对于以上领域的研究,使得赫伯特·西蒙能够对教和学的技巧及过程的有效性和效率进行深入考察。

在以上领域,他都代表了在人类思维、问题解决以及决策制定等方面爆炸性的突破。《管理行为》所记述的理论是西蒙日后研究工作的基础。该书的副标题是"管理型组织中决策制定过程的研究"(西蒙意想不到的是,许多作为书中标题的词语——诸如行为、决策和组织等词迅速成为社会学时髦用语)。

西蒙曾经哀叹道:"对于管理的描述通常是肤浅的、过于简单化的和不切实际的。他们一般都不会静下心来对决策功能的实际运作进行研究,他们仅仅满足于在口头上提到'权威'、'集中'、'控制范围'、'功能',而不是探索究竟是如何运作的。"

西蒙认为,组织原理是一种实用的现实主义理论。在当时看来,他所说的是基本上正确的。"我们对于组织的谈论可不像非洲土著医生对于疾病谈虎变色的言论。最好的状况,我们是伴以圣经为生,最坏的结果也就是我们伴以空洞的教条为生。"组织理论在很大程度上，仍然含糊不清(即使今天也如此)。在当时，切斯特·巴纳德 (Chester Barnard)是西蒙最有力的支持者，他亲自为该书撰写了序言。

作为回应，西蒙发展了"有关人类选择或决策制定的理论，能够充分拓宽选择理性方面和适应现实的人类决策制定机制的特性和缺陷。前者是经济学家最为关心的，后者是心理学家和实际决策者密切注意的。"

西蒙在管理思想的人文主义者和唯机械论者间建立起了联系的纽带。西蒙提出，"组织为什么是重要的? 首先，在我们社会中，人们成年后之后大部分的清醒时间是在组织中度过的。在这种环境中，存在着多种力量塑造、发展个人的品质和习惯。其次，组织中存在着众多的职务，它们意味着行使权威和影响他人"。

作者简介

赫伯特·西蒙是李查德·金·梅隆(Richard King Mellon University)大学的计算机和心理学教授。他的著作包括《有限理性模型》(Models of Bounded Rationality) (1997);《人工智能学》(The Sciences of the Artificial) (3rd edition, 1996);《人类事务探究》(Reason in Human Affairs) (1983);《新科学管理决策》(The New Science of Management Decision) (revised edition, 1977);《人类问题解决》(Human Problem Solving)(1972)。西蒙获得过无数的学术奖励，特别是他在 1978 年，获得了诺贝尔经济学奖。

西蒙认为组织行为并不是去更为有效地理解别人，或是衡量人们的所作所为。他提出，组织内的每一项活动在整个组织系统内会产生复杂的相互作用。"一个复杂的决策就像是一条波澜壮阔的大河，从无数的假设中探寻真相的过程就像追溯河流的无数分支一样。对于每一项重大决策,许多个人和组织都做出了重大贡献。有关集权还是分权的问题就是一个如何使一个复杂的系统变得有效的问题。”

西蒙认为组织并不是一个简单的组织图表,而是“构成一群人的一个由复杂信息交流和其他关系的模式。这种模式为每一位成员提供了众多影响他决策的信息、假设、目标和态度,并且最终会影响他的决定;此外,还向成员提供了一套稳定和全面的预期,这种预期是关于其他成员正在做什么和他们对于自己的所作所为是如何反应的。”

阿尔弗莱德·斯隆(Alfred P. Sloan)

我在通用汽车的岁月

(My Years With General Motors)

1963

《我在通用汽车的岁月》[①]一书记述了阿尔弗莱德·斯隆在通用汽车公司非凡的职业生涯。尽管书中对斯隆所取得的成就有夸大之嫌。“他在书中说的是一回事,但他在通用实际所作所为却又是另外一回事”。伦敦商学院的舒曼特拉·高沙尔(Sumantra Ghoshal)曾提及“斯隆创造了一种新的组织架构——多事业部制,这种架构已成为管理界的一条金科玉律。我们现在虽然不能说是斯隆首创的这种架构,但他确实是发扬光大者”。

当阿尔弗莱德·斯隆接管通用汽车公司的时候,刚刚成型的汽车市场已完全被福特公司一家把持。在亨利·福特(Henry Ford)的领导下,福特公司成为采用流水线生产技术的先驱。1920年,福特公司的生产速度就已达到了1分钟1辆车;它的著名的黑色T型车占据了60%的市场份额。而当时,通用汽车公司精打细算、惨淡经营,只苦苦挣得12%左右的市场份额。

福特公司垄断着市场,对于竞争对手来说惟一可行的明智之举似乎就只有入主微不足道的豪华车市场。而斯隆却不这么想,他出人意料地将通用汽车公司的注意力放在当时尚未成型的中间市场。他的目标就是生产一种能适合"每一个人的钱包和不同用途"的汽车。

斯隆采取了一种与福特完全不同的方式。早年,斯隆还是福特公司零部件供应商时,福特总是通过对企业施压,以达到降低配件成本的目的。而斯隆虽压低自己产品的售价,但是非常令他骄傲的是,他并不因此而降低薪金水平。"有一件事情我们一直没有做,那就是降薪。在那时、那种情况下,降薪这种事情太普遍了,但我意识到劳动生产率的提高能支撑高的薪资水平。"②

在当时,通用汽车公司是一个极难控制的多个公司组成的联合体。它共有8个车型,但实际上各车型不仅与福特竞争,而且相互间也激烈竞争。斯隆将这八种车型压缩到五种,并且每种车型都明确定位于某一独特的市场细分,避免自相残杀。这五种车型分别是雪福莱、奥兹莫比尔、旁蒂克、别克、凯迪拉克。它们都定期地更新和变化,并且有多种颜色可供选择。在福特公司继续提供实用的、值得信赖的汽车的时候,通用公司是向顾客提供了一种选择。

从管理的角度,斯隆入主了一个与他雄心完全格格不入的企业。通用是建立在一系列常规的、但显而易见又是漫无目的的小企业兼并收购的基础上。在这里,任何关于提供公司总体企业文化、组织架构和发展方向的想法都被完全忽视了,尽管这主要是由于从没有做过这方面的工作。

斯隆依靠自己丰富的设想开始着手建立一个清晰明快的组织架构,其核心就是他所谓的"组织学习"。一位观察家曾经说道,"在1919～1920年间,这些就好像从他的脑子里一下子喷涌而出"。在20世纪20年代初期,斯隆将整个公司划分为8个部门,5个汽车事业部和三个配件事业部。用 50 年后才有的行业术语来说，它们就是战略业务单元(strategic business unit)。

每一个战略业务单元负责与之相关的所有商业活动。单元内设有自己的工程、生产和销售部门。对企业整体政策和财务负有职责的总部监控这些业务单元。这些单元是半自治性质的，它们负有在各自特定的领域内维持市场份额和利润率的职责。阿尔福莱德·钱德勒(Alfred Chandler)曾经在他的《战略和结构》一书中描述到这种系统："每个业务单元的第一把手肩负的职责是相当广泛的，在他们领导之下的每一个业务单元都具有所必需的功能，使单元能够充分发挥创造力，进行合理发展。"[③] 在一种特别的创新活动中，配件事业部不但向公司内的其他公司供货，而且扩展到向通用以外的公司销售产品。

这种被斯隆标榜为"联邦分权制"的策略是以企业分权、事业部制为标志的。这是该理论在实际中的首次持续运用，斯隆的这些想法可追溯到亨利·法约尔(Herni Fayol)有关管理职能的探索。《经济学家》杂志曾经如此评价道："阿尔弗莱德·斯隆是在更高的管理层面上做到了亨利·福特在底层所做的完全一致的事情，使之成为可靠、高效、持续的过程。"[④]

多事业部制使斯隆能充分利用公司的规模而又防止其过分臃肿。公司的高层更能将精力集中在考虑事关公司整体的战略性问题上，有关具体操作层面的决断由高高在上的总部下放到身处第一线的管理者。这只有连续的、兼顾各方的措施才能保障以上活动。斯隆曾在 20 世纪 30 年代评价道："我们过分庞大的企业规模是我们在实际运作中饱受慵懒、无效之苦的根源。"他又说："一个新创意的实现竟要耗费如此之多的人力、消耗如此惊人的资源。如此之高的投入，使再好的创意也会显得毫无意义……以至于有时我会不得不臆断到通用汽车公司内架构是如此臃垄，惰性是如此之强，我们要想成为行业的领导者简直是痴人说梦。"

到 1925 年,通用全新的组织架构和每年推出新款的持续努力发挥了巨大功效,通用公司首次超过了还继续死抱 T 型车不放的福特公司。斯隆对于汽车市场的细分改变了整个汽车工业的格局,并且为其他行业中的企业提供了一个可供借鉴的发展模式。

《我在通用汽车的岁月》一书中有关人的因素的影响是相当有限的。在当时有相当影响力的工会被忽略了,而且还忽视了一些当时发挥过重要作用的关键性人物,如查尔斯·凯特(Charles Kettering)(发明者),威廉·欧司(William Olds)。

对这些因素的忽略本不足为怪,斯隆所倡导的体系就是尽可能地消减管理行为中所表现出来的不足或排除其他因素的干扰。这或许是有史以来最不掺杂个人情感的著作。彼得·杜拉克曾注释道:"显而易见,这样做是非常有针对性的。斯隆的书就是传达了这样一种概念,经理管理一个企业,就是为了让它有效生产,提供就业,开拓市场以及销售并获取利润。"⑤

然而,斯隆也实施了一系列在当时被认为极具创新的人力资源管理措施。在 1947 年,斯隆建立了专门调查雇员态度的人力资源研究部。并且他本人也花费了大量的时间进行各岗位最合适人选的选择上。斯隆对公司中每一个管理职位的选择上,无论这个职位是经理还是机械主管都会事必躬亲。在他有选择的缺席一些有关政策会议的同时,对人事部门的会议却场场不落。

斯隆将通用汽车缔造成为一个成功企业的典范,一种美国的实力和成功的象征。"那些对通用汽车有用的也将对美国有益"。这成为当时流行的信条。彼得·杜拉克和阿尔弗莱德·钱德勒都曾对斯隆的作为赞叹不已。无可置疑,斯隆的影响还将延续下去,至少在通用汽车公司内部是如此。柔萨贝斯·莫·坎特(Rosabeth Moss Kanter)

在为撰写《变革大师》一书而研究通用汽车公司时，时任通用汽车总裁的鲁格·史密斯曾经告诉她，他的目标就是“使公司回到斯隆当初所希望的那样”。

如此的因循守旧只会对自己造成伤害。自从斯隆的书出版以后，斯隆模式的弊病已充分显露出来。并且随着通用走下坡路，这些问题更是暴露无遗。这种斯隆所创立的以报告和委员会为基础的分权结构最终变得不可驾驭。随着时间的推移，公司内建立了越来越多的委员会。严格的目标限定和狭隘的绩效考核压制了公司的创新。

舒曼特拉·高沙尔和克里斯多弗·巴特列特曾经指出，斯隆这套方法的最本质的缺陷是其过分倚重于关注企业内部。这套体系是专门为了克服管理大型、成熟企业时出现的职能缺陷而设计。它确实达到了目标，至少在一段时期内确实如此。但是它也被证明了不能从内部创造和发展新的商业机会。企业不能有组织地扩展到新的领域有多方面的原因。

作者简介

阿尔弗莱德·斯隆(1875～1966)，这位通用汽车公司总裁，拥有传奇般经历。他也是商界管理者中，第一位著书出版理论性著作的人。

斯隆在24岁时，就已担任海厄特滚柱轴承厂的总经理一职。当1917年该公司并入通用汽车公司的时候，他已经成为总裁。他起初担任董事和副总裁的职务，在1946年的时候，他成为通用汽车的首席执行官，并从1956年起任荣誉主席，直至去世。

在事业部制中，一线业务单元的经理们的首要职责和绩效考核都是围绕着在特定的服务区域内的利润与市场占有率。他们拘泥于企业组织图表所明确界定的产品和地域范围。因此，他们既不希望也不会采取措施去找寻新的商业机遇。除此之外,小的公司就像生物的萌芽阶段,它们不可能承受巨大的总部费用,公司的利润不能满足财务和人力资源的需求。

在 20 世纪 60 年代,斯隆德曾经精心维持的集权和分权之间的微妙平衡被打破了。财务部门异军突起,在公司中发挥着决定性的作用。昔日使通用汽车公司变得辉煌的东西如今却使它丧失了活力。

阿尔弗莱德·斯隆无疑是这个世界上仅有的几位彻底改变管理面貌的人物之一。亨利·福特认为管理者们是一群监工。相反,在分权制的通用汽车公司内,所有的高层主管都肩负了三个责任:制定公司的战略、设计公司结构和选择控制系统。他们依靠着一种自下而上的稳定的、匀速的信息反馈。这种模式的仿效者极其众多。

哈默尔对《我在通用汽车的岁月》点评

“你能够不仅庞大而且灵活吗?这个今天依然困扰我们的问题,也是斯隆在接受通用汽车时所必须面对的。尽管斯隆发明了事业部制和分权方法,但通用汽车最终还是沦为其庞大规模的牺牲品。尽管规模也可看作是成功的一种象征。通用汽车到底是因为它的规模、还是多年来成功所带来的自以为是而招致不堪一击的呢?但可以肯定的是,为管理公司内部各独立事业部而建立的公司高层架构,在推进各部门协同整合方面做得并不出色,相反,它建立了一套官僚机构。既要发挥事业部的自主性和灵活性,又要发挥规模效益和相互间配合,这个问题不仅难倒了通用汽车公司,也是其他大公司为之发怵的难题。”

注 释

① Sloan,Alfred.,My Years with General Motors, Doubleday,New York, 1963
阿尔弗莱德·斯隆,《我在通用汽车的岁月》

② Sloan, Alfred P.,Adventures of a White-Collar Man, Doubleday, Doran &Co., New York, 1941,P.76
阿尔弗莱德·斯隆,《白领的冒险》

③ Chandler, A.D.,Strategy and Structure, Doubleday, New York, 1966
钱德勒,《战略与架构》

④ "The Changing nature of leadership", The Economist,June 10, 1995
"转变是领导力的本质",《经济学家》

⑤ Drucker, Peter F.,Concept of the Corporation, John Day, New York, 1972 彼得·杜拉克,《企业原理》

亚当·斯密（Adam Smith）

国富论（The Wealth of Nations）

1776

亚当·斯密所著的《国富论》出版于200多年前。但令人震惊的是，即使今天，仍能听到关于该书的如此多赞歌。斯密是从客户服务的角度考虑问题的："企业是任何重商政府所必不可少的说法是没有任何根据的。对公司员工产生作用的真正有效的法则，并不是来自于企业本身，而是来自于顾客。"爱德华兹·戴明（W. Edwards Deming）也从没有做得更好。而斯密早在18世纪就已认识到这一点。当人们专注于一个目标，而不是将注意力发散到众多事情上时，他们都会更乐意找寻一种达到目标的更加容易和令人愉快的方法。这是摘自于一些古老的诗歌。那些经久永恒的古老忠告也是这么说的。

由于政治的目的，斯密的一些观点受到限制，他最著名的著作也是经过删节的。结果《国富论》通常被认为是右翼组织的宣言，逻辑严密地展示出市场力量美妙的图景。但这只是部分事实。在《国富论》中，所涉及的不仅仅是自由市场经济。对于拥护者来说，这种探索决不能有半点错误。出版于1776年的《国富论》是一本广泛探究了商业和经济社会基本原理的书。实际上，斯密被赞誉为经济基本规律的发现者。

《国富论》出版后，立刻显示出其巨大的影响力。该书不仅成为当时的畅销书，而且对政界人士产生了显著影响。当时的总理皮特(Pitt)对斯密说，“我们都是你的信徒”。诺斯公爵(Lord North)制定的1777和1778年预算草案也深受斯密学说的影响。(当代，只有旅行家(Will Hutton)的《我们所居住的国家》一书可以与之相提并论，该书曾影响了英国大臣戈登·布赖恩(Fordon Brown)的预算法案。)

对于那些并不精通基本经济原理的人，《国富论》是他们极其有用的入门课。斯密精确阐述了这些基本原理。如供给(Supply)与需求(Demand)，他解释道：“就是人类工业社会所能购买或生产的每一种商品的数量，而这一数量总是根据一国内的实际需求进行自发的调整。”对于职业管理初期，则简单描述为：“每一个人都在不断地、竭尽全力地去发现能最适合他所拥有资本的职务。”

在《国富论》中，亚当·斯密强调的核心就是：一件特定的物品或服务的价值是由生产成本所决定的。如果生产某样东西花费巨大，那么它的价值也相应地高。“用金钱购买或用物品交换实际上都是用我们的劳动去购买，就如同我们通过自己的辛苦工作去得到的一样……这些物品中包含着人们所付出的一定数量的劳动力价值，我们用包含有同等数量价值的东西去交换。”

斯密的逻辑是毫无慈悲可言的——“要想搞清每一件物品的真正价格(就是想得到它的人所付出的真正成本)是非常困难，并存在诸多问题。当一个人拥有某物，并想卖掉它或是易货交换时，他就会陷入一种矛盾，一方面使己方节约，一方面又强加于人。”

无神论者会发现，斯密当时得出的结论是极具人道主义的。“自由主义者获得劳动力，这是必然的结果，是增加国家财富的自然征兆。

从另一方面来说，劳动力欠乏是事物停滞不前的一种自然征兆，这种饥饿的状态使得他们很快地倒退。”

作者简介

亚当·斯密(1723～1790)生于苏格兰的寇克卡迪(Kirkcaldy)。他在14岁的时候就考入格拉斯哥大学。在校期间，他深受到道德哲学教授的影响。在1740年，他前往牛津大学的巴利澳尔学院(Balliol College)主修道德哲学。1746年，他回到苏格兰，后来在格拉斯哥大学教授逻辑学和道德哲学。

斯密是在18世纪50年代开始写作的，他在1759年出版了《道德情操论》(Theory of Moral Sentiments)。1763年，他离开大学，并在法国待了一段时间。在那里，他拜访了伏尔泰等许多著名思想家。现有部分证据表明，斯密是在法国的图卢兹(Toulouse)开始《国民财富的性质和原因探究》(Inquiry into the Nature and Causes of the Wealth of Nations)一书的写作。但该书的主体是在斯密回到苏格兰之后完成的。1773年，他携带手稿到了伦敦并定居下来。《国富论》一书出版于1776年，并且立刻获得了极大的成功，产生了重大的影响。当时，诺斯公爵(Lord North)的1777～1778年度财务预算就深受该书影响。

后来，斯密又回到了苏格兰，担任收税人的工作。由于长年受到病痛的折磨，斯密于1790年撒手人寰。临终前，他监督销毁了他绝大部分的书稿。

实际上，斯密对于市场的讨论远远少于他对劳动力的论述。在斯密有限的有关这方面的论述中，他所提出的就是劳动力分部门管理的概念：“劳动力分部门……通过精妙的分工，能提高相当数量的劳动生产力。将不同类型的工作相互划分开就能体现这种优势。”这种系统的划分和功能的区分是20世纪早期管理思想家们的思想基石。这些人包括科学管理的倡导者弗雷德里克·泰勒(Frederick W. Taylor),伟大实践者亨利·福特。他们将斯密有关经济的思想运用到实践当中去。他们以斯密从来也没有想到的方式或规模付诸了实施。

斯密的许多思想还能添油加醋地被叙述出来,但这最终将对它们造成危害。《国富论》是第一本详细探究自由市场经济基础、运作、策划的著作。这是一个知识的胜利,而不是宣言。

受当时历史条件的限制,斯密的理论亦存在着缺陷。如现在体力劳动已经变得不重要了。20世纪,管理已成为一种职业。这在当时对于斯密是难以想象的。同样,斯密在写作该书时,并不了解现代企业的范畴和力量,没有考虑到品牌和顾客忠诚度所带来的力量。而且,在他写作的那个年代,利己主义是一种必然存在的需求,而不是一种可有可无的选择。

哈默尔对《国富论》点评

"修正主义分子将受到诅咒。无论是布拉格还是圣地亚哥,广州还是加尔各大,这些城市新兴繁荣的背后都有亚当·斯密经济思想的贡献。我们完全可以说,是亚当·斯密为现代工业经济奠定了哲学基础。"

托马斯·斯图尔特(Thomas Stewart)

知识资本 (Intellectual Capital)

1997

通过纯粹的财务手段,资本是能够被衡量的。企业的资产负债表就说明了一切。在过去的十余年里,企业的无形资产在资产负债表已经被大量体现出来了。有关企业品牌价值的争论长期存在,并由此引发了复杂的评估系统的生成。足球俱乐部在他们的年报中都列举了他们球员的理论转会价值,就像已经发生的财务事实一样。当今问题在于,能够更深层次地理解那些最无形的、最难以理解、能够转移的,而且发挥着重要作用的企业资产——即知识资本(Intellectual Capital)。

知识资本可以被粗略地看做是一个企业所有智力的集合。一谈及这个概念,将必然涉及到对知识工人和知识经理的理解。从某些方面上看,他们指的实际上都是一回事。

和其他许许多多的想法一样,这些理论都来自于管理大师彼得·杜拉克(Peter Drucker)的工作。在他1969年出版的《不连续的时代》(The Age of Discontinuity)一书中,首次使用了"知识工人"(knowledge worker)一词,来描述那些受过高等教育、机敏睿智的职业经理人。这些人一方面实现自身的价值，另一方面对公司做出贡献。知识工人代替了早先所谓的企业男人或女人。

如果我们寻根溯源得更远一些，我们仍会遇到杜拉克。在他的《管理实践》(The Practice of Management)对管理的描述中，我们能轻易找到这种思想的来源。该书认为，公司的成功与公司管理层价值观、动机和抱负密切相关。单个人将不再是没有思考能力、只是机械地去完成指定工作，而是一种独立的、切实行使职责的力量。

杜拉克认识到这种新的思想，但是他本人最杰出的贡献是认识到知识既是一种力量又具有所有权。知识资本是一种力量。如果以知识而不是劳动力来衡量经济社会，那么，资本主义社会的整个社会结构将会发生重大变化。一些世界性组织的思想家评论道："知识工人既是知本社会真正的资本家，又必须事必躬亲地参与实际操作。总体上说，这些知识工人就是当今社会里被雇用的中产阶级。他们将通过养老保险金，投资信托等诸如此类的方式拥有这些生产资料。"

杜拉克在他1992年出版的《管理为了未来》(Manage for the Future)一书中，进一步发展了自己的思想。他在书中写道："从现在开始，最关键的是知识。这个世界将会变得不再是劳动力密集型，也不是材料密集型，或是能源密集型，而是知识密集型。"

信息时代成为知本经济的先锋。人们越来越认识到招募、培养、挽留有能力的人是企业保持竞争力的关键。知识资本也成为时下企业内最为流行的一种提法。托马斯·斯图尔特在他的《知识资本》[①]一书中对这种管理现象做出了最清晰、最有力的解读。

提高利益是可以理解的，或许也是稍后在工业化生活发展中痛苦的一面。斯图尔特说道，"当然，知识总是与之相关的，但在两个方面发生了变化。首先，随着一定比例的价值附加在产品上，产品的身价就会增加。过去,在总成本中,物料成本占了80%,知识成本占20%。而今天,却正好相反,前者只占30%,而后者占70%左右。其次,存在越来越大的可能性,可以对知识进行管理。”

从许多方面来讲,知识资本就是简单而充分地发挥企业内所有员工的知识能力。惠普公司的总裁普拉特(Lew Platt)曾提到:“如果惠普能够运用它所知道的一切,那么我们的产量就会3倍于此。”有人计算过,在2000年,全英国的知识工人有1000万,体力工人700万。尽管美国时下流行减员风潮,但管理和技术工人的数量还是比80年代初期增长了37%。

我们认识到知识资本是非常重要的,那么,我们将不得不面对以下问题:如何衡量知识资本?而且如何确定衡量方法。知识资本已越来越成为企业生活的一部分,一个叫斯堪的纳的瑞典公司设立了知识资本总监的职务,而其他公司又纷纷仿效,至少表面形式上如此。斯堪的纳公司的领导人雷厄夫·埃德温森(Leif Edvinsson)在这个方面有很多想法。而且他还发展了一种衡量知识资本的模式,该模式完全建立在顾客、过程、更新、发展、人和财物等因素上。

问题在于,将有关学识和知识资本的枯燥描述带入实际当中会遇到相当大的挑战,知识资本可是个好东西,但你是如何创造它的呢?在这个问题上,一些公司很可能会碰壁。博思管理顾问公司(Booz-Allen & Hamilton)的查尔斯·鲁瑟(Charles Lucier)和珍妮特·图斯里 (Janet Torsilieri)研究发现,大多数的知识管理项目(或类似者)都没有什么效果。实际上,他们推测:“只有六分之一的项目能在头两年取得显著成绩;一半取得小但显著的效果;而另外的一半,要么收效甚微、要么彻底失败。”

在我们当今置身于一种过分夸张宣传以及铺天盖地商业会议和出版物的环境中,这样的研究会给人一种有益的借鉴。在所有讨论中，要想成功地运用知识资本仍会面临巨大的挑战，没有几个企业宣称已经找到了解决问题的办法。

作者简介

托马斯·斯图尔特是《财富》杂志的高级编辑。

注　释

① Stewart,Thomas, Intellectual Capital, Doubleday,New York, 1997
托马斯·斯图尔特，《知识资本》

弗雷德里克·泰勒 (Frederick W. Taylor)

科学管理原理

(The Principles of Scientific Management)

1911

尽管弗雷德里克·泰勒的研究起始于一个世纪前，但是他的学说对于今天我们如何工作以及如何看待工作仍然存在着显著的、不容置疑的影响。罗伯特·沃特曼(Robert Waterman)，这位《追求卓越》(In Search of Excellence)的著作者之一，就坚信大多数管理者仍潜移默化地受泰勒思想的影响。

泰勒是后来被称之为"科学管理"(Scientific Management)的始作俑者。《科学管理原理》[①]是该派学说的圣经之作。泰勒在米德伟尔钢铁厂任总工程师期间，对日常工作的不断探索促成了科学管理学的诞生。"科学"一词来源于泰勒对个人工作的定量测算。在仔细辨别了为完成某项工作而所需的所有单个步骤和活动(科学管理理论称之为单工序活动，译者注)的基础上，泰勒计算出完成特定工作所需的最佳时间。根据这些信息，管理者能够准确地考核工人在工作中的表现。泰勒曾写道："从本质上说，科学管理实际上是一场彻底的思想革命，是一场对行业或企业中工作的每一个人如何看待自己职责的革命，这场革命将改变他们对工作、对同事以及对雇主的职责。"

科学管理的英国追随者林德·厄维克(Lyndall Urwick)曾说道："在泰勒开始进行研究的时候，商业管理还只是一种不成体系的凌乱活动，而没有引起世人注意。管理活动通常被认为带有偶然性的，在工作中逐步熟悉而获得的，是整个生产过程中的一个特别的分支，是一种生产腊肠、钢铁或是衣物的技能。没有人想到，在成为一位胜任的管理者之前，需要接受专业的培训和正式的指导。”[2]

科学管理的影响遍及全世界。一位日本工程师将《科学管理原理》译成日文(该书的日文名称为“消除无效工作和增加产量秘芨”)，并迅速成为日本当时的最畅销书。从这一点上，也预示着日本民族渴望接受西方最新思想的强烈意愿。泰勒学说的崇拜者中甚至还包括共产党的领袖列宁，他曾经说道：“我们将尝试泰勒体系中每一项科学的、有进步意义的建议。”

泰勒的思想被那些偏好数量甚于质量的企业所广泛接受，并被亨利·福特这样的人淋漓尽致地发挥到大规模生产技术的发展上。

当今，人们总是以否定的眼光来看待泰勒的学说，但是它独出心裁的创造力和重要性是毋容置疑的。彼得·杜拉克(Peter Drucker)在他的《管理实践》[3](The Practice of Management)一书中写道：“直到1885年泰勒开始探索之前，还从没有人对工人的日常工作进行过系统的研究。怎样工作被看做是一种想当然的事情。问题在于，当你一旦认为自己所做的事情是理所当然的话，那么，你将会对这些事情视而不见。因此，科学管理的提出是伟大的、具有划时代意义的。”

同时，杜拉克也列举出了科学管理学说中存在着的两项根本性问题。第一，该学说不承认整体和组织。“这是该学说的第一个盲点。我们必须将工作分解为一系列最简单的、连续不断的运动步骤，在此基础上，我们才能分析一项工作。所以，我们必须要将这些一系列单个工人所能实施的运动步骤整合起来。”该学说的第二个问题，就是计划与实际割裂开来。

科学管理最显著的成果就是，使得评判工作的好坏不再受人为因素干扰。泰勒曾特别自信地预言："未来，专家们将定出我们进行工作应采取的最好办法，他们能够对不同工作方式的每一单工序活动进行准确的分析和精确的时间测算。这种测算完全基于他们以最少投入和最快时间完成工作的专业知识，丝毫不受个人情感因素干扰。"如今，我们日常生活中个人的多数活动仍受人为因素的困扰。按照以上方式，一些控制这些活动的法令已经设计出来，并且将继续发展下去。

作者简介

费城教友派信徒，弗雷德里克·泰勒(1856～1917)无疑是维多利亚时代最为著名的人物。他兴趣广泛，而且每一项都会有所成就。他曾经获得过网球冠军的头衔；修订过棒球规则，并且获得过一百多项专利。他个人的众多发明和一生的勤奋，来自于他本人对于效率和衡量的根深蒂固、甚至有点盲目的执著。

泰勒出生在一个富裕的家庭。而且他在法国和德国受过教育。在19世纪80年代，作为学徒，他在费城的水力工厂学习，之后转到米德维尔钢铁厂。最终，他成为工厂的总工程师。其后，他又成为缅因州制造投资公司造纸厂的总经理。1893年，他搬到纽约，并成为一名咨询工程师。

在泰勒的脑子里，可根本没有什么个人创造力和想象力之说。在他眼里，人就是一种劳动力工具，就是机械地去完成交给的某项具体的任务。他们只要按照别人告诉他们的方法去做就行了。泰勒写道："大家都明白，一位被高价雇用的人，从早到晚，别人怎么说的，他就怎么做，而且不能回嘴。你是否真的明白一个人只能机械的、无条件地按命令去做。比如，一个人告诉你要走动时，你就走；告诉你坐下时，你就坐，而且你不能问任何话。"

罗伯特·麦克纳马拉（Robert McNamara）对这种情况评论道：

“这套体系彻底剥夺了那些曾在美国早期工业发展过程中起到过重要作用的工头和经理们的权利。他们不再像过去那样是创造者和革新者,他们现在完全是绕着产量定额团团转;他们已经失去了革新或变化的权力,再也不能像过去一样停下生产线,去解决某个问题。”④

哈默尔对《科学管理原理》点评

“现代管理理论的发展始终都追寻着两个目标:管理如何科学化和管理如何人性化。如果认为对于后者的追求比前者更加光明,那就错了。实际上,它们是商业中不可分割的两个方面。20世纪之所以创造出巨大的财富,在很大程度上归功于弗雷德里克·泰勒的贡献。尽管一些人否定了泰勒,但他的理性思想和明确目标的干劲将会存在下去。实际上,企业再造就是20世纪的泰勒主义。虽然再造关心的是过程,而不是单个的任务,但他们的动机完全一致:“进行简化,剔除不必要的耗费,即用最少的投入生产最多的产品。”

汤姆·彼得斯(Tom Peters),这位最不可能是泰勒同盟军的人,勾勒出了泰勒体系的另一面:“注重时间与运动模式的泰勒,以他特有的方式增加了人们的自由。他的确定工序最佳时间的方法,使一线工人从盲目的、反复无常的工头手中解放出来。”⑤实际上,泰勒所预期的革命的两重性被人们遗忘了。“泰勒学说对于公司内诸如工头、监工、企业主和董事长之流的管理者来说,也是一场彻底的思想革命——即对待管理工作中同事的责任,对工人的责任,对于所有日常问题的责任。如果没有这些方面彻底的思想解放,科学管理就不可能存在。”

从今天的眼光看,科学管理原理已成为历史遗物,但其中所蕴含的思想光芒还将长期存在下去。

注 释

① Taylor, Frederick W.,The Principles of Scientific Management, Harper & Row, New York, 1913

弗雷德里克·泰勒,《科学管理原理》

② Urwick, Lyndall (ed.), The Golden Book of Management,Newman Neame, London, 1956

林德·厄维克,《管理的金科玉律》

③ Drucker, Peter F., The Practice of Management, Harper & Row, New York, 1954

彼得·杜拉克,《管理实践》

④ Shapley, Deborah,Promise and Power:The Life and Times of Robert McNamara, Little, Brown, Boston,MA, 1993

德勃拉·夏普勒,《承诺和权力,罗伯特·麦克纳马拉的一生和渡过的时光》

⑤ Peters,Tom,"In praise of the secular corporation",syndicated column,March 26, 1993

汤姆·彼得斯,《对长期存在的企业的褒扬》

埃厄文·托弗勒(Alvin Toffler)

第三次浪潮 (The Third Wave)

1980

托弗勒的《第三次浪潮》[1]正式宣告了“第二次浪潮”(工业化浪潮)的结束和新科技时代的到来。那些曾经发挥重要作用并被人们顶礼膜拜的旧的思维方式、规则、教条和意识,都将不适合于新的情况。托弗勒写道:“在这个新的价值观和新技术,新的地域政治关系,新的生活方式和通讯方式风起云涌的世界里,人们需要有全新的思维方式、推理手段、分类方法和概念的提出。”

第三次浪潮是一个超工业(super-industrial)社会,“是工业主义的终结和新文明的崛起。”这种变化与第一、第二次农业化时代和工业化时代进程的变化一样。

第三次浪潮的核心标志是以关注顾客需求代替了昔日的大批量生产。托弗勒写道:“第二次浪潮的核心是长时期大规模生产统一的产品。与此相反的是,第三次浪潮的特点是在短期内生产部分或全部为客户量身定做的产品。”这种大规模的客户化被许多思想家所接受,而且在一些领域中已经付诸实施。

在第二次浪潮中,消费者和生产者之间还存在严格的划分。托弗勒预测第三次浪潮将会使二者的界限变得模糊。随着顾客将越来越多地参与到实际生产的过程中,他们将充分表达自己的喜好,并进行选择。托弗勒说:"顾客将成为实际生产过程中的一部分。我们会发觉将越来越难区分谁是顾客,谁是生产者。"他甚至为此发明了一个特别的词来形容这种现象,顾客生产者(prosumer)。

而最令人惊异的是,在《第三次浪潮》成书后如此短的时间内,科技获得了空前的发展。托弗勒曾在书中解释过什么是文字处理机,并提及可能的诸如"智能打字机"或"文本编辑器"之类的工具。他是这样给我们描绘未来办公室图景的:"未来电子办公室最奇妙的地方,不仅仅在于秘书们能打印和修改文字,而在于自动化办公系统能够用电子字节以文件形式存储在磁带或软盘等介质上。通过电子词典可以进行自动修改和文字拼法更正。通过各设备间的相互联结以及与电话线连接,秘书能够及时将文档传递到接受者的屏幕上或打字机上。在 1980 年,这些描述对于大多数读者来说可能是天方夜谭。但到 1996 年的时候,这种电子化办公室已经在大多数工业化国家内实现。

在文中,托弗勒也预言到了原有的朝九晚五的工作制将会消亡。过去,由于受到必须与机器同步的限制,使得人们禁锢到按照机器的特点来安排作息,并使得整个社会的节奏趋同。无论是在社会主义还是资本主义社会都是如此。但是随着机器同步作用的限制放宽,人们不再受太多束缚,而是获得了革命性的解放。人们将拥有更加灵活的工作方式,比如"弹性工作时间"或"家庭办公"。

托弗勒并不是一位信口雌黄的乌托邦。20 世纪 70 年代早期,预言家们曾纷纷断定休闲时代将会来临。但事实上,这个时代最终也未能来临。托弗勒关注的是科学技术更广阔的发展前景,“未来的办公室将会如此整洁、平静,而现实生活中,办公室总是那么凌乱不堪,以至使人们不敢想象这会是真的。”但托弗勒明确指出,我们正在快速朝这个方向发展,甚至在电子办公室上的部分进展都将足以给社会、心理、经济带来巨大的震撼。未来的文字处理机不仅仅是一部新机器,它将重组办公室中个人的角色和人际关系。

关注科技进步所带来的广泛的影响是,“《第三次浪潮》最引人注目的地方。而其他有关我们未来的著作,往往单纯庆贺科技所创造的奇迹,而较少关注由此而带来对人的影响。托弗勒认为,人的变化才是最为重要的。他预期到,“第三次浪潮将产生焦虑和冲突,促成重组,并且产生新的机会和工作。新的系统将会挑战所有旧的管理观念、组织架构、性别角色划分、部门界限的旧体制。”通过一系列重组、缩编、授权以及事业部制,托弗勒所描绘的新系统,和其他许多趋势一样,正逐步展现在我们面前。

托弗勒也准确预测到宗教势力的增强和地方媒体的泛滥。对此,托弗勒所提出的称谓并不雅致,文化的反整体化。

托弗勒还详细研究了各种组织所受到的影响:“由于受到批评界、法律和追求自我约束的高层的影响,企业将会越来越成为一个多目标的群体,而再也不能像过去那样拘泥于一个经济功能。”托弗勒提出以下五种力量推动着企业发展。

1. 物质社会的变化:

   企业将会对在运营中对周围环境的影响担负起更多的责任。

2. “相同利益”社会力量的变化:

   企业的活动将会对诸如学校、大学、社会团体、政治党派产生更大的影响。

3. 信息角色的变化:

随着信息对企业发挥越来越重要的作用，以及出现更多的“信息经理”的时候，企业必然会对信息环境产生影响，就像对物质和社会环境产生的影响一样。

4. 政府组织结构的变化：

更多政府实体的出现，意味着商界和政界间相互影响的力度加强。

5. 道德变化：

企业的道德观和价值观将越来越贴近于社会：“那些以前被认为是金科玉律的东西，现在突然间被看作是腐败的、不道德的和可鄙的。”托弗勒认为，企业将越来越被看作是道德的生产者。

托弗勒预言到，未来的组织在关注经营的同时，也会关注生态、道德、政治、伦理、性别和社会等问题。但令人感兴趣的是，托弗勒对于这方面的描述大多没有成为现实。当企业的工作组织形式和个人的工作方式发生了重大变化，企业自身前进的脚步却远远落在后面。

作者简介

埃厄文·托弗勒，一位著作最为畅销的未来主义者。他最有名的著作为《未来的冲击》(Future Shock)、《第三次浪潮》、《权利的转移》(Power Shift)。托弗勒在成为康乃尔大学访问教授之前，当过《华盛顿报》的记者，《财富》杂志的副主编。后来他还担任过鲁塞尔·撒芝基金会(Russell Sage)的访问学者，社会学研究新学院的教授。

《第三次浪潮》有着深远的影响，它的意义远远超出了描述新文明对工作和组织的冲击。它用精确笔法，给我们描绘的未来的蓝图已经大部分实现了。他所提出的一些首创想法，如“家庭办公”，被查尔斯·汉迪(Charles Handy)等人做了进一步完善。

哈默尔对《第三次浪潮》点评

"后工业社会已经到来,埃厄文·托弗勒早在 1980 年的时候就预言出这一点。其实我并不相信存在着什么预言家,只是某些人的触觉比较敏锐,或是善于从身边的某些变化中捕捉到有关不远将来的蛛丝马迹。阅读托弗勒或其他预言家著作的每一个人所遇到的挑战是有关未来的信息并不是独享的。你的竞争对手也可能读了托弗勒,奈斯比(Naisbitt),尼古拉庞特(Negraponte)的作品。真正的挑战在于透过共享信息,形成自己独特的前瞻性视野。"

注 释

① Toffler, Alvin, The Third Wave, William Collins & Sons, London, 1980
埃厄文·托弗勒,《第三次浪潮》

罗伯特·汤塞德(Robert Townsend)

提升组织 (Up the Organization)

1970

管理学经典著作大都不以语言幽默见长,缜密的学术研究远比妙笔生花的一两行文字更受读者推崇。但在每一个时期,都会出现一批将管理学神话和高深理论娓娓道来的畅销佳作。比如20世纪50年代的《帕金森定律》、60年代罗伯特·汤塞德的《提升组织》(该书的副标题为"如何阻止企业扼杀员工和盈利")。罗伯特·海勒(Robert Heller)曾对该书评价到:"有关企业经营管理的第一本畅销书。"并且他认为"嘲讽性的标题在其中发挥了不可估量的作用。"

《提升组织》[①]一开始就是一篇如何使用该书的备忘录,并为本书定下了基调。"在公司中,无论是收发室里的小男孩、公司总裁、副总裁,还是负责速记的妙龄女郎,他(她)们在三个地方是完全一样的,那就是顺从、烦闷、愚钝。汤塞德发现,这些人被深深禁锢在鸽子笼般的组织结构框框中,并且已经沦为这种私人或公共等级制度的奴隶。因为没有人能够改变这种状况,所以他们还将毫无感情地运转下去。"

汤塞德对现代组织从头到尾地进行了剖析。期间,他的态度也发生了改变,从最初的调侃到愤世嫉俗,从批判到讲求务实。汤塞德最激烈的言词是用在哈佛商学院身上,"千万不要雇佣哈佛的毕业生。"他说:"在我的眼里,这些所谓的精英分子缺乏一些成功的必要素质:谦逊;对一线人员的尊重;深刻理解商业的本质,和了解那些因推动公司发展而欣欣然的人们；尊重自己的下属；拥有勤奋、忠诚、决断和公平的良好记录，并且不屈服压力保持诚实。”

更有实际意义，也更为尖刻的评论是，汤塞德认为“公司高层（董事会成员）就像是蛰伏在树上的一群猫头鹰。当管理者在树林中走错路的时候，它们就会大声鼓噪。但我相信，其实这些人自己也不明白哪一条路是对的，哪一条路是错的。”

《提升组织》一书中还包含了许多精彩论述。汤塞德对企业家们豪华装修自己的办公室不屑一顾。而且对他们以下的一些做法嗤之以鼻：设立专用停车位；为老板和高层采购特殊办公文具；附庸风雅的餐间音乐；按铃和嗡鸣器；兼任外部企业董事或首席执行官的受托管理体制（这里，汤塞德情绪激烈地写道“笨蛋，赶快放弃那些无关紧要的琐事吧，你自己的公司都还没管好呢！”）；公司商务飞机。其实，在宣扬权力与参与方面，汤塞德整整领先了他的时代 20 多年。

作者简介

罗伯特·汤塞德（1920～1998）曾任埃韦斯（Avis）公司的总裁，直到该公司被 ITT 所吞并。他是《提升组织》一书和续集《继续提升组织》（Further Up the Organization）的作者。

汤塞德认为“我们的国家并没有犯什么根本性错误，除非我们所有大企业的老板都依据了错误的设想去运转企业。我们如今之所以显得如此混乱，是因为在过去 200 多年里，我们一直是依照基督教和古罗马凯撒军团模式创造我们自己的组织架构。这一做法，一直到 40、50 年前还都有效。当时无论是信徒、战士，还是工人都是缺乏教育并且严重依赖于上级发布的命令。而且决策机构拥有绝对的权威性，下属的任何抗令行为都将导致极其严厉的惩罚，甚至招致杀生之祸。”

《提升组织》是一个时代的产物——蔑视权贵，幽默风趣，质疑了许多被企业所广泛接受的法则。尽管该书出版于 30 多年前，但直到今天，我们都还能从该书中感受到许多创新思想的灵光，它对于公司内许多问题的独到剖析，仍然能适用于当今众多企业。

哈默尔对《跨越文化浪潮》点评

"公司的活力来自于不迷信前人，不循规蹈矩。其实这些也是《提升组织》一书的核心内容，这也使得该书成为 20 世纪 70 年代那些愿意打破陈规陋习人们的首选阅读材料。在 25 年后，《管理的解放》(Liberation Management)再一次使人们明白了他们需要解放。真正的问题在于，为什么每次都需要经历 20 多年，才能出现这样的一本著作，我们对待这件事情太认真了。"

注 释

① Townsend, Robert, Up the Organization, Michael Joseph, London, 1970
罗伯特·汤塞德，《提升组织》

冯斯·琼潘纳森（Fon Trompenaars）

跨越文化浪潮 (Riding the Waves of Culture)

1993

冯斯·琼潘纳森曾坦言："全球环境下的管理越来越受到文化差异的挑战。"他的《跨越文化浪潮》一书也正是审视了职业经理人所必须面对的深不可测的文化因素。"如果想要理解其他文化，首先就必须明白什么是文化。文化实际上是一系列的规则和方式，是随着社会的发展循序渐进、逐步演化出来的，并用于处理纷纭复杂问题的。"冯斯·琼潘纳森继续写道，"文化深深植根于大众之中，就像呼吸一样自然，我们从不需要去想象它们是如何实现的，以及考虑如何解释这些现象。无论是每一个国家还是每一个组织，在处理人的关系上，人与时间的关系上，以及人和自然的关系上都会遇到左右两难的境地。而文化就是人们解决这些问题的基本之道。"《跨越文化浪潮》依据了细致入微的定量分析。先后在 18 个国家中，举办了超过 900 次的研讨会（而琼潘纳森本人在 15 年中，研究范围涉及 15 个国家，15,000 多人）。

琼潘纳森一直对美国的管理模式嗤之以鼻。他认为，"我坚信你不可能理解其他文化……那些我们在最好的商学院里经过长达 8 年的洗脑，花费无数金钱所得到的美国的管理技术中，如果有一种能有效地运用于我的祖国荷兰，或者是世界上其他任何一个地方，我都会感到惊讶。"琼潘纳森的回答极其简单，它们不能。

琼潘纳森写道："作为国际管理者，不应仅仅注意到存在着这种文化的差异，而且他(她)需要尊重这些文化差异，并积极采取有效措施调和这种差异。作为国际化管理者，应该能够调和这种文化差异所带来的矛盾。”琼潘纳森所强调的核心是文化如何影响我们的行为，以及不同文化之间的相互影响，而不是文化的多样性。

冯斯·琼潘纳森在书中用了7个章节的篇幅论述了他认为构成文化框架的最基本前提。他在列举了众多文化之间的根本性差异的同时，也坦承即使在一个国家内，文化在国民身上的表现也不尽相同。

这首先表现在被琼潘纳森所称的“普遍主义者”和“具体主义者”二者之间的差异。普遍主义者(包括美国、加拿大、澳大利亚、和瑞士)信奉“惟一最佳方式”，这一套规则能适用于任何情况。而具体主义者(韩国、中国、马来西亚)讲求审时度势，即不同环境下采取不同的应对规则。

作者简介

生于1952年，琼潘纳森也是《资本主义七种文化艺术》(The Seven Cultures of Capitalism)的合著者(1994，与查尔斯·汉普顿－特纳(Charles Hampden-Turner))。琼潘纳森因其对现代管理文化方面的研究著称于世。他认为自己的国际化家庭背景——母亲法国人、父亲荷兰人，使得自己对不同文化有强烈的兴趣。他曾经在美国沃顿商学院学习，现在是位于荷兰阿姆斯特丹的国际商业研究中心的总负责人。

冯斯·琼潘纳森是通过典型案例研究方法来研究这两种情况的。在普遍主义者与具体主义者发生冲突的时候，他描述了以下一种令人两难的境地：你最亲密朋友驾车引发交通事故，并使第三方受伤，而你又身处其中，成为惟一目击证人。如果你的朋友央求你对他当时的驾驶速度作伪证时，普遍主义者是不会为了朋友而撒谎的，而具体主义者的行为则正好相反。当第三方的伤势异常严重的时候，这种差异将会变得更加明显：普遍主义者将会更遵从于法律，而具体主义对朋友的义务感也会大大增强(在对于以上例子的调查中发现,74%的韩国人会为帮助他的朋友而撒谎,而在美国这一数字仅为5%)。

根据上述结果,琼潘纳森提出了在以上两个不同人群间,如何进行商业活动的一些看似有效的建议。当普遍主义者要与具体主义者进行商务往来时,他们应该“准备接受一些看似无关或非常曲折、含混的事务。最为重要的是,千万不要认为具体主义者闲聊时所说的话仅仅是普通的聊天,因为这对具体主义很重要。”具体主义者与普遍主义者进行商务往来时,应该准备一种更多的从理性和技能角度出发的争论和表述。

还存在着一种集体主义和个人主义思维的对立。美国人又一次陷入了另一种极端范畴,他们总是将个人利益放在集体利益之前。而像埃及和法国等国家的人群却正好相反。当讲求个人主义的人与讲求集体主义的人共事时,他必须要忍受“花费时间去协商”。更要紧的是,需要忍受谈判对手含糊的答应,往往因为事后在与上司协商后,又改变了主意。

感情外露(意大利人)和感情内藏(日本人)之间的差异也显而易见。其他的特别之处还在于,我们应如何判断一个人的社会地位(根据事业成功程度还是家庭、年龄)以及我们应如何掌管自己的时间(以过去为核心还是以未来为核心)。

不同的文化对这个世界的看法有着根本性差异,而且会产生了不可估量的影响。琼潘纳森给我们展示了一幅令人沮丧的充满潜在陷阱的世界画面。他写道:“我们需要怀着一种谦虚的心态和幽默感去审视其他的文化。就如一个已预有准备的人进入一间黑暗的房间,被未知方位的家具所绊倒,直到肌肤传来阵阵的痛彻,我们才能意识到它们到底在哪里。”

最后,琼潘纳森提出惟一正确的方法就是各种文化的调和。他认为:“那些能将各种文化调和得较好的社会将会更好地创造财富。”这个理论能否被跨国公司的经验所验证,还需要做进一步的探讨。我们所能说的是,随着国际一体化浪潮对行业和个人的影响,文化对国际化管理所起的作用也将越来越大。

哈默尔对《跨越文化浪潮》点评

“美国人从来都不能了解外国的文化……但非常奇怪的是,在亚洲和拉丁美洲,美国企业总是对于自己欧洲竞争对手有压倒性的竞争优势。当今世界,还有谁去向欧洲找寻管理灵感(且慢,我可不想被认为是个思想狭隘的人)。未来是属于世界主义者的,在这一点上,我和琼潘纳森的看法完全一致。”

孙武 (Sun Tzu)

孙子兵法 (The Art of War)

500BC

军事战例和相关描述对管理思想的发展起到了举足轻重的作用。即使在今天,像科林·鲍威尔(Colin Powell)、诺曼·施瓦兹科普夫(Norman Schwarzkopf)这些杰出的军事战略家都是商界竞相追逐的目标。军事思想以其能充分体现战略艺术和领导才能,而对商界有着无可比拟的诱惑;从远古时代起,军事和商业之间的联系就已经存在了。这方面的著作已零零总总、数不胜数了:从克劳塞·韦茨的(Von Clausewitz)《战争论》(On War)(1908),利多尔·哈特(B. H. Liddell—Hart))的《战略》(Strategy)(1967)到宫本武藏(Miyamoto Mushashi)的《五轮书》(Five Rings)(1974)都对这种联系进行了探索和描述。但溯根起源,我们现今所能知道得最早的有关此方面的著作是在2500年前中国人孙武所著的《孙子兵法》。

军事思想最闪光点在于明确你的敌人。无论你是一位将军还是公司老板,如果能清楚地认识到这一点,那么整个局势将会变得非常明朗。孙武著的《孙子兵法》重点阐述的就是这种方式,而不是鲁莽的四处出击。实际上,《孙子兵法》的内容大大超出了这个范畴。如果你能通过秘密途径或者其他聪明的办法获得胜利,那么,为什么非要消灭它不可呢?“一国之主不应仅仅因为要消一口恶气就发动一场战争,同样,将军们也不应该仅仅因为恼怒而发动一场战役。因为气恼终将会被快乐所代替,恼怒也将会逐渐减轻。但是一个国家如果被毁灭将不会再复原,人死也不能再复活。”孙武认为,“战争的最高境界是不战而屈人之兵。最好的办法是采取非战争策略,其次是瓦解敌人的联盟,再其次是攻击敌人的士兵,最下策才是攻击敌人的城市。”

作者简介

《孙子兵法》的实际作者不祥,很有可能是一个千古之谜。据说是生活在公元 500 年前的将军孙武所著。由于该书在当时就享有很高的声誉,以至吴国的国王和闾都要亲自接见孙武。孙武所为人津津乐道的故事是为了强调纪律的重要性,他曾经在训练女兵时,将和闾最宠爱的两个妃子斩首。

孙武对于如何了解你的市场也提出了发人深省的建议:“先知者,不可取之于鬼神,必取于人,知敌之知情者也。”(从神灵鬼怪那里得不到所要的信息,而只能从那些知道对手状况的人那里获得。)

在其他方面,孙武的思想承袭了孔夫子衣钵。尽管孔子的思想被现代强硬的管理者们嗤之以鼻,但是不可否认,他们对以下的话也表现出了赞同:“夫兵形象水,水之形,避高而趋下,兵之形,避实而就虚。水因地而制流,并因地而制胜。”(水总是从高处往低处流动,而调遣军队就应该避免避实就虚,打击敌人最薄弱的环节。水流从来都是沿着地势运动,而调遣军队就应该审时度势,根据人的变化而变化。)

一般认为,《孙子兵法》是战略思想的开山鼻祖。在 2500 年的漫长时光里，这一思想历经无数次的演绎、注释。字里行间透露出审时度势，冷静异常。“居安思危、审时度势、常备不懈、隐藏主力、静观其变。调其精锐、攻其薄弱就能获得战略主动。”

哈默尔对《孙子兵法》点评

“战略的首创者并不是伊戈尔·安索夫(Igor Ansoff)，也不是马基雅维里。也甚至可能不是孙子。战略与人类之间的冲突一样远久，在军事领域，它的效果更加明显。实际上，我所阅读过的最好的战略著作是由美国海军学院的两位教授撰写的《军事灾难》(Military Misfortune)。”

托马斯·沃特森（Thomas Watson JR）

一个企业和它的信条

(A Business and its Beliefs)

1963

托马斯·沃特森在《一个企业和它的信条：一些曾有助于IBM建设的想法》[1]一书中不仅论述了商业哲学问题，而且扩展到IBM这个企业巨人的宗旨。尽管该书与阿尔弗莱德·斯隆（Alfred P. Sloan）的《我在通用汽车的岁月》(My Years with General Motors)一书在同一年出版，但二者之间却是大相径庭：当斯隆在对人们行为进行明确的界定时，沃特森却在对人的潜力大唱赞歌；当斯隆在衷心赞美系统和结构的时候，沃特森却在大讲特讲价值观。

透过《一个企业和它的信条》，我们能清晰地看到与斯隆有若干相似的老托马斯·沃特森（Thomas Watson Sr）（1875～1956）的影子。老沃特森是IBM公司的创立者，有关他的一些事情小托马斯是记忆犹新的（小托马斯曾经说过：早年我从父亲那里学到的就是时时戒备，从来不想我已经做到了）。

在1914年，老沃特森加盟IBM公司的雏形，一个专门做计算器用打表存储器的公司。到1917年，在沃特森领导下，公司的收入已经翻了一番，营业额从420万美元上升到830万美元。公司最初生产的产品五花八门，既有肉铺用的磅秤，又有切肉机。逐渐地，公司的业务集中在一种能将信息以机械方式存储在打孔卡片上的打孔机器上。

实际上，老沃特森怀有更远大的志向。小沃特森曾经在他的自传中回忆道："我的父亲下班回家后，骄傲地对母亲宣布计算制表存贮公司将从此有一个响亮的名字——国际商用机器公司。而我当时站在起居室的过道里想到，就是生产那种小玩意。当父亲在管理着那个雇员们嘴里塞满了嚼烟，销售咖啡壶和肉铺磅秤的企业的时候，他的脑海中已经勾勒出了 IBM 公司的蓝图。"

1937 年出台的"工资工时法案"规定，美国企业必须记录员工工作的时间和所支付工资的金额。该法案极大的推动了 IBM 的发展。当时的机器根本无法完成这项工作，沃特森开始执著于探寻解决之道。1944 年，IBM 公司正式推出了 MARK-1 型机器；接着在 1947 年，推出了具有选择功能的顺序电子计算器。此时，IBM 公司年收入已经达到了 1.19 亿美金，它正在向世界最大的计算机公司飞速迈进。

小托马斯·沃特森在认为，一个获得巨大成功的企业总是拥有一个建立在销售关系和服务基础上的强有力的企业文化。在《管理的解放》一书中，汤姆·彼得斯(Tom Peters)曾替别提到：老托马斯·沃特森特别强调客户和服务，在那个机器故障频繁的年代，IBM 无疑是客户服务的标兵。

在《一个企业和它的信条》中，小托马斯·沃特森明确告诉大家，IBM 公司成功的根本就是公司的核心信条，也就是现在所称的核心价值观(core values)。他写道："我相信，一个企业最终走向成功还是失败最重要的是企业能否解决以下问题：企业在多大程度上有助于发挥员工巨大的能量和才赋。企业是如何帮助员工之间达成共识，确定共同的奋斗目标。并且在未来环境变化的情况下，如何保持这种共同的目标和发展方向。"

对此，小沃特森给我们答案就是："依靠企业内的一套信条。这个信条举定了企业的所有政策和措施。而且，我认为影响企业成功的单个最重要因素就是信守这些信条。信条必须在制定政策、进行实践和设定目标之前就已考虑到。如果后者与基本信条发生了偏差，都必须进行相应的调整。”

小沃特森认为信条是持久不变的。任何事情都可能会发生改变，惟独公司赖以生存的企业信条永远不会改变。他写道：“如果一个企业要适应不断变化的社会挑战，就必须时刻准备着改变除了企业信条以外的任何东西，这样才能促使企业前进。企业内最神圣不可侵犯的就是它最基本的、如何做生意的企业哲学。”

作者简介

小托马斯·沃特森(1914～1993)有着传奇般的经历。他是IBM创始人老托马斯·沃特森的儿子。在第二次世界大战期间，他考入布赖恩大学(University Brown)，后任职于航空领域。1946年，他作为推销员进入IBM公司。1956年起，他担任公司最高职务，直至1970年退休。后来，他成为美国驻前苏联大使，任职到1980年结束。

尽管头顶上父亲的光环太过耀眼，有时遮盖了自己，但沃特森还是推动了IBM在技术最前沿的革命。在他的领导下，公司投入了巨额资金发展IBM360系统。最终，该系统成为70、80年代企业成功的保障。如同《一个企业和它的信条》，小沃特森也写了自传体著作《父亲、儿子与企业》(Father, Son & Co.)

在《一个企业和它的信条》一书中，小沃特森写道“那些造就了伟大企业的信条，通常取自一个人的经历和信念。”在IBM公司，这个人就是老托马斯·沃特森。他创造了一直延续到今天的企业文化。IBM这个蓝色巨人成为现代企业的雏形，而他的经理们却都穿着极度保守的服饰——深色西服、白衬衫、平整的领带，热衷于产品销售、且喜好企业歌曲。而隐藏在这背后的是充满活力的积极竞争，提供高质服务的信条。后来，一些公司抱怨是IBM公司的规模帮助它赢得顾客的订单。但这只是部分正确的，IBM的庞大规模意味着对客户更进一步的承诺，提供更好的服务，建立更好的联系以及建立沃特森在《一个企业和它的信条》中所描述的价值观。

哈默尔对《一个企业和它的信条》点评

“沃特森告诫我们，绝对不要改变自己的基本信条。他或许是对的。但是在信念和教条间划定清晰的界线是十分微妙的事情。一套植根于公司的核心信条可能成为公司变革和调整的中枢。但是，这些信条如果无休止的繁衍、过分的编纂、庄重的崇拜，那么，这将成为束缚公司的镣铐。”

注　释

① Watson Thomas,Jr, A Business and its Beliefs, McGraw- Hill, New York,1963
小托马斯·沃特森,《一个企业和它的信条》

马克斯·韦伯（Max Weber）

社会与经济组织理论（The Theory of Social and Economic Organization）

1924

商业理论主要存在着的两种情况，一种是以非人文的观点去看待，另一种是从更乐观的、人道的角度去解释。即商业社会中应关注机器，还是人；商业更像是科学，还是艺术。非人本主义者将工业化描述成为在这场机械与人的争斗中机械取得胜利。而人本主义者反驳道，任何组织的组建和驾驭最终依靠的都是人；商业是一种不可预见的艺术，而不是一种可预知的科学。这两派的争论一直沸沸扬扬，随着机器越来越智能化，这场争论无疑还将长期存在下去。

德国人马克斯·韦伯一直享有机械论观点奠基人的声誉。其实他的贡献远非如此。由于涉及太过宽泛以及那些在政治、历史、社会、经济和法律等方面的不稳定干扰，这些都对韦伯非凡的才智造成了损害。而且后人对韦伯《社会与经济组织理论》一书中所陈述思想的一再错误解释又加重了这种伤害（该书是在韦伯死后第四年出版的，即1924年）。

韦伯提出非个性化在工业发展阶段是不可避免的。对于任何一个大规模的组织——无论这个组织是为了修建金字塔、战争、还是铸造机械零件，每一个人都必须将集团的利益置于个人目标之前。当卡尔·马克斯（Karl Marx）将工业化进程看做是对劳动者所有权的一种剥夺的时候，韦伯从更加实用主义的观点来看待该问题。他认为，个人最终屈服并融进组织是有现实意义的，而不是成为无产阶级。

问题在于《社会与经济组织理论》读起来可不像是实用主义的著作。在这个新兴的工业化社会中，最本质的组织形式是官僚制(bureaucratic)(译者注，又称科层制，此处官僚为中性词，非狭义官僚)。韦伯认为这是一个客观的系统。人们利用它进行日常经营活动。这是一个完全的等级制度："办公组织架构完全按照等级制度建立，这就意味着每一位管理人员都会受到上级的监督和控制。通过小心翼翼的构筑晋级和划分职务权限，使得整个系统非常合理。整个组织就像一部机器那样运行，每一个官僚单元就像齿轮中的齿牙，相互充分咬合，履行着界定明确的职责。"

机械目标就是有效的生产，即既不多，也不少。有效的机械将会维持高产并产生盈利。韦伯写道，"如果纯粹地从机械的角度来说，管理组织中的真正的官僚制度能够实现最高的效率。以这种形式来看，最理性化的方法就是对人们实行强制控制。这种结构比其他结构更精确、更有稳定性、更有条理和更可实现。"

但这并不意味着韦伯大力倡导官僚制度，他只是将它描述出来。韦伯的兴趣在于对这种现象做出描述，而不是提出宣言。如果韦伯所观察到的这种趋势一直延续下去，最终，这将成为一个极端的系统。韦伯所描述的官僚制度社会与欧威尔(Orwell)在1984所描述的在许多方面相似，与其说是预言，不如说是一个梦魇。

非常不幸的是，在许多方面这场恶梦已经转变为现实。亨利·福特(Henry Ford)，这位大批量生产技术的第一位伟大尝试者，深受韦伯理论的影响。这从他遵循严格的职能划分原则、并且热衷于用从纯机械角度看待商务问题都可见一斑。福特看待商务问题偏重于科学的角度，而不是什么艺术的角度。他曾经感叹道："当我只需要工人的那双手去生产，而不得不雇佣整个人的时候，是多么令人悲伤啊。”

其实，持这种观点还不仅仅是福特一个人。企业按照韦伯所设想的方式，按部就班地组织起来。官僚制度成为企业中重要的制度。那些衣着考究、擅长于扼杀个性发展和创造精神的企业管理者们脱颖而出。对企业的绝对忠诚，是迈向精心描绘出的企业官僚架构高层的必由之路。隶属关系也成为重要的一部分，是维系雇佣双方的心理契约。

作者简介

马克斯·韦伯(1864～1920)这位多才多艺的德国人被人们长期忽视了。大众仅仅认为他是官僚系统的创始人。韦伯在修完法律和历史经济学课程后，成为弗莱伯格大学(University of Freiburg)、再后来是海德堡大学(University of Heidelberg)的教授。

韦伯主要研究宗教社会学。在这方面他的扛鼎之作是《新教伦理与资本主义的精神》。在政治社会学方面，他深入研究了社会和经济团体之间的关系。

韦伯的晚年，爆发出巨大的政治参与热情，参加了起草 1918 年魏玛共和国宣言的委员会工作。

企业总是希望能够生产尽可能多的东西，以获得高的收益。但问题的症结在于，企业往往不能认识到谁是目标顾客，或者，过分热衷于生产的产品花样。多多益善成为机械角度看问题的一个盲点。

在整个 20 世纪，企业往往被比作是一部庞大的机器。在 90 年代初开始兴起的“企业再造”(re-engineering)或许是这种机械观点拥有长久生命力的最有力写照。企业再造推崇的是企业的架构是完全能够被打破的。用机械观的术语来说，就是用一种更为有效的方法，进行反向设计、拆分、重组。企业就像一张白纸一样，可以重新塑造自身。但是随着许多企业再造项目的失败,企业发现唯机械论学说已不符合当今的实际。

只是在最近的几年间,描述 20 世纪后期组织的新理论才浮出水面。但这些无一例外都是从科学的角度出发。这些学说的根基不是工程学而是生物学和复杂、纷乱的新学科,韦伯当然是不知道这些方面的。今天的组织就像那些不规则的色块或是阿米巴变形虫一样,不能使人轻易明白,而且持续变化,完全不同于原先讲求的效率和静止。机器时代的规则已经被纷乱、模糊和复杂的信息时代规则所代替。

尽管如此,韦伯的理论仍有着十分重要的意义,查尔斯·汉迪(Charles Handy)在《管理上帝》(Gods of Management)一书中,选择了阿波罗神作为韦伯所倡导的原则和系统的标志。韦伯的官僚模型长期并且强有力地存在着。这不会使人忘记,官僚体系的许多方面仍然在众多的等级不明显、划分不清晰、规则详尽的企业中存在并且良好地运行着。可以说,韦伯所描述的世界是确实存在着的,而不是在我们的梦中。

哈默尔对《社会与经济组织理论》点评

“每一个组织都权衡这两种互为矛盾的需要,提高经济效率的需求,为了发展和更新而做尝试的需求。权威的官僚机构,就是那种在战后成功重建的日本架构,能够很好的提高效率,但是限制了发展的尝试。而在无政府主义的网络中,以意大利时装行业为典型,充分允许进行各种的尝试,但它总是被更富有纪律的对手打翻在地。韦伯代表了这两种类型中的一种,而汤姆·彼得斯代表了另一种看法。就像通常那样,我们所需要的是二者的综合。”

75

威廉·怀特(William Whyte)

《组织的人》*The Organization Man*

1956

对于企业经营者来说,20 世纪五六十年代可以算是一段稳定、安逸的时光。在此期间,他们春风得意,尽情享受着稳定的职业所带给他们的舒畅。那是一个属于企业男人的时代(当时女性经营者还十分鲜见)。这些衣着得体、对上级毕恭毕敬的企业经营者们对他们的雇主都无比忠诚。他们个人的整个职业生涯都将会在单一企业中渡过,缓慢但平稳地逐步获得晋升。

威廉·怀特在他 1956 年出版的《组织的人》一书中,精辟地描绘出当时企业管理者的这种职业生活。C. 莱特·米勒(C. Wright Mills)在《纽约时报》对该书的评论中写道:“怀特深刻意识到原先以工作——节俭来衡量成功的伦理标准已经完全没落了,现在只是成为了一些高层的托词。昔日由企业主们苦苦奋斗去获取成功的情形已被专职的企业管理者所代替。”[①]

这些缓慢地、向公司更高层攀爬的企业管理者们明白,只有对公司忠诚不二,并取得实实在在的业绩,才能保障他们的职位。这些人对此深信不疑。这种情况,对于个人和公司是一个双赢的结果。管理者依此获得可观的收入和稳定的工作保障,而公司也将从他们的忠诚和忘我的工作中受益。

忠诚被认为是一种至关重要的因素。切斯特·巴纳德(Chester Barnard)在1938年所著的《主管的功能》(The Functions of the Executive)一书中提到:“管理者需要具备的、对企业最为重要的单一贡献,当然也是一项最普遍的要求,就是个人对企业的高度忠诚。”(使用“支配”(domination)这个词,表明了巴纳德是从哪一个角度去审视权力的失衡。)忠诚当然是管理者所应需具备的一种优良品质,但它也很容易变得盲目。如果企业战略本身就是错误的,或是企业的活动违反了道德或法律,这种绝对的忠诚又会变得怎样呢?当然,这是一个关于对什么忠诚的问题。在《组织的人》出版的时候,对企业价值观的评定多是依靠猜想,而不是严格的探寻。

怀特将企业描绘为由一系列复杂的审核、系统以及层级结构所支持的一个自我包含和自我发展的世界。在这个世界里,企业被认为是核心;而顾客,这个游离于组织之外的群体,通常被认为是这个世界的外围。在20世纪50到70年代,没有企业管理者是因为提供了质量低劣、千篇一律的服务而丢掉了饭碗。事实上,在一些企业中,企业管理者只有在欺骗雇主或是冒犯了上一级老板的情况下才会被炒鱿鱼。在现实生活中,工作对于高层来说就是一种日复一日的重复。

显而易见,在这种环境中,很难培养出一批充满活力的冒险者。在企业人的这个世界里,充斥了一批墨守成规,力求安稳的人。所以,当罗沙白·默丝·坎特(Rosabeth Moss Kanter)在她1977年出版的《企业中的男女》(Men and Women of the Corporation)中,第一次审视企业生活的时候,她发现企业管理者的预期最重要品质竟然是可靠。对此,我们一点儿也不会感到惊讶。如果威廉·怀特得知此事,他或许会暗自窃笑,因为他早在20年前就提出了这个结论。

“这就是威廉 H. 怀特所留给我们的财富。这是一部拥有非凡成就的社会学报告。在书中，他联系企业中的现象，质疑了人的个性及价值观。那些想急于听到有关美国社会黑暗面的人会推测到怀特预测了企业将导致泛滥的个人主义最终崩溃。”《财富》杂志的发起人亨利·卢斯(Henry Luce)在稍后评价道：“怀特可并不是那种偏好发布危言耸听消息的人。实际上，他只是一个对于窒息个人创造性和压抑个性的企业生活感到不安的人。他对那种无论是办公室内、还是家庭内所谓平稳运作，而实际上是扼杀人们创造力的压力感到不安的人。但是，他没有催促企业管理者放弃这种安稳环境。而恰恰相反，他是促使他们能够在必要的时候与组织本身斗争。同时，他乐观地认为，这场斗争终将会成功。”②

作者简介

在写作《组织的人》一书时，威廉 H.怀特(1919～1999)担任着《财富》杂志的编辑。他的主要职业生涯是作为一位“城市学者”，研究在大都市环境下人们的行为特征。他曾经发现，从纽约搬过来的公司大部分都坐落在距它们总经理住宅 8 英里的范围内。他也曾经发现，在 59 大街布鲁明达街口和列克星敦区，白天经常发生行人拥堵的现象。他的其他作品包括《最后的风景》(The Last Landscape)(1968)、《小社区的社会生活》(The Social Life of Small Urban Spaces)(1980)、《城市》(City)(1989)。

注　释

① Kaufman, Michael T., William H. Whytę Obituary, New York Times,January 13, 1999
迈克尔·考夫曼，威廉·怀特逝世讣告，《纽约时报》

② Luce, Henry R.,“The first 35 years of Fortune”,Fortune , February 1965
亨利·卢斯，“财富的第一个 35 年”

参考书目

Igor Ansoff (伊戈尔·安索夫)

Corporate Strategy(企业战略), McGraw Hill, New York, 1965

Strategic management (企业战略), Macmillan, London, 1979

Implanting Strategic management(战略管理的移植), Prentice Hall, London, 1984

Chris Argyris & Donald Schon (克里斯·阿基瑞斯 & 唐纳德·施翁)

Personality and Organization (Argyris) (个人与组织), Harper & Row, New York, 1957

Understanding Organizational Behavior (Argryis)(组织行为), Dorsey Press, Homewood, Illinois, 1960

Overcoming Organization Defences (Argyris)(克服组织抵制), Allyn & Bacon, Boston, 1990

Organizational Learning: A theory of Action Perspective (Argyris & Schon) (组织学习:有关行动角度的一个理论), Addison-Wesley, Reading, MA, 1978

Beyond the Stable State (Schon)(超越稳定国家), Rando House, New York, 1978

On Organizational Learning (Argyris)(关于组织内学习), Blackwell, Cambridge, 1993

Knowledge for Action (Argyris) (行动学习理论), Jossey-Bass, San Francisco, CA, 1993

Charles Babbage 查尔斯·巴贝奇

On the Economy of Machinery and Manufactures(机械和制作工业经济学), Frank Cass & Co., London, 1963.

Chester Barnard (切斯特·巴纳德)

The Functions of the Executive(经理的职能), Harvard University Press, Cambridge, MA, 1938.

Organization and Management(组织和管理), Harvard University Press, Cambridge, MA, 1948.

Christopher Bartleff & Sumantra Ghoshal (克里斯多弗·巴列特 & 舒曼特拉·高沙尔)

Managing Across Borders(超越界限的管理), Harvard Business School Press, Boston, MA, 1989.

The Individualized Corporation(个性化企业), Harvard Business School Press, Boston, MA, 1997.

Meredith Belbin(梅雷迪思·贝尔宾)

Management Teams: Why they succeed or fail(管理队伍——他们成败的原因), Butterworth Heinemann, Oxford, 1984.

Team Roles at Work(团队的工作作用), Butterworth Heinemann, Oxford, 1993.

The Coming Shape of Organization(未来组织形式), Butterworth Heinemann, Oxford, 1996.

Warren Bennis(华伦·贝尼斯)

Leaders: The Strategies for Taking Charge (with Burt Nanus)(领导:掌管的策略), Harper & Row, New York, 1985.

On Becoming a Leader(变为领导者), Addison-Wesley, Reading, MA, 1989.

Why Leaders Can't Lead (为什么领导者不能领导), Jossey-Bass, San Francisco, CA, 1989.

An Invented Life: Reflections on Leadership and Change(一种创造性地生活:对于领导力和变化的反映), Addison- Wesley , Reading, MA, 1993

Robert Black & Jane Mouton(罗伯特·布莱克 & 珍·穆顿)

The Managerial Grid, (管理方格理论) Gulf Publishing, Houston, TX, 1964.

Marvin Bower (马文·鲍尔)

The Will to Manage(管理的意愿), McGraw Hill, New York, 1966.

The Will to Lead(领导的意愿), Harvard Business School Press, Boston, MA, 1997.

James MacGregor Burns(詹姆斯·麦格莱格·伯恩)

Leadership(领导能力), Harper & Row, New York, 1978.

Jan Carlzon (简·卡尔森)

Moments of Truth (关键时刻), Harper, New York, 1987.

Dale Carnegie (戴尔·卡耐基)

How to Win Friends and Influence People (怎样赢得朋友和影响别人), Simon & Schuster, New York, 1937.

James Champy & Michael Hammer (詹姆斯·钱辟 & 迈克尔·哈默)

Reengineering the Corporation (再造企业), HarperBusiness, New York, 1993.

Reengineering Management (Champy) (再造管理), HarperBusiness, New York, 1995.

Alfred Chandler (阿尔弗雷德·钱德勒)

Strategy and Structure (战略和结构), MIT Press, Boston, MA, 1962.

The Visible Hand: The Managerial Revolution in American Business(看得见的手:美国商业的管理革

命），Harvard University Press，Cambridge，MA，1977.

Managerial Hierarchies（管理阶层制）（with Deams，H.，eds），Harvard University Press，Cambridge，MA，1980.

Scale and Scope：The Dynamics of Industrial Capitalism（规模和范围：动态的工业化资本主义），Harvard University Press，Cambridge，MA，1990.

Karl von Clausewitz（冯·克劳塞维兹）

On War（战争论），Princeton University Press，Princeton，N，1984.

James Collins & Jerry Porras（詹姆斯·柯林斯 & 杰瑞·波拉斯）

Built to Last，HarperBusiness，New York，1994.

Richard Cyert & James（里查德·赛特 & 詹姆斯·马驰）

A Behavioral Theory of the Firm（公司行为理论），Prentice Hall，Englewood Cliffs，NJ，1963

Stan Davis Christopher Meyer（斯坦·戴维斯克 & 里斯托弗·梅耶）

Blur（模糊），Capstone，Oxford，1997

W Edwards Deming（爱德华兹·戴明）

Quality，Productivity and Competitive（质量、产量和竞争）MIT Center for Advanced Engineering Study，MA，1982.

Out of the Crisis（走出危机），Cambridge University Press，Cambridge，1988

Peter F. Drucker（彼得·杜拉克）

Concept of the Corporation（企业概念），John Day，New York，1946

The New Society（新的社会），Heinemann，London，1951.

The Practice of Management（管理实践），Harper & Row，New York，1954

Managing for Results（成果管理），Heinemann，London，1964.

The Effective Executive（有效的主管），Harper & Row，New York，1967

The Age of Discontinuity（不连续的时代），Heinemann，London，1969.

Management：Tasks（管理：任务、职责和实践），Responsibilities，Practices，Harper & Row，New York，1973.

Managing in Turbulent Times（动荡时期的管理），Harper & Row，New York，1980

Innovation and Entrepreneurship（企业革新），Heinemann，London，1985.

The New Realities（新现实主义者），Heinemann，London，1989.

Managing the Nonprofit Organization（非赢利组织的管理），HarperCollins，New York，1990.

Managing in Times of Great Change（大变革时代的管理），Butterworth Heinemann，Oxford，1995

Henri Fayol(亨利·法约尔)

General and Industrial Management（工业管理和一般管理），Pitman，London，1949.

Mary Parker Follett (玛丽·帕克·弗洛特)

The New State：Group Organization — The Solution of Popular Government(新的形态：集团组织)，Longman，London，1918.

Creative Experience（创造性经验），Longman，London，1924.

Freedom and Coordination(自由与合作)，Pitman，London，1949.

Henry Ford (亨利·福特)

My Life and Work，Doubleday(我的生活和工作)，Page & Co.，New York，1923.

Harold Geneen (哈诺德·格尼恩)

Managing（管理），Doubleday，New York，1984.

The Synergy Myth(一个协同的神话)，St Martins Press，London，1997.

Arie de Geus (阿里·德赫斯)

The Living Company（长寿公司），Harvard Business School Press，Boston，MA，1997.

Frank Gilbreth (弗兰克·吉尔布雷思)

Motion Study(动作研究)，Van Nostrand，New York，1911.

Michael Goold, Andrew Campbell & Marcus Alexander (麦克·古德、马克斯·亚历山大 & 安德鲁·坎贝尔)

Corporate Level Strategy(企业层战略)，ohn Wiley，New York，1994.

Managing the Multibusiness Company（Goold and Kathleen Sommers Luchs)(经营多种业务企业)，Routledge，London，1995.

Strategic Synergy（Campbell and Luchs)(战略协作)，Butterworth Heinemann，Oxford,1992.

Strategies and Styles（Goold and Campbell)(战略风格)，Blackwell，Oxford，1987.

Strategic Control（Goold with John J Quinn)(战略控制)，FT/Pitman，London，1990.

Break Up!（Campbell and Richard Koch)(分解)，Capstone Publishing，Oxford，1996.

Gary Hamel & C.K. Prahalad (格雷·哈默尔 & C·K·帕拉哈莱德)

Competing for the Future(为未来而竞争)，Harvard University Press，Cambridge，MA，1994.

Competence-Based Competition(基于能力的竞争)，John Wiley，New York，1995.

Charles Handy(查尔斯·汉迪)

Understanding Organizations(理解组织), Penguin, London, 1976

The Future of Work(未来的工作), Basil Blackwell, Oxford, 1984.

Gods of Management (管理的众神), Business Books, London, 1986.

The Making of Managers (with John Constable)(管理者的素质), Longman, London, 1988

The Age of Unreason(自相矛盾的时代), Business Books, London, 1989.

Inside Organizations: 21 Ideas for Managers(组织内部:有关经理的21条想法), BBC Books, London 1990.

Waiting for the Mountain to Move and other reflections on life(等待问题解决和对生活的一些反思), Arrow, London, 1991.

The Empty Raincoat (空雨衣), Hutchinson, London, 1994.

Beyond Certainty: The changing world of organizations(在确定性之外:不断变化的组织世界), Century, London, 1995

Frederick Herzberg (弗雷克·赫兹伯格)

The Motivation to Work (激励因素), (with Mausner, B. and Snyderman, B.), John Wiley, New York

Elliot Jacques (艾略特·雅克)

The Changing Culture of a Factory (企业中的文化变革), Tavistock, London, 1951.

A General Theory of Bureaucracy (官僚架构的一般原理), Hohn Wiley, New York, 1976.

Joseph M. Juran (约瑟夫 M·朱兰)

Managerial Breakthrough (管理的突破), McGraw Hill, New York, 1964 .

Juran on Planning for Quality(质量计划), Free Press, New York, 1988.

Rosabeth Moss Kanter (罗沙白·默丝·坎特)

Men and Women of the Corporation (企业中的男女), Basic Books, New York, 1977

The Change Masters, Simon & Schuster, New York, 1983. (变革大师)

When Giants Learn to Dance (当巨人学习跳舞时), Simon & Schuster, London, 1989.

The Challenge of Organizational Change (企业变化所遇到的挑战), (with Stein , B. & Jick, T . D.), Press, New York, 1992.

World Class: Thriving locally in the global economy (世界级), Simon & Schuster, New York, 1995.

Philip Kotler (菲利普·科特勒)

Marketing Management: Analysis.. Planning and Control (8th edn)(营销管理), Prentice Hall, Fnglo wood Cliffs, N, 1994.

Ted Levitt (泰德・李维特)

Innovation in Marketing (营销中的创新), McGraw Hill, New York, 1962

The Marketing Mode(营销模式), McGraw Hill, New York, 1969.

The Marketing Imagination (营销想象), Free Press, New York, 1983.

Thinking About Management (对于管理的思考), Free Press, New York, 1991

Rensis Likert (伦西斯・利克特)

New Patterns of Management (管理新模式), McGraw Hill, New York, 1961

Nicolo Machiavelli (尼科罗・马基雅维利)

The Prince(君主论), Penguin, London, 1967

Douglas McGregor (道格拉斯・麦格雷戈)

The Human Side of Enterprise(企业的人性面), McGraw Hill, New York, 1960

Abraham Maslow(亚伯拉罕・马斯洛)

Motivation and Personality(动机与人格), Harper & Row, New York, 1954

Elton Mayo (埃尔顿・梅奥)

The Human Problems of an Industrial Civilization(工业文明中人的问题), Macmillan, New York, 1933.

The Social Problems of an Industrial Civilization (工业化文明中的社会问题), Harvard University Press, Cambridge, MA, 1945.

Henry Mintzberg(亨利・明茨伯格)

The Nature of Managerial Work(管理工作的本质), Harper & Row, New York, 1973.

The Structuring of Organizations(构架组织结构), Prentice Hall, Englewood Cliffs, NJ, 1979.

Structures In Fives: Designing Effective Organizations(结构的五种形式), Prentice Hall, Englewood Cliffs, NJ, 1983. (This is an expurgated version of the above.)

Power In and Around Organizations(组织内和外围的权力), Prentice Hall, Englewood Cliffs, NJ,1983.

Mintzberg on Management: Inside Our Strange World of Organizations(明茨伯格管理研究:我们奇怪的组织世界内部), Press, New York, 1989.

Strategy Process: Concepts , Contexts, Cases (战略过程:概念、内容和案例) (with Quinn, Prentice Hall, Englewood Cliffs, N, 1991.

Rise and Fall of Strategic Planning(战略计划的兴衰), Prentice Hall International, Hempstead, 1994.

Akio Morita (盛田昭夫)

Made in Japan(日本制造), Dutton & Co, New York, 1986.

John Naisbitt (约翰·奈斯比)

Megatrends (大趋势), Warner Books, New York, 1982.

Global Paradox (全球诡论), William Morrow & Co, New York, 1997

Kenichi Ohmae(大前研一)

The Mind of the Strategist(战略家的思想), McGraw Hill, New York, 1982.

Triad Power: The Coming Shape of Global Competition (三位一体力量:环球竞争将要到来的形态), Free Press, New York, 1985.

The Borderless World, William Collins, London, 1990. (没有国界的世界)

The Evolving Global Economy (ed.)(投身全球经济), Harvard Business School Press, Boston, MA,1995.

The End of the Nation State(民族国家的尽头), HarperCollins, London, 1995.

David Packard (大卫·帕卡德)

The H－P Way(惠普之道), HarperBusiness, New York, 1995.

C.N. Parkinson (帕金森)

Parkinson's Law(帕金森定律), }ohnMurray, London, 1958.

Richard Pascale & Anthony Athos(理查德·帕斯卡 & 安东尼·艾索思)

The Art of Japanese Management(日本的管理艺术), Penguin Books, London, 1981.

Managing on the Edge(边缘管理), (Pascale) Viking, London, 1990.

Laurence Peter(劳伦斯·彼得)

The Peter Principle(彼得法则), William Morrow & Co. , New York, 1969.

Tom Peters & Robert Waterman (汤姆·彼得斯 & 罗伯特·沃特曼)

In Search of Excellence(追求卓越), Harper & Row, New York and London, 1982.

A Passion for Excellence (Peters with Nancy Austin)(卓越的激情), Collins, London, 1985.

Thriving on Chaos (Peters)(在混沌中茁壮成长), Macmillan, London, 1988.

Liberation Management (Peters)(管理的解放), Alfred Knopf, New York, 1992.

The Tom Peters Seminar (Peters) (汤姆·彼得斯演讲集), Vintage Books, New York, 1994.

The Pursuit of Wow! (Peters)(追求巨大的成功), Vintage Books, New York, 1994.

The Renewal Factor (Waterman)(复兴因素), Bantam, New York, 1987.

The Frontiers of Excellence (W aterman) (卓越的前沿), Nicholas Brealey, London, 1994.

Michael Porter(迈克尔·波特)

Competitive Strategy(竞争战略), Free Press, New York, 1980.

Competitive Advantage (竞争优势), Free Press, New York, 1985.

The Competitive Advantage of Nations(国家竞争优势), Macmillan, London, 1990.

Reg Revans (黎文斯)

Action Learning(行动学习), London, 1979.

Edgar H. Schein (艾德佳·沙因)

Process Consultation(过程咨询), Addison-Wesley, Reading, MA, 1969.

Organizational Psychology (3rd edition)(组织心理学), Prentcie-Hall, Engelwood Cliffs, NJ,1980.

Organizational Culture and Leadership(组织文化与领导力), Jossey-Bass, San Francsico, CA, 1985.

Ricardo Semler (利卡杜·索姆勒)

Maverick! (独树一帜), Century, London, 1993

Peter Senge (彼得·圣吉)

The Fifth Discipline: The Art and Practice of the Learning Organization(第五项修炼), Doubleday, New-York, 1990.

The Fifth Discipline Fieldbook: Strategies and Tools for Building a Learning (第五项修炼手册) Organization (with Roberts(组织), C., Ross, R., Smith, B., and Kleiner, A.), Nicholas Brealey, London, 1994.

Herbert Simon (赫伯特·西蒙)

Administrative Behavior(管理行为), Macmillan, New York, 1947.

Alfred P. Sloan (阿尔弗莱德·斯隆)

My Years with General Motors (我在通用汽车的岁月), Doubleday, New York, 1963.

Adam Smith (亚当·斯密)

The Wealth of Nations(国富论), Modern Library, New York, 1937.

Thomas Stewart (托马斯·斯图尔特)

Intellectual Capital(知识资本), Nicholas Brealey, London, 1997.

Frederick W. Taylor (弗雷德里克·泰勒)

Shop Management(商店管理), Harper & Row, New York, 1903.

The Principles of Scientific Management(科学管理原理), Harper & Row, New York, 1913.

Alvin Toffler (埃厄文·托弗勒)

Future Shock(未来的震撼), Bodley Head, London, 1970.

The Third Wave(第三次浪潮), Bantam, New York, 1980.

Robert Townsend (罗伯特·汤塞德)

Up the Organization(提升组织), Michael oseph, London, 1970.

Fons Trompenaars (冯斯·琼潘纳森)

Riding the Waves of Culture(提升组织), Nicholas Brealey, London, 1993.

The Seven Cultures of Capitalism (with Charles Hampden－ Turner) (资本主义七种文化艺术), Piatkus, London, 1994.

Sun Tzu (孙武)

The Art of War (transl. Griffith)(孙子兵法) , Oxford University Press, Oxford, 1963.

Thomas Watson Jr (托马斯·沃特森)

A Business and its Beliefs(一个企业和它的信条), McGraw Hill, New York, 1963.

Max Weber (马克思·韦伯)

The Theory of Social and Economic Organization(社会与经济组织理论), Free Press, New York, 1947

The Protestant Ethic and the Spirit of Capitalism(新教伦理与资本主义精神), Scribner's, New York, 1958

William Whyte (威廉·怀特)

The Organization Man (组织的人) , Simon & Schuster, New York, 1956.

(京)新登字 083 号

图书在版编目(CIP)数据

竞争的资本:人类历史上最具影响力的 75 本商业管理著作 /〔英〕克莱纳著;项东译.—北京:中国青年出版社,2002

ISBN 7-5006-4878-2

Ⅰ.竞... Ⅱ.①克...②项... Ⅲ.商业管理-著作-简介-世界 Ⅳ.F712

中国版本图书馆 CIP 数据核字(2002)第 074919 号

北京市版权局合同登记章

图字:01-2002-1071 号

*

中国青年出版社出版 发行

社址:北京东四 12 条 21 号 邮政编码:100708

网址:www.cyp.com.cn

编辑部电话:(010)84015396 发行部电话:(010)64010813

一二零一印刷厂印刷 新华书店经销

*

880×1230 1/32 11.125 印张 6 插页 220 千字

2002 年 10 月北京第 1 版 2002 年 10 月北京第 1 次印刷

印数:1-8000 册 定价:27.00 元

本图书如有任何印装质量问题,请与出版处联系调换

联系电话:(010)64033570

雄狮书店:(010)84039659